修辞论稿

XIU CI LUN GAO

高群◎著

全国百佳图书出版单位
时代出版传媒股份有限公司
黄山书社

序

谭学纯

英伽登将阅读分为两种类型:研究性阅读和审美性阅读。这种区分,出于对读者的专业化或审美化预设。

英伽登过滤了更加大众化的阅读行为,休闲性阅读——生命不可承受之重状态下最低成本的压力释放。车船上、飞机上、办公室或家中,人们品着一杯清茶、一盅咖啡,隐身书刊报纸或各类电子文本。更为闲适的阅读,是躺在符号的世界,消费自我的幸福。

休闲性阅读在自我放松的惬意中,逃离现实的紧张和喧嚣;审美性阅读或研究性阅读,在自我沉醉的满足中开发自我。以什么样的阅读形象进入阅读,是阅读主体对某一种类型的文化身份的选择与认同。

与休闲性、审美性、研究性阅读的读者身份叠加的,是学术阅读。理想状态下,前三种阅读可以转化为学术阅读。条件是,读者有学术观察的眼睛,有学术思考的潜质。

高群讲述过自己的一次阅读经历。大约 10 年前,《广义修辞学》初版不久。她接触这本书,纯属偶然。初始的阅读,可能休闲成分居多。不过她很快进入另一种阅读状态。阅读行为发生在皖北一所高校的教学楼,读者将自己忘在了书中。直到教学楼关闭,读者才意识到身在何处。于是,校园里融入了一道写实风景:高群丈夫为妻子送餐,隔着教学楼门的防护栅栏喂她吃饭。这一镜像画面,诞生于一次阅读。

开启这段封存的阅读记忆,已是2011年。2004年,高群跟我攻读硕士学位,没有提起。2009年,她跟我攻读博士学位,也没有提起。但是,也许这次阅读体验,在我作为《广义修辞学》作者之一和当时我不认识的读者之间,搭建了对话的桥。此后,高群渐成倾向于广义修辞观的思考着的实践主体,有了更多的出于研究目的的学术阅读。

学术阅读可以为学术叙述输入能量,也可能成为学术叙述的心理障碍。后一种情况,大抵发生在学术阅读淹没了自己、找不到学术叙述站位和方向的时候——我称之为阅读之死。

拒绝阅读之死的强势姿态,是在学术叙述中进行学术阅读正面效应的能量转换。当学术叙述是学术阅读的延伸、或是学术阅读的反叛的时候,学术阅读可能为学术叙述注入优化资源。在学术叙述中,走出学术阅读的混沌和迷失;在学术叙述中,与思想共舞、与语言共舞,是我希望研究生接受的专业训练。

本书是高群学术阅读和学术叙述的阶段性记录。

学术阅读,读出了什么?怎样阅读?学术叙述,叙述了什么?怎样叙述?本书有自己的阅读视点和叙述进路。这是一种智性游戏,高群希望自己的学术阅读和学术叙述契入智性元素,并为此付出了努力。

阅读修辞学研究专栏和专刊,学术叙述聚焦主持人学术身份和学术视野如何影响当代学术背景下的学科建设格局与研究思路,主持人话语的学术关怀意向如何反映学科前沿态势,召唤学术突围。

阅读《福柯的生死爱欲》，学术叙述锁定人物传记三重再叙事结构：传主自我表白叙事、传主著作叙事；评价人文献叙事；建构作者叙事，以及如何解构作者叙事，重建“纸上的福柯”修辞幻象。

阅读余秋雨《废墟》，学术叙述对照“废墟”的词典释义和余秋雨的自定义，论述《废墟》如何借助词句隐喻、语篇隐喻，建构“废墟”修辞化语义类聚系统。如何借助螺旋上升的隐喻模式，完成从单个概念到语篇系统的认知。

阅读余华小说《兄弟》，学术叙述关注文本人物关系中对应修辞身份认证如何推动叙事进程、规约文本结构、丰富和升华人物内涵，论述文本隐私话语权的集中与放大如何通过性符号高频复现而彰显，以及男主角如何由公共话语权的弱势角色转化为隐私话语权的强势角色，欲望化的语言形式如何体现反欲望的修辞意图。

阅读格非小说《青黄》，学术叙述切入文本元话语系统：楔子的元话语系统、“青黄”的元话语系统、预言的元话语系统，探索小说文本分析的另一条通道。

学术阅读和学术叙述，是学术研究互相映照的主体行为。勤于学术阅读，未必敏于学术叙述；但工于学术叙述，多半精于学术阅读。

对同一个阅读主体来说，学术阅读和学术叙述是一个自我分化为两个角色，在“接受⟷表达”的角色轮换中，完成“学术问题→学术话题→学术话语”的流畅转换：从问题的发现，到话题的提炼，再到话语的出场，在学术阅读和学术叙述的良性互动中，画出学术研究的起跑线和不同层级的目标位置，映现出不同境界学术阅读和学术叙述的思想、智慧和技术看点。

学术阅读接受他人馈赠,学术叙述回馈他人。由此,自我向世界走去,世界向自我走来。

目　录

第一章　修辞刊物和栏目观察

考察作为多栖身份介入语言生活的主持人，作为学术召唤的主持话语，作为学术跟进的成果。论证在学术转型背景下，刊物与栏目支撑修辞学科建设的学术意义。

一　“见”与“行”：主持人和学科建设

（一）修辞学专栏和专刊主持人

1. 显性主持人

教育部全国高校学报名栏“修辞学大视野”（《福建师范大学学报》）主持人谭学纯、林大津，以学术专栏为话语平台，推动广义修辞学研究；施旭创立并主编国际期刊《话语与多元文化》（Routledge 公司）、国内期刊《当代中国话语研究》（浙江大学出版社），推动国内“广义的”话语研究，与“修辞学大视野”互相映照。

显性主持人的学术身份和学术视野，影响着修辞学科的建设格局与研究思路。这种影响，早自上世纪 80 年代就开始了。当时吴士文曾在《丹东师专学报》主持修辞专栏，推动语法研究与修辞研究的结合。类似研究思路，在由《修辞学习》改版的《当代修辞学》中体现得更为明显。刘大为、胡范铸作为《当代修辞学》副主编，分别推动了修辞学研究与语法学研究及语用学研究的链接。

2. 隐性主持人

冯广艺作为《湖北师范学院学报》主编；童山东作为《云梦学刊》主编；胡习之作为《阜阳师范学院学报》主编；孟建安作为《平顶山师专学报》编辑部主任；李廷扬、罗明作为《毕节学院学报》“修辞学专栏”特邀学者、编辑，他们虽然没有以主持人的身份“出场”，但以修辞学者身份介入刊物的修辞学栏目建设，为修辞学科注入能量，可以看做隐性主持人。事实上，这些刊物的修辞学栏目，与修辞学研究在特定时期的关注热点和成果产出构成了良性循环，主持人“隐身式”在场，增加了良性循环的可能性。

（二）主持人之“见”与学科建设

2001 年第 3 期《华东师范大学学报》推出“中西修辞学论坛”专栏，隐性主持人以“编者按”的形式呼唤修辞学研究走向公共学术空间：“修辞学不仅是语言学的，更应是众多学科共同拥有的。”同年，谭学纯、朱玲《广义修辞学》（安徽教育出版社，2001）将修辞研究纳入“修辞技巧—修辞诗学—修辞哲学”的层级架构，促进修辞学研究从语言学向文艺美学和文化哲学层面延伸。并接续《接受修辞学》（上海教育出版社，1992）的思路，强调完整意义上的修辞学研究应该覆盖表达和接受两极，正如鲁国尧《语言学和接受学》所言：“如果以后有人写《中国语言学思想史》或《中国语言学学术史》，应该写到谭学纯先生，他率先引进、运用了‘接受美学’。”[1]

〔1〕 鲁国尧：《语言学和接受学》，《汉语学报》2011 年第 4 期。

始于个人专著《接受修辞学》、延伸为《广义修辞学》的核心理念,是基于修辞学的交叉学科性质和跨学科视野,修辞学研究需要立足学科本位,同时超越学科本位。2002 年,谭学纯《修辞:审美与文化》(福建人民出版社,2002)呼应《华东师范大学学报》“中西修辞学论坛”专栏“编者按”,指出“修辞学的理论资源和研究方法不仅是语言学的,更应是多学科的”。

这一思想在 2003 年第 6 期《福建师范大学学报》“修辞学大视野”首期编者按中体现得更为明确:“中国古代修辞学的理论资源来自多学科,当代修辞学研究的学术走向关联着多学科,在这样的学术背景下,21 世纪的中国修辞学研究怎样与风景看好的西方当代修辞学进行前沿对话?怎样在开放性的视野中为自身作更为科学的定位。”该专栏 2004 年第 6 期编者按进一步提出“汇聚多学科学术人气,搭建高层次学术平台”,8 年来“修辞学大视野”专栏刊发的研究成果,是主持人之“见”和广大研究群体参与学科建设、推动学科发展留下的学术记忆。

“修辞学大视野”专栏依托的学科为:福建师范大学中国语言文学一级学科、外国语言文学一级学科,前者设有“文学语言学”博士点、硕士点、汉语言文字学博士点“汉语修辞学”研究方向、语言学及应用语言学博士点“文学语言研究”方向、语言学及应用语言学博士点“文学修辞研究”方向;后者设有“修辞与跨文化交际”研究方向。“修辞学大视野”专栏积累的学术资源,一定程度上推助了两个一级学科生长点的培育。

(三)主持人之“行”与成果流向

“修辞学大视野”专栏,发文百余篇。给倾斜的学科平台一个平衡点。“大视野”坚守的不仅是栏目,还是修辞学人的家园。主持人心系学科民生,肩膀扛起的是社会的责任。

首期“修辞学大视野”,主持人谭学纯撰文,提出“修辞学研究突围”。这不仅是口号,更是行动。

作为“突围”之“行”可见形式的修辞学研究成果流向,自2004年开始统计:

主持人谭学纯的修辞学研究成果流向语言学科的主流刊物《语言教学与研究》(2005、2008、2011)《语言文字应用》(2006、2008、2009、2011)《南大语言学》(2009)《语言科学》(2006)《辞书研究》(2010),也流向文艺学科的主流刊物《文艺研究》(2006、2008、2009)《中国比较文学》(2009)另有10多篇论文流向综合性社科类主流刊物《光明日报》《中国社会科学报》《华东师范大学学报》,主持人林大津的修辞学研究成果流向语言学科的主流刊物《外语教学与研究》《外国语》《语言文字应用》《解放军外国语学报》,这是主持人兼学科带头人的修辞学研究突围的实际先行。

作为个人行为的“修辞学研究突围”,扩大为主持人强势参与并带动的团队行为,提升了该团队在国内同学科的科研核心竞争力。

下表涉及的作者,或是福建师范大学修辞学专业的博士生导师,或是在福建师范大学接受修辞学科训练的博士、博士后,他们的修辞学研究成果流向,对于熟悉修辞学研究成果流向状况的学科同仁来说,发人深思:

作者	成果流向
刘亚猛	《外语教学与研究》2004.4 《中国翻译》2004.6 《浙江大学学报》2010.6

续表

作者	成果流向
朱玲	《文艺研究》2008.4 《文艺研究》2010.9 《辞书研究》2005.2 《外语与外语教学》2009.3
祝敏青	《方言》2005.2 《语言文字应用》2005.2
郑敏惠	《文艺研究》2007.1
肖翠云	《文艺争鸣》2005.5 《文艺争鸣》2006.1
连晓霞	《小说评论》2009.2
肖莉	《语言文字应用》2008.3
林佩璇	《语言文字应用》2010.1
高志明	《语言文字应用》2010.4
潘红	《语言文字应用》2011.3
高群	《学术界》2012.2 《浙江社会科学》2012.3

（成果统计排除福建本省刊物与修辞学主流刊物）

笔者参与收集编撰的《1977—2009 年国内修辞格研究成果篇目索引》（见谭学纯、沈孟瓔、濮侃主编《汉语修辞格大辞典·附录》，上海辞书出版社，2010），汇集汉语界和外语界辞格研究成果篇目 4 万余种，其中见于主流刊物的成果与上表的成果流向参照观察，更见“修辞学研究突围”的意义。福建师范大学及以福建师大为中心的修辞学研究，在国内本学科具有很强的核心竞争力，可以反观“修辞学研究突围”的意义。

（四）作为对话者的主持人

学者之交，学术之交，不仅凭借显性形式呈现，更依靠隐性吸引,汇聚人气与智慧。理想的主持人是一位理想的对话者。谭学纯《人与人的对话·前言》,沉淀着文化哲学层面的思考:"对话不仅是一种信息交换,也是一种价值交换,同时还是一种感觉交换;对话不仅是语言、思想的馈赠,同时也包括了人类生存方式的相互参照。对话是生命的相互烛照,是存在的相互趋近,是自我与他人共同'在场'的相互审视和相互认证。"

《"废墟"的语义和〈废墟〉语篇叙述及相关问题再探讨》与《〈废墟〉隐喻模式分析》(《当代修辞学》2011 年第 1 期)是师生面对同一个文学语篇的修辞解释和学术对话。

"修辞学大视野"栏目与中国唯一的修辞学刊物《当代修辞学》(原名:《修辞学习》)互相应和,追踪学术热点问题。《修辞学习》2008 年第 2 期集中刊发一组专题文章"首届望道修辞学论坛";同是 2008 年第 2 期,"修辞学大视野"刊发专题文章"修辞研究——再思考与再开发"。同期两组文章围绕"修辞学研究现存问题、发展走向、方法更新"等论题的学术对话,在学界引起很大反响。

知之深,决定了行之远,"对话"超越"同时空",向"超时空"延伸。谭学纯倡导吸纳域外同类研究的学术智慧的同时保持民族身份,发掘古代修辞学和诗学共享的理论资源。认为:尊重修辞观论争中不同的话语权,即尊重思想的"在场"和学术对话的平等规则。在全球化视野里捍卫平等话语权的尊严。他指出:在全球化的"话语—权力"结构中,拥有话语权的程度和民族文化身份模糊的程度成反比。……平等的全球化对话,是多种声音的交响。我们融入全球化秩序,就是进入不同文化群落之间更为密切的联系。它的前提不是丧失自己的声音,而是以自己的声音进入国际大家庭。这就需要我们在适应全球化规则、接受国际化的公共概念系统的同时，输出属于我们自己的、同时又能够进入国际认同的公共概念系统的话语。……只有当中国化的话语进入全球化的交际平台时，汉语走向世界才具有话语权意义。[1] 这是与李宇明从站在世界看中国角度宏观把握“中国的话语权问题”[2]的学术对话。学者之思呼应政府之思，对话从民间上升为国家语言战略。

二 学术召唤：主持人话语的能量

（一）直面缺失是一种学术关怀

2001年第3期《华东师范大学学报》开设专栏“中西修辞学论坛”，主持人话语直面修辞学的“四无困境”：无理论含量、无智慧含量、无法与当代语言生活有效互动，无法让学界和社会注目。字里行间痛心疾首的反思，牵引出寻因的追问，为何会出现这种让人难堪的局面？困境背后隐藏着怎样的观念？固守修辞技巧论的修辞理念，例证加效果的分析方法，成果被语言学核心刊物所拒的事实，修辞学科成员的改行与研究成果改装，加剧了修辞学被轻视的可能。

直面缺失是一种学术关怀，目的是吸引有识之士的参与，汇聚众多学科资源，力图改变修辞学疲软现状，推动修辞学研究自我修复、自我超越的进程。

遗憾的是，论坛难以为继，除了刘大为《认知性辞格与表达

---

〔1〕 谭学纯：《全球化背景下的中国语言教育对策和话语权》，《语言文字应用》2006年第4期。

〔2〕 李宇明：《中国的话语权问题》，《河北大学学报》2006年第6期。

性辞格》外，直到2002年第6期才出现胡范铸的《突发危机管理的一个语用学分析——兼论语言学的研究视界》与之呼应。学者参与的积极性不高，栏目学术关怀的失落，与学科萎缩互相投射，互为因果。

（二）突围是一种学术气魄

被边缘化的修辞学如果不注入自我更新能量，不冲出学科之藩篱，将难重返学术中心，“汉语修辞学21世纪应成显学”[1]的美好愿望也会落空。如何汇聚多学科能量，为修辞学输血，《修辞学研究突围：从倾斜的学科平台到共享学术空间》[2]凸显学术气魄。

“两军对垒，勇者胜”的预设是谋略相当、兵力相当。修辞学要打破的是捆绑自己的理念，重建学术安身立命的栖居之地。《福建师范大学学报》从2003年第6期始推出“修辞学大视野”栏目，坚持8年，汇聚多学科学术人气，搭建高层次学术平台，为修辞学的休养生息殚精竭虑。

主持人话语指向了学术多维空间。

学术胸襟：“大视野”之“大”，指向广大的心灵空间，也指向“有容乃大”的学术胸怀。

学术理念：在更为开阔的思想背景中，以新的研究态势面对多学科的当代目光，吸纳多元语境中的他者智慧。

学术追求：关注学科前沿，尊重学术自由，强调原创性研究，

---

〔1〕 宗廷虎：《汉语修辞学21世纪应成“显学”——读伍铁平〈语言学是一门领先的科学〉札记》，《修辞学习》1995年第3期。

〔2〕 谭学纯：《修辞学研究突围：从倾斜的学科平台到共享学术空间》，《福建师范大学学报》2003年第6期。

希望象牙塔之内的学术话语链接象牙塔之外的当下现实。

学术呈现:主持人话语关涉学科重建、学理思考和学术领域的开发。

学科重建:学科重建和理论开发;术有专攻和学科对话;修辞观:学科定位和学术操作;修辞学·语用学·诠释学。

“修辞学大视野”在进行学科反思的同时,力求为学科重建汇聚能够开启心智的学术成果,尽管它们不可避免地存在这样那样的局限。但是,大视野中勃发的理论冲击力和创新意识,多少可以作为一种驱动力量,推助我们走出学科隐痛。我们需要的,不是为学科之“痛”的呻吟,而是向着更为广阔的学科空间的再开发。

理论开发,可以并且应该是多层面、多维度的。本期刊出的一组文章,学术面貌、研究背景各不相同,但都不同程度地为修辞学学科重建输血。

《从“狭义”到“广义”:中国修辞学研究转型及其学术意义》着眼于21世纪中国修辞学研究的宏观视野,分别对狭义修辞学和广义修辞学的学科背景、理论资源、解释力、研究方法等进行了比较分析,认为狭义修辞学以语言为本位、以技巧论为核心的研究格局遭遇的困境,呼唤修辞学研究的自身突破和转型。广义修辞学体现了“转型”的一种趋势。中国修辞学研究的学术走势正向着更为开放的研究格局转轨,这里有众多学者的建设性参与。

如果说,修辞学研究从狭义到广义的“转型”是一种学科突围,那么,小说研究从叙事学到修辞学的“转向”则是一种学科外的呼应。

《小说研究:从叙事学到修辞学——对小说研究理论范式与批评方法修辞学转向的初步考察》通过对小说叙事理论兴起原因及其理论局限性的考察和反思,以及对小说修辞理论发展轨迹和完善过程的描述,分析小说修辞研究的理论优势和特长,认为小说研究理论范式和批评方法的修辞学转向有着坚实的理论支撑,为小说理论研究和批评实践提供了更为开放的空间。

《语言转向背景下的小说语言变异研究综论》回到广义修辞学视野,观察20世纪80年代中期以来国内的小说语言变异研究,对现有研究成果的学科分布、理论资源、研究方法、优长与缺失、学术影响等进行了梳理和论析,为该领域的研究现状描画了一个清晰的轮廓。

《论以修辞学为中心的学科体系建设》也许更多地属于狭义修辞观,但文章所说修辞、修辞学在社会实践和学术研究中的地位与功用,却与广义修辞学有着大致相同的目的指向。广义修辞学重视狭义修辞学的思想资源,是“修辞学大视野”并未忘却的宗旨之一。(2007年第1期主持人话语——本期话题:学科重建和理论开发)

修辞学“研究什么”、“怎样研究”、“为什么这样研究”,出于不同的修辞观,有不同的学科定位和学术操作模式。对此,基于修辞学之语言学本质的修辞观和基于修辞学之交叉学科性质的修辞观,从不同的向度聚焦相同的学术话题:

《修辞观:话语权和学术操作》认为尊重修辞观论争中不同的话语权,即尊重思想的“在场”和学术对话的平等规则。重视修辞观付诸学术操作、进入研究模式所产生的研究成果。认为研究模式是产生研究成果的一种可能性,最终的学术文本才是可能性转化为现实性的真实形态。

《中国修辞学的重新定位和研究方法的更新》认为传统修辞学的研究方法造成了修辞学的边缘化,强调修辞学应在语言学体系中准确定位并更新研究方法。文章以严谨的逻辑理路展示修辞学研究方法科学化的途径。

《网络新词"败"的形成与发展:汉语同形语素的感染生成及修辞解释》《修辞学倒装研究与语法学易位研究》二文的修辞观在各自的学术操作中彰显,前者观察细致,阐释深入,提升有力;后者比较论析,提出问题,值得反思。

一组文章传递了共同的学术信息:不管是基于修辞学之语言学本质或基于修辞学之交叉学科性质的修辞观,还是狭义修辞学或广义修辞学的学科定位,都需要重建开放性的研究格局:在二级学科层级,吸收语言学其他子学科的新近研究成果;在一级学科层级,吸收文学研究的新近成果;在跨一级学科层级,吸收相关研究领域的新近成果。同时,修辞学研究应显示自身介入相关研究领域的可能性,并接受相关学科审视——这正是"修辞学大视野"的栏目策划宗旨。(2009 年第 2 期主持人话语——本期话题:修辞观:学科定位和学术操作)

学理思考:多元语境中的话语场;已知的研究领域和未知的阐释空间;修辞学:语言活动和语言思维;全球视野中的修辞学研究;修辞研究:再思考与再开发;修辞研究:学术观察和阐释路径;修辞学研究的外部空间和内部学理;中国文化传统与修辞研究。

全球化提供了一个巨大的修辞消费市场，观察、分析这个跨国市场修辞消费和修辞运作的可能性，需要全球视野；需要吸纳域外同类研究的学术智慧，找准自己的位置；也需要保持民族身份，向全球化格局中的修辞学研究输出民族的信息。域外的学术风景和本土的学术现实在什么样的价值坐标中互相阅读，互为镜像——本期推出的一组文章见仁见智：

《全球视野和中国修辞学研究的学科思考》认为中国修辞学融入全球视野中的同类研究格局，需要了解基于不同学术机制和社会认同度的修辞学学术空间，在此基础上，依次讨论：全球视野和中国修辞学学科形象重建，全球视野和中国修辞学研究的创新动能，全球视野和中西修辞学研究学术智慧的双向流动。

《现代修辞学调查——论中西方现代修辞学的对接融合》认为汉语语境中的"修辞学"和西方语境中的"Rhetori"的语义差异在某种程度上决定了中西修辞学的学术走向和不同的学术关怀：文体、辞格、文章作法是中西修辞学对接的共同基础，但中国修辞学借来的是西方修辞学的结构形式，并未接受西方修辞学核心内容——修辞即劝说方法。

《关于修辞学理论与方法的再思考》针对中国修辞学现状及成因，提出了修辞学理论建构的分层理论，认为基于不同层次的修辞学研究应有不同的研究方法，基于修辞学学科性质的特殊研究方法应为"语效认定法"。

《修辞的本质与功能——兼论修辞与和谐社会的构建》立论的起点走出了修辞学的传统定位。文章将修辞置于社会结构关系和社会人际互动的背景中进行考察，分析社会心理认知、话语认知与修辞行为的动态共变关系,揭示修辞的规律与目的,探讨修辞的本质与功能,以及人类是否依靠修辞创造和谐,达到一个理性社会所需要的在工作和生活中的协作,最终取得同一性以及共同的社会价值取向。(2007 年第 6 期主持人话语——中心话题:全球视野中的修辞学研究)

"修辞学大视野"栏目宗旨之一,含有不同层级的理论扩容意向:

立足于修辞学的"语言本位",修辞学由所在三级学科向所属二级学科语言学相关领域扩容;立足于修辞学的跨学科性质,修辞学由所属二级学科向上位层次一级学科中国语言文学相关领域扩容,进而向社会科学的其他学科相关领域扩容。理论扩容的过程中,修辞学研究既吸纳相关学科的学术智慧,也展示自己介入相关学科研究的可能性,彰显修辞学对社会语言生活的干预力与解释力。

本期发表的一组文章,从不同角度,展示修辞学研究有待进一步开发的学术空间。

陆俭明教授《汉语修辞研究深化的空间》在对汉语修辞研究现状分析的基础上,提出汉语修辞研究深化的两个方面:加强词语和句式运用研究,深化修辞格研究,探究辞格形成机制及其与其他语言现象之间的联系。文章指出:修辞研究关乎提高国民语文素养的大问题。而修辞研究比起语音研究、词汇研究、语法研究来,难度要大得多。它要求研究者具有较好的有关语言学、文学、美学、哲学、心理学知识,语言学方面又要求具有修辞学、语法学、词汇学、语义学、语用·篇章学、认知语言学等多方面的知识,这是修辞研究的挑战性,也是修辞研究不断向纵深发展对研究主体的要求。

曾毅平教授《语言材料语体分化论析》探讨语体分化的认定依据及语言材料语体分化的方法论原则。认为语言材料进入类型化语境后因语体功能而分化,包括语音原式与修饰式、语流音变、文白异读,语体词、语体同义、语体词频,语法手段、范畴表达式、语法功能等,都是可以不同程度地给出修辞解释。

凌德祥教授《汉语面称的不对称性及其缺位的语用研究》认为汉语面称男女有别、长幼有序、地位分等存在状态,使得面称系统在不同年龄、性别、职衔等方面呈现出不对称性,由此在系统各层面产生大量面称缺位。面称缺失与语用局限给交际带来诸多尴尬与不便。这方面的深入探讨对汉语语言交际研究兼有理论意义和应用价值。

陈佳璇先生《作为修辞行为的“新词语”发布——基于“2006年汉语新词语”知晓度测试的分析》在任何言语行为都是修辞行为的认识基础上,思考作为修辞行为的新词语“发布”需要遵循一定的修辞原则。文章通过“知晓度测试”,发现“2006年汉语新词语”的社会平均接触率、使用率和理解率极低。由此指出:“新词语”应发布,但应考虑发布者身份和发布对象。不同身份发布新词语的社会意义不同,官方发布知晓度过低的新词语,客观上可能使原本出于规范目的的新词语发布,成为语言政策主管部门始料未及的“推介行为”。(2008年第2期主持人话语——本期话题:修辞研究:再思考与再开发)

学域开发:汉语修辞史:缺席和出场;闽籍海外学者郑子瑜的修辞学研究;汉语与中国文学;文学修辞研究;文学修辞和意识形态;文体建构和文体批评;文体建构的传统资源与改造;修辞和历史叙事;词句修辞和叙事修辞;修辞阅读:文学文本和学术文本;言语风格研究;辞格研究;在隐喻背后。

“修辞学史”和“修辞史”,前者侧重展示学科的整体面貌;后者侧重展示修辞行为的个体面貌。

新时期以来,汉语“修辞学史”的研究成果已逾十多种,相比之下,“修辞史”的研究成果一度处于缺席状态。近年陆续有学者进行汉语“修辞史”的梳理、钩沉和阐发,并有厚重的“修辞史”研究成果问世。本期刊发的一组文章,从不同角度论述修辞史之学术在场的意义,呼唤更为丰富的“修辞史”研究的思想“到场”。

《论修辞史的宏观研究》认为汉民族“天人合一”的观念,重经验、重常识的思维方式的演变影响着修辞表达;唯美主义的审美观引导了南北朝时期文学语言形式美的追求;话语权威的改变对“引用”辞格产生过重大影响,中庸之道的丧失导致了辛辣文风的产生。

《修辞化:汉语修辞史研究的理论探索话题》认为修辞界从史的视角解决“为什么”的问题,总体上弱于解决“是什么”的问题,汉语修辞史研究的这种格局应该改变,并对这方面有明显改观和深入的汉语修辞史研究进行了评说。

《中国修辞史研究综述》突破了材料罗列式的“综述”,而是有述有论,述论结合,从修辞史研究的意义和价值、对象范围、研究方法、整体框架等方面归纳、评述已有研究成果，强调文化对修辞史研究的不可或缺性。

《汉语修辞史研究的意义和方法》从汉语修辞事实本身与修辞学科发展的内在规律、汉语史发展和当今时代的要求四个方面探讨汉语修辞史研究的意义以及汉语修辞史研究的方法论问题。文章所强调的汉语研究、汉语史研究中修辞解释的参与，已有敏感的学者先行，尚需更多的介入。(2009 年第 1 期主持人话语——本期话题：汉语修辞史：缺席和出场)

文学修辞研究的完整面貌，是语言层面的修辞技巧和文本层面的修辞诗学共同在场的。回顾本土学脉中修辞与文学的共生因子，关注域外修辞研究向文学叙事延伸的生长态势，可以观察到：原本修辞技巧和修辞诗学互相缠绕的文学修辞研究，在中国当代学术走向中呈现为两条趋势线：语言学界偏重修辞技巧研究，文学界偏重修辞诗学研究，二者的优长蕴涵着学科渗融的可能性。学科渗融的文学修辞研究，不是简单地回归本土传统，也不是生硬链接域外理论，而需要立足当代学术语境诠释传统资源，以民族思维审视域外理论和可操作性。在一个更开阔的学术平台上进行前沿交流，逐步完成同类研究的技术升级。

本期刊发的一组文章出自不同的学科背景，但都不同程度地具有学科渗融的学术取向：

《中国古代短篇小说：人物、时间、空间修辞设计的异质性》以情爱叙事为观察对象，分析以平民叙事为主体的古代短篇小说，如何通过恋爱主人公及时间、空间的修辞设计，使叙事因子和叙述流程突破传统文体模式、传统认知模式和一般预设而获得“异质性”，以激发大众的接受兴趣。

《中国古代文体功能研究论纲》侧重从中国古代礼仪文化制度层面延伸文体功能的解释空间，触及文体向文化敞开、文化制约文体生成的修辞动因和机制。亦触及文体功能研究观念调整和文体学研究的纵深向度。

《论叙事修辞中的“审美辩护”》提出文学叙事的“可同情性”修辞，用以解释：读者对文学作品主人公“罪过”证据链应有的重视如何被作者的审美辩护所转移。

《修辞学与文学批评》从包含关系、并列关系和交叉关系审视修辞学与文学批评，阐发文学批评理论建设、实践调整的修辞学理论资源和研究范式的借鉴意义。（2010 年第 6 期主持人话语——本期话题：文学修辞研究）

突围意味着引进众多学科智慧的同时，输出智慧。修辞学成果立足交叉学科性质和跨学科视野，直达相关学科前沿，与之平等对话。突围打开公共阅读空间，使话语权辐射到社会生活各方面，在现实中生效。

（三）坚守是一种学术赤诚

学者的赤诚之心、战略眼光与学术坚守，支撑了“修辞学大视野”栏目，引领着修辞学走向，多元语境里的修辞学思考和批评实践为修辞学从边缘向中心的位移积聚能量。

主持人话语体现坚守的赤诚，语言的边界，建构认知的边界，抵达世界的边界，语言之思的力量，映射出智慧化生存方式。栏目家园的存在，凝聚人心，带动团队。

“修辞立其诚”是祖训，也是学术的灵魂。

三　研究成果和学术转型:修辞的互动

国内主流语言学期刊不选择或少选择修辞学成果,造成了修辞学研究者被迫的不投稿或少投稿。恶性循环强化了修辞无成果、少成果的误解,修辞学学科平台倾斜为不能承受之轻。

谭学纯曾经探讨过修辞观与研究成果的关系。他认为:

理念层面:不同的学术立场和专业背景会生成不同的修辞观,尊重修辞观论争中不同的话语权,即尊重思想的"在场"和学术对话的平等规则。

操作层面:研究模式的直接现实——研究成果,既是学术生产链的终端,也是学术传播链的起点。研究模式只是产生最终结果的一种可能性,研究成果才是可能性转化为现实性的真实形态。[1]

学者从修辞观理性的思考演绎出对研究成果的预测。如果我们锁定研究成果的学术现实,在事实分析基础上归纳修辞观的形成,可以看成是对演绎的补充。

坚守八年的《福建师范大学学报》"修辞学大视野"成功当选2012年教育部全国高校学报名栏,主持人把学术专栏建成话语平台,推动广义修辞学研究,与改版两年的《当代修辞学》并肩携手,捍卫了修辞学的地盘,展示修辞学研究成果,推动了修辞学的转型。"学术期刊比学术著作更及时地追踪学科前沿,学术期刊在何种程度上介入学术话语的建构,影响力是决不应

〔1〕 谭学纯:《修辞观:话语权和学术操作》,《福建师范大学学报》2009年第2期。

该低估的。期刊提供的版面，与作者的思想空间形成某种交流关系。20世纪重要的学术事件，如'白话文运动'、'大众语运动'；近20年来文学界有影响的学术口号，如'重写文学史'、'重绘中国文学地图'，无不是通过期刊体现话语的权力。学术形象好、学术分量重的刊物，它们的栏目定位，策划和自我设计，本身就是一种'召唤'，召唤着风格各异的理论言说，也召唤着见仁见智的接受反应。"[1]

修辞学专栏与专刊为了共同的学术使命，书写着学术史上的两地书。

（一）成果互动是一种学术冲击波

1. 沙龙初见

2005年12月24日，复旦大学举行了第二届修辞学沙龙"修辞学和历史学的对话"。

2006年第3期"修辞学大视野"话题：修辞和历史叙事，集中刊出3篇文章作为呼应。（说明：本文语料来源于《福建师范大学》"修辞学大视野"栏目与《当代修辞学》刊物所刊登的相关论文。）

作者	篇名	核心观点
胡范铸	《历史不仅仅是历史——钱钟书历史修辞思想札论》	历史叙述是言语行为，也是期待类型。其概念历时发展变化，在中国传统文化中承担着"最后的裁判者"意义。

[1] 谭学纯：《学术期刊：学术话语的集散地》，《光明日报》2005年2月24日。

（续　表）

作者	篇名	核心观点
刘大为	《历史事实的修辞建构（上）》	无论历史亲历者表述中的历史事实还是历史学家研究程序中的历史事实都可证明：历史事实是一种修辞建构。
涂秀虹	《历史叙事的编码与布局——〈资治通鉴〉对三国历史的叙述》	《资治通鉴》为三国历史厘定了时间顺序、叙事框架、叙事脉络、叙事焦点，提供了长篇叙述三国历史的叙事经验。

成果从历史、事实、言语行为、叙事等方面与主持人话语相互阐释，完成栏目使命。

正在酝酿改版的《修辞学习》2007 年第 4 期刊出刘亚猛《修辞与当代西方史学论争》：探讨了二十世纪西方现代主义和后现代主义史学理论家论争中的修辞意识与史学理论的关系。

沙龙初见后的第一次两地书将成为修辞学史的修辞事件。

2. 望道论坛再见

《修辞学习》2008 年第 2 期集中刊发一组“首届望道修辞学论坛”文章，与此同时的《福建师范大学学报》2008 年第 2 期“修辞学大视野”讨论的话题是：修辞研究——再思考与再开发。两组文章同期刊发，引起很大反响，受到许多学者关注。

《修辞学习》刊登四篇文章：

作者	篇名	核心观点
陆俭明	《关于汉语修辞研究的一点想法》	面对研究队伍的流失,研究地盘的被蚕食,研究方法的老化等严峻的现实,为了尽快使修辞学研究走出不景气的现状,指出发展方向和研究方法。
沈家煊	《谈谈修辞学的发展取向》	修辞学研究有两个取向,一是注重修辞语言与一般语言的共同点;另一个是注重修辞语言的特殊性,如:陌生感、美感、震撼力、主观意味。至于修辞学"转向",从注重特殊性研究转向共同点的研究,再者从研究修辞语言的特殊意义到研究特殊意义产生的机制。两个研究方向相辅相成,殊途同归。强调借鉴语用学、认知心理学等研究方法。
屈承熹	《合则双赢:语法让修辞更扎实,修辞让语法更精彩》	语法与修辞存在交集,语法结构与修辞结构可以互动,语法证实、证伪修辞动因,语法与修辞共同关注形式与功能/意义的对应问题,语法研究和修辞研究结合,才能营造双赢局面。

(续　表)

作者	篇名	核心观点
邵敬敏	《探索新的理论与方法 重铸中国修辞学的辉煌》	修辞学研究理论和方法明显老化,修辞学在中国语言学界被动边缘化和主动边缘化,修辞学跟语言学其他分支学科的关系没有得到很好解决,许多本来属于修辞学的研究课题,被语法学、语义学、语用学抢去了。

“修辞学大视野”刊登4篇文章:

作者	篇名	核心观点
陆俭明	《汉语修辞研究深化的空间》	汉语修辞研究深化的两个方面,一是要加强词语和句式运用的研究,二是有关修辞格的研究不能停留在描写上,需要进一步深入思考、分析,探究修辞格形成的机制,以及各种修辞格跟其他语言现象之间的联系。
曾毅平	《语言材料语体分化论析》	探讨语体分化的认定依据及语言材料语体分化的方法论原则。
凌德祥	《汉语面称的不对称性及其缺位的语用研究》	汉语面称呈现出不对称性,产生大量面称缺位,导致语用局限。

(续　表)

作者	篇名	核心观点
陈佳璇	《作为修辞行为的“新词语”发布——基于“2006 年汉语新词语”知晓度测试的分析》	认为不同身份发布新词语的社会意义不同,应慎重对待。

作者篇名核心观点陆俭明《汉语修辞研究深化的空间》汉语修辞研究深化的两个方面,一是要加强词语和句式运用的研究,二是有关修辞格的研究不能停留在描写上,需要进一步深入思考、分析,探究修辞格形成的机制,以及各种修辞格跟其他语言现象之间的联系。曾毅平《语言材料语体分化论析》探讨语体分化的认定依据及语言材料语体分化的方法论原则。凌德祥《汉语面称的不对称性及其缺位的语用研究》汉语面称呈现出不对称性,产生大量面称缺位,导致语用局限。陈佳璇《作为修辞行为的“新词语”发布——基于“2006 年汉语新词语”知晓度测试的分析》认为不同身份发布新词语的社会意义不同,应慎重对待。两刊物同期对话,研讨的问题主要有三方面:修辞学研究现存问题、发展走向、方法更新等。展示了学者们前瞻性的思考,学习借鉴国际语言学主流理论,改变修辞学研究流于效果、鉴赏层面的研究路径,推进修辞学研究方法的更新,拓展修辞学研究有待开发的研究空间的努力。

3. 同题关注频见

专栏、专刊成果共同追踪学术热点问题,集中体现以下三个方面。

(1)文学修辞的研究

"修辞学大视野"成果:

时间	作者	篇名	核心观点
2006年第6期	谭学纯	《想象爱情:文学修辞的意识形态介入——修辞策略和20世纪中国文学类型史之一》	为另类中国文学史的书写,呈现来自语言学和文艺美学交叉领域的观察。
	陈卫	《非马诗歌修辞——兼议当代诗歌的一种倾向》	关注非主流的诗歌写作,剖析争取诗歌权力过程中的良知到场和话语修辞化。
2006年第6期	余岱宗	《〈三国演义〉:叙事修辞与小说意识形态》	叙事修辞维护作品意识形态取向的同时影响修辞的可靠性,最终导致意识形态幻象的崩溃。
	连晓霞	《〈金光大道〉:意识形态化的小说语言》	在广义修辞学学术背景中观察话语生产权、话语符号、言说方式的意识形态化。

（续　表）

时间	作者	篇名	核心观点
2007 年第 1 期	郭洪雷	《小说研究：从叙事学到修辞学——对小说研究理论范式与批评方法修辞学转向的初步考察》	拓展小说理论研究和批评实践的学术空间。
	肖莉	《语言转向背景下的小说语言变异研究综论》	描述小说语言变异研究领域的现状与发展方向。
2007 年第 3 期	朱玲 肖莉	《话本小说：市民道德修辞的话语类型及其语义》	论述人物议论句和事件议论句、格言和俗语祈使句、故事陈述句三种话语类型语义的一致性或冲突。
2008 年第 3 期	王立	《汉语与明清诗学中的主题学方法》	汉语的丰富性成就了中国文学表达方式的多样性，汉语的规定性又制约着中国文学表达方式的存在形态。
	郭洪雷	《短篇小说的兴起与中国小说修辞的现代转型》	从小说“时空体”形式、文体意识和修辞交流方式角度考察小说修辞现代转型受短篇小说兴起因素的影响。

（续　表）

时间	作者	篇名	核心观点
2008 年第 3 期	泓峻	《“个性主义”文学的语言观与现代汉语形成期的修辞观》	现代汉语的修辞理想契合现代文学的个性主义诉求，影响现代文学的发展。
	肖莉	《元小说“碎片化”写作：颠覆传统叙述的整体性模式》	颠覆了传统叙述整体性模式的“碎片化”叙述，消解叙述背后的意识形态。
2008 年第 6 期	朱玲 林佩璇	《城市和山水：话本小说的空间修辞幻象》	城市成为文学修辞的中心空间，山水蕴含的宁静和诗意离我们远去。
	黄科安	《重构新的社会秩序与意识形态的修辞立场》	解读周立波《暴风骤雨》的修辞策略，指出“农民语言”经过“革命话语”改造和修正，体现“话语—权力”运作中的政治功能。
	肖翠云	《文学文本的审美化观照：中国语言学批评的第一个视角》	融合文本语言分析与审美分析，拓展纯语言学分析中被屏蔽的修辞空间。

（续 表）

时间	作者	篇名	核心观点
2009年第6期	郑颐寿	《汉语辞章风格学概说》	从哲学思想、思维模式、研究方法比较古代辞章风格论和辞章风格学，论证“建立现代汉语科学的辞章风格学”的可能性。
	肖莉	《中国当代小说杂语体叙述》	评析不同学科视野中的“杂语体”概念表述。
	林佩璇	《〈圣经·创世记〉：权威话语的建构》	从谁在言说、向谁言说、如何言说三个方面，指出权威话语建构方式与风格特征。
2010年第6期	余岱宗	《论叙事修辞中的“审美辩护”》	提出文学叙事的“可同情性”修辞可以解释读者对文学作品主人公“罪过”证据链的重视，被作者的审美辩护所转移现象。
	姚楠	《修辞学与文学批评》	从包含关系、并列关系和交叉关系审视修辞学与文学批评。

（续　表）

时间	作者	篇名	核心观点
2011 年第 4 期	高群	《〈福柯的生死爱欲〉修辞学批评：再叙事与再阐释》	传主、评价人、作者叙事三重结构呈现具有叙事功能的修辞化特征，延伸探寻叙事学和广义修辞学的学术空间。

《当代修辞学》2011 年第 1 期文学语言与修辞专题研究成果：

作者	篇名	核心观点
谭学纯	《“废墟”的语义和〈废墟〉语篇叙述及相关问题再探讨》	对应于两种认知：概念认知和修辞认知，“废墟”存在语词义和修辞义的分化，记作义位上的“废墟 0”和自设义位的“废墟 1……n”。从“废墟”的语义到《废墟》语篇，再到《废墟》作者的言语运用和《废墟》读者的言语理解，反映的规则与问题暴露出语言能力一般认证标准的偏颇和母语教育的缺失。
高群	《〈废墟〉隐喻模式分析》	隐喻模式的丰富性表现为词、句子、语篇都有可能成为隐喻范畴成员，《废墟》以“废墟”的词典释义为基础，借助词句隐喻模式、语篇隐喻模式，建构了“废墟”修辞化语义类聚系统和“废墟”局部、整体的修辞幻象，在螺旋上升的隐喻模式中，完成从单个概念到语篇系统的认知。

（续　表）

作者	篇名	核心观点
高万云	《理论与方法：新世纪文学语言研究之研究》	宏观扫描文学语言研究的整体现状，中观考察语言学界和文学界几位有代表性的学者的深度研究，聚焦文学语言的文学语言观、文学语言的构成手段、文学语言的研究方法三个基本问题，对21世纪第一个十年的文学语言研究状况进行观察与思考。

成果围绕“文学修辞研究”中心议题，贯通宏观视野和微观个案研究，涉及到叙事学到修辞学“转向”的学科外呼应，同时注重突破狭义修辞学以语言为本位、以技巧论为核心的研究格局的学科内的呼应，用成果支撑广义修辞学介入相邻学科前沿对话的可能性、可实施性。

“大视野”8期20篇文章，研究范畴涉及语言本体的言语风格、词句修辞和叙事修辞、文学文本和学术文本的修辞阅读；同时探讨了文化语境里的意识形态、道德、礼貌、审美等修辞元素。上升到文学修辞的学科重建和理论开发的高度观察，梳理已知的研究领域，探索未知的阐释空间。

栏目把修辞从话语层面延伸到行为层面，呼应2007年6月，中国南开大学和美国威斯康星大学联合举办的“汉语与中国文学国际学术研讨会”，2008年第3期发表《汉语与明清诗学中的主题学方法》《短篇小说的兴起与中国小说修辞的现代转型》《“个性主义”文学的语言观与现代汉语形成期的修辞观》《元小说“碎片化”写作：颠覆传统叙述的整体性模式》四篇文章，为改变汉语研究和中国文学研究各自为政的状况，提供减少学科阻隔的学术参照。

(2)文体、互文、修辞

"修辞学大视野"成果：

时间	作者	篇名	核心观点
2010年第2期	席扬	《身份·功能·性别——试论丁玲〈太阳照在桑干河上〉的修辞行为》	混合身份意识、性别意识和功能意识等形成的复杂性，表征出丁玲创作"转换"过程中，"身份定位"与"艺术策略"选择之间的矛盾，"修辞行为"的"暧昧"状态。
	孙先科	《复调性主题与对话性文体——王蒙小说创作从〈青春万岁〉到"季节系列"的一条主脉》	新旧社会转型下的特殊时间与空间机制决定了王蒙的经验特性与认知方式，影响了小说创作的主体范式和文体特征，形成小说主题具有复调性，文体具有对话性的特质。

（续　表）

时间	作者	篇名	核心观点
2006 年第 2 期	肖莉	《回忆和氛围：汪曾祺小说文体的诗意建构》	“回忆”机制和“气氛即人物”的理论自觉实践着小说文体的诗意建构。
	朱玲	《中国古代文体的萌芽和演进》	一种文体的出现与形成表现为由非体裁到体裁或此体裁到彼体裁的过程。古代文体的萌芽和演进与人类的思维及语言发展同步，各民族文体差异影响到考察文体方法的差异。
	肖翠云	《新时期文学文体学研究概览》	融合语言分析与审美阐释，改变传统印象式文体研究的主观性、随意性及西方过分注重语言分析的形式化倾向。
2008 年第 1 期	吴礼权	《〈史记〉史传体篇章结构修辞模式对传奇小说的影响》	在比较分析基础上探讨二者渊源关系及其成因。
	郗文倩	《〈僮约〉俳谐效果的产生及其文体示范意义》	在俳谐文中嵌入契约形式，变通文本内容，实现文体实用功能和娱乐功能的转换。

（续　表）

时间	作者	篇名	核心观点
2008 年第 1 期	陈卫	《〈国粹精点〉互文性写作和文体建构》	解析王飞跃作为古诗读者和新诗创作者将古代诗歌话语资源转换为当代诗歌文体建构元素，从而实现当代诗歌的突围。
	赵楠	《澄显与遮蔽——〈战国策〉叙史方式的二重性》	认为《战国策》的叙史话语突破传统史书模式化叙史及其道德控制，在澄显“人”之历史本真的同时对“人”近乎偏执的信任又是一种遮蔽。
2010 年第 6 期	朱玲 李洛枫	《中国古代短篇小说：人物、时间、空间修辞设计的异质性》	分析以平民叙事为主体的古代短篇小说的叙事因子和叙述流程突破传统文体模式、认知模式，获得“异质性”，产生激发大众接受兴趣的修辞效果。
	郗文倩	《中国古代文体功能研究论纲》	触及文体向文化敞开、文化制约文体生成的修辞动因和机制。

《当代修辞学》成果：

时间	作者	篇名	核心观点
2010年第3期	陈满华	《汉语习语互文及其构式解读》	习语互文是构式，意义凭借在句法层面得到解读的内容显现。
	娄开阳 徐赳赳	《新闻语体中连续报道的互文分析》	平行报道和延展报道都形成互文，构成方式分别包括核心内容互文、报道类型互文、报道内容互文与时间互文、作者互文、内容互文。
	辛斌 赖彦	《语篇互文性分析的理论与方法》	探讨了语篇互文性分析的理论基础、目标与原则、维度与范畴、方法、应用价值等方面问题。
2011年第3期	祝克懿	《元语篇与文学评论语篇的互动关系研究》	文学评论语篇与文学作品元语篇之间具有互文结构关系，以对话关系为基础，由“述”核心板块和“评”延伸板块共组的有机统一体，其语体范式表现为语体的交叉渗透。

（续　表）

时间	作者	篇名	核心观点
2011 年第 3 期	郑庆君	《互文性理论与汉语修辞格的关系探析——以汉语仿拟修辞格为例》	着眼互文性与汉语修辞格在语言层面的共有特征，提出了互文性特征与部分汉语修辞格具有对应关系的假设。
	刘斐 朱可	《互文考论》	根据传世文献，将传统互文区分为语义互动类、形式互动类、语义—形式互动类三类互文。判定互文修辞格仅指语义—形式互动类互文中的交错省略互文现象。

"大视野"的成果围绕关键词文体、互文、修辞进行讨论，在寻找文体语言方面的形式标志和相应的修辞模式的同时，提醒我们思考：相应文体的显性或隐性源文本和目标文本之间存在什么样的渊源关系？前者为后者提供了什么样的形式规范和话语资源？后者对前者进行了什么样的话语改造？

《当代修辞学》2010 年第 3 期互文与修辞的专题研究也给了我们很多启示，2011 年第 3 期集中刊登的文章，延续了讨论。成果是栏目策划实现的支撑，两期 6 篇文章多角度阐释互文、文体、修辞的关系，正如栏目编者按所言：许多学科在发展的过程中，都会从其他学科引入一些富有理论解释力的概念来推进自身的建设……对当前的修辞学来说，克里斯蒂娃首提的互文性

(intertextuality)很可能就是这样一个可以托付重任的概念……只要不再拘泥于将互文简单地理解为一种语言技巧,而是把它视为语言的一种无法回避的性质……这一体系的核心就是:使用中的语言不仅与语言外被表述的对象发生关系,也不仅与自身的不同单位发生关系,还会与其他使用中的语言以及过去已经形成的语言成品发生关系……之所以需要互文这一概念,就在于它指出了一个文本的形成是如何吸收或改造了其他文本的……正是在这个意义上,互文为语言学尤其是修辞学的研究打开了第三界面,必然促使我们去发现种种过去被忽视了的现象,也为我们的研究提供一种新的研究方法:在某一文本与其他文本的关系中来分析该文本的结构、意义以及它所能实现的功能……希望引起有志于此的学者和读者的关注,以更多富有创新性的研究成果引领修辞学走出理论和方法的瓶颈。[1]

《当代修辞学》时隔一年的同一期,相同篇数文章的亮相,本身也具有某种程度的互文意味。刊物与栏目共同的注视与努力,在社会语言生活的现实层面,实践了互文性修辞行为。

(3)辞格研究

"修辞学大视野"成果:

时间	作者	篇名	核心观点
2007 年第 5 期	孙虹	《水之喻:袁宏道王思任小品文的异质美》	分析"水"隐喻呈现的"自然与典雅"、"阴柔与阳刚"风格与时代的同构性以及两家之间的异质美。

〔1〕《专题研究:互文与修辞》栏目编者按,《当代修辞学》2010 年第 3 期。

（续　表）

时间	作者	篇名	核心观点
2007 年第 5 期	盛若菁	《影响比喻浮现结构的认知因素》	探索制约比喻浮现结构的语义可及性、原型性、语义突显等因素的成因与功能。
	高志明	《比喻耗损与激活机制》	建立耗损与激活之间平衡点的关键是需要“无中生有”的创新和“有中生无”激活机制的参与。
	张少云	《概念隐喻的理解与表达》	研究概念隐喻，实际上也就是透视被概念隐喻映射的人修辞化生存本身。
2009 年第 5 期	李小荣	《简论汉译佛典之“譬喻”文体》	即为修辞介入佛典的精细个案研究，亦为汉语“譬喻”研究提供了丰富的佛典资源。
	李胜梅	《修辞学倒装研究与语法学易位研究》	关注语法学词汇学研究易位、倒装、同素逆序词研究的解释力以及对修辞学的启发。
	高志明	《通感：语义、语法及修辞阐释》	对通感技巧解释的基础上，增加修辞诗学和修辞哲学阐释，拓展通感研究深度与广度。

（续　表）

时间	作者	篇名	核心观点
2009年第5期	李凤岐	《作为修辞方法的"改字"》	论证"改字"的修辞格资格，指出修辞格认定标准统一性失当的负面因素。
2011年第4期	王毓红	《〈文心雕龙〉对偶句法结构分析》	认为刘勰的对偶句法结构以意为主，随性驰骋，使丽辞华实相胜。

《当代修辞学》成果：

时间	作者	篇名	核心观点
2011年第1期	徐默凡	《论命名性辞格》	定义命名性辞格为：在表达某个所指对象时，不另造新词，而是寻觅旧型将其改造为新型用于称述的现象。
	黄卫星	《事件性比喻的逻辑结构新探》	把事件性复合比喻分为X型、Y型、Z型、T型复合比喻四类，揭示其逻辑结构。
	朱庆祥	《同一词语连用现象与拈连修辞格——从"人穷志不穷"谈起》	提出新术语"同一词语连用"，指一个词在一个句子中顺延连用的现象，此用法是该词的固有用法，与拈连的词语新用法不是该词的固有用法不同。

辞格一直是修辞学研究的重要范畴,以前火热,近年相对沉寂的辞格研究该如何发展?这是很值得关注的问题,专栏与专刊做了很好的尝试。

(二)话语权是一种学术储蓄

成果的发表赋予话语权物质的形式。此时的话语权呈现两个主体两层含义。第一,体现了专栏、专刊主持人、编者行使的话语权。第二,成果作者行使的话语权。这也意味着拥有话语权是有条件的,办专刊、专栏方针,主编、主持人的眼界,决定了层层筛选后的成果面貌。这也是我们从成果反观话语权的逻辑起点。如果说成果是话语权的显性呈现,在成果中蕴含的真知灼见就是话语权的隐性呈现。

“大视野”从2003年第6期起至今,共发文125篇,1339600字,支持立项在研39个,被《高校文科学术文摘》和中国人民大学报刊复印资料转载15篇,获省部级以上的奖项4篇,下载、被引分别为22020次、379次。(时间截至2011年11月14日中国知网的下载频次和被引频次)(数字由栏目编辑陈芳博士提供)吸引了北京大学、复旦大学、人民大学等众多高校高水平学者的加盟,吸纳文学、社会学、文艺学等多学科资源,为重建修辞学的学科形象作出巨大贡献。这与专栏主持人慎重对待话语权,与“有容乃大”的学术胸怀不无关系。作为普通师范大学学报的一个专栏,具有如此能量,让人深思。

对比《华东师范大学学报》,从2003年第6期起至今,共发文修辞学论文不到20篇。这还算是“眼中有修辞,手下有修辞”的做法,至于别的同等层次的学报,修辞学成果发表篇数更是少得可怜。《当代修辞学》一本刊物又如何扛得起庞大的修辞学研究队伍的期盼？严峻的事实迫使修辞学者从理念、方法、成果的全面突围。

显性成果捍卫了学者和专栏、专刊主持人的话语权，具有双重含义的话语权蕴含着丰富的修辞观念。以专栏、专刊成果观察，修辞观念的变化集中体现在四个方面。

1. 修辞学往哪里去

“大视野”2009 年第 2 期“学科建设与定位”主持人语，对此问题进行诠释。“修辞学‘研究什么’、‘怎样研究’、‘为什么这样研究’，出于不同的修辞观，有不同的学科定位和学术操作模式。对此，基于修辞学之语言学本质的修辞观和基于修辞学之交叉学科性质的修辞观，从不同的向度聚焦相同的学术话题。”前文涉及到的陆俭明、沈家煊、屈承熹、邵敬敏、曾毅平、凌德祥、陈佳璇等学者参与讨论的学术成果，也对此问题作出了回答。

2. 文学修辞如何研究

“大视野”2010 年第 6 期主持人话语所指向的文学修辞研究。“文学修辞研究的完整面貌，是语言层面的修辞技巧和文本层面的修辞诗学共同在场的。回顾本土学脉中修辞与文学的共生因子，关注域外修辞研究向文学叙事延伸的生长态势，可以观察到：原本修辞技巧和修辞诗学互相缠绕的文学修辞研究，在中国当代学术走向中呈现为两条趋势线：语言学界偏重修辞技巧研究，文学界偏重修辞诗学研究，二者的优长蕴涵着学科渗融的可能性。学科渗融的文学修辞研究，不是简单地回归本土传统，也不是生硬链接域外理论，而需要立足当代学术语境诠释传统资源，以民族思维审视域外理论和可操作性。在一个更开阔的学术平台上进行前沿交流，逐步完成同类研究的技术升级。”

《当代修辞学》2011 年第 1 期特邀主持人语：作为修辞研究

介入领域语言研究的一种类型,文学语言研究可能存在四种情况的误读:1. 文学语言研究等于文本佳词丽句欣赏,观察单位是词句,无需向语篇延伸。2. 文学语言研究不能提取形式化规则。3. 文学语言研究不具备有解释力的方法。4. 文学语言研究的对象是"言语",较少指向更具普遍意义的"语言"研究直接关注的理论与实践。误解的存在影响着对修辞研究的解释与认可,更让学人思索:文学语言研究,是语言与文学两学科的连接点、生长点,文学语言研究呈现为什么样的学术面貌? 修辞研究如何介入文学语言研究的前沿领域?

"大视野"文学修辞研究与《当代修辞学》的文学语言与修辞专题研究主持人与研究者共同行使话语权,开发了文学语言理论资源,并进行积极的实践尝试。

3. 辞格研究怎样深化

辞格研究一直是修辞学研究关注的对象,如何拓展、深化辞格研究,是大家共同关心的话题。文章吸引相关学科研究经验,用研究实践诠释了辞格研究的学术尝试。正如《当代修辞学》主持人定名的"辞格新探",意图实现在全面、细致地描写辞格现象的基础上,利用现代语言学理论探究辞格的类别、功能、理解机制等问题。当隐喻在改变着认知,改变着世界时,观察隐喻,也意味着使世界从遮蔽走向澄清。在中西方横向联系与古今纵向时间坐标轴上探索辞格研究新路径,或许是个不错的选择。

4. 如何面对修辞与历史相遇

"一旦在既定思维中被认为最不可能与修辞相遇的历史与修辞产生关联,那么,需要进行价值修正的,将不仅是修辞学,也是历史学。甚至,文学叙事与历史叙事,这类在既定认知框架中各自的定位,也会因为修辞的介入而出现某种程度的位移。”[1]

成果反射出的话语权,蕴含的修辞观念是种学术储蓄,一旦启用,将推动学术面貌的改观,为修辞学研究注入新能量,为突破学科瓶颈,寻找新家园提供强力支撑。

(三)转型是一种学术应战

历史哲学家汤因比在《历史研究》中,在研究 21 个文明诞生过程的基础上,提出“挑战与应战”模式,这对我们很有启示。当文明不能面临严峻的挑战时,只有灭亡;只有积极应战的文明才能源远流长。

修辞学研究被边缘化的现实昭示挑战的严峻,要想健康发展,只有奋力拼搏,促成学术转型,使修辞学“柳暗花明又一村”。

宗廷虎于 1995 年就断言:汉语修辞学 21 世纪应成“显学”。[2]

2001 年《广义修辞学》出版,诞生了广义修辞学理论体系。同年,《比喻、近喻与自喻——辞格的认知性研究》面市,开启语义认知修辞学研究路径。两部成果的研究面貌不同于传统修辞学研究,可以看成修辞学研究转型的重要标志。

2003 年,谭学纯《修辞学研究突围:从倾斜的学科平台到共享学术空间》提出修辞学研究突围观点:修辞学研究需要走出“就语言谈语言”的技巧论,向更为开阔的公共学术空间

---

〔1〕《修辞和历史叙事》主持人话语,《福建师范大学学报》2006 年第 3 期。

〔2〕宗廷虎:《汉语修辞学 21 世纪应成“显学”——读伍铁平〈语言学是一门领先的科学〉札记》,《修辞学习》1995 年第 3 期。

突围。[1]

同年实施的“修辞学大视野”专栏，可以看成是突围观念的修辞行为。“修辞学大视野”栏目宗旨之一，含有不同层级的理论扩容意向：立足于修辞学的“语言本位”，修辞学由所在三级学科向所属二级学科语言学相关领域扩容；立足于修辞学的跨学科性质，修辞学由所属二级学科向上位层次一级学科中国语言文学相关领域扩容，进而向社会科学的其他学科相关领域扩容。理论扩容的过程中，修辞学研究既吸纳相关学科的学术智慧，也展示自己介入相关学科研究的可能性，彰显修辞学对社会语言生活的干预力与解释力。[2]

2007 年“首届望道修辞学论坛”也推动修辞学转型的进程。从 2010 年始，《修辞学习》改名为《当代修辞学》，成为修辞学转型的又一次亮相。

学者对转型的期盼，专刊、专栏主编、主持人的引导，成果的呈现，从主观与客观合力推动修辞学转型的实现。身处转型中的学者更加关注社会生活的变化，促使学术研究向修辞行为延伸。《当代修辞学》2011 年第 2 期形象塑造与国家形象修辞专题研究主持人胡范铸说：“试图从修辞学的角度对当今中国社会生活中的一个重大问题做出初步的回应。我们热切地希望：中国的修辞学者不但要有强烈的方法探索意识，更应具有强烈的问题意识和深刻的社会关怀，在诸如如何改进国家形象修辞以争取和维护和平环境、如何进行更有效的产业形象修辞以提

---

〔1〕 谭学纯：《修辞学研究突围：从倾斜的学科平台到共享学术空间》，《福建师范大学学报》2003 年第 6 期。

〔2〕《修辞研究：再思考与再开发》主持人话语，《福建师范大学学报》2008 年第 2 期。

升竞争力、如何通过中国法律语言的研究以促进中国法制生活的现代化、如何通过中国新闻语言的批评推进中国新闻生活的现代性等一系列当代语言生活的重大问题上,都能够发出自己应有的声音。”主持人用研究成果支持着自己的宣言。《言者身份与修辞力量:国家形象修辞分析中的一个问题》为国家形象修辞定义:一个国家及相关机构和个人为了维护或者改变该国形象所采取的修辞活动。行为主体言者身份的分别、定位、变化是其分析最基本参量之一。甘莅豪、樊小玲《“精品”与“合作”:两岸“XX 制造”形象广告的框架分析》从表面结构、词汇、语法、宏观结构四个角度分析形象广告,认为大陆采用“低位合作”、台湾采用“高端精品”不同的认知框架。(注:本文期刊纸质版有,电子版无,以纸质版为准)这些关注社会生活的语言研究,与“大视野”栏目的《修辞的本质与功能——兼论修辞与和谐社会的构建》《论话语权》《作为修辞行为的“新词语”发布——基于“2006 年汉语新词语”知晓度测试的分析》并肩携手,共同诠释着修辞学者报效社会的学术使命。

成果体现为话语权的在场姿态,是平等对话的前提。在中西学术舞台上,中国学者如何上演东方的精彩?“大视野”2007 年第 6 期中心话题:全球视野中的修辞学研究,主持人话语指向了面对世界的思考。

“全球化提供了一个巨大的修辞消费市场,观察、分析这个跨国市场修辞消费和修辞运作的可能性,需要全球视野;需要吸纳域外同类研究的学术智慧,找准自己的位置;也需要保持民族身份,向全球化格局中的修辞学研究输出民族的信息。域外的学术风景和本土的学术现实在什么样的价值坐标中互相阅读互为镜像?”

2008 年 12 月出版的《当代中国话语研究》第一卷第一辑目

录也是中国学者学术使命的再一次的诠释：

1. 施旭《构建中华话语研究体系》
2. 陈国明《亚洲传播研究目前的情况和发展趋向》
3. 姜望琪《东西方语言研究传统——相抵还是互补?》
4. 马博森《当代中国话语语料库的建构问题》
5. 冯天瑜《中西涵化的新语汇的历史功能》
6. 陈芙、孙元元、郑雪贞《网络语言与汉语西化新趋势》
7. 于国栋《医疗就诊中病人自我诊断的会话分析研究》
8. 张黎、丛永清《企业介绍的话语特征初探》
9. 周大军《军语研究述评》
10. 翁里、张雨蕉《台湾海峡两岸法律话语之比较》

在征文启事称:采用宽阔的“话语”定义,关注的重点是自然语言活动和相关的语境。宽阔的话语与广义的修辞,有着学理共生的学术空间和学者对社会民生的激情。施旭带着他的《当代中国话语研究》在西方学术的舞台展示中国特色。学者干预社会语言生活,维护民族尊严不只是愿望,更转化为行动。

“自从有了学术期刊,学术史就是由学术期刊介入的学术文本、学术事件、学术人物和学术团体活动的历史延续体。”〔1〕

当学者的思考转化为话语权,生成社会变革的动力,研究成果转化为修辞行为时,主持人们把个人之思汇聚成众人之思,把个人行为延伸为社会行为,他们和他们的刊物、专栏是联通思想与行动的桥梁,也是捍卫民族自尊的宣言,中国人的声音被收听,平等对话不再是梦想。

---

〔1〕 谭学纯:《学术期刊:学术话语的集散地》,《光明日报》2005 年 2 月 24 日。

第二章　文学文本修辞解读

考察文学文本詹姆斯·米勒《福柯的生死爱欲》、余华《兄弟》、余秋雨《废墟》、格非《青黄》、徐坤《游行》以及苏童的“香椿树”系列文本，在对文本细读的基础上，对其进行修辞解读。

一　《福柯的生死爱欲》的三重叙事

（一）相关理论背景

尚必武（2010）介绍认知叙事学著作赫尔曼的《叙事的基本要件》（*Basic Elem ents of Narrative*）涉及到的要件是：（1）叙事是一种再现模式，这一模式不仅存在于具体的话语语境或讲述情境，而且必须依据具体的话语语境或讲述情境来加以阐释。（2）这一再现模式聚焦于具体事件的时间结构。（3）按照次序，这些事件在故事世界中引入某种破坏或不平衡，而故事世界涉及人类或类似于人类的代理者，无论这一被再现的世界是真实的，虚构的，现实的或是幻想的、记忆的或是梦见的，等等。（4）再现传递了生活在这一“变动中故事世界”（storyworld-in-flux）的经历，强调事件对于受到事件影响的真实意识或想象意识的压力。因此，一个重要的附带条件就是，叙事的中心论题是关于感应(qualia),这是心智哲学家用来指某人或某事有某种具体经历的"像什么"(what it is like)的感觉。对"什么是叙事",赫尔曼定义为:人类用以评价时间、过程和变化的基本策略。在"如何研究叙事",他重点倡导以认知科学为主的跨学科方法。[1]

叙事这种再现模式不仅是表达者专利,还需要接受者的后续解读使叙事完整,在时间变迁中展现事件深层动因对人类意识的影响。至于"感应"具有"像什么"的感觉,启示我们:语言不管是工具还是本体,最终都为意义存在,但意义并非直接和真值相等,语义具有动态和语用特征,所有语义都是连续统上的点,把语义组合起来,动态理解,要借助叙事的参与,这样一来,语义和叙事就具有本质关联,叙事不仅是为语义服务,而且直接参与语义的生成。"像什么"类似于《广义修辞学》的"修辞幻象",强调语言重构的世界,在人们心理重建"象征性的现实"。[2] 事件在叙事中改装,意义在叙事中呈现,世界在叙事中重构,认知在叙事中完成。

(二)再叙事:传主、评价人、作者

米勒在《福柯的生死爱欲》序言里开宗明义地说:本书不是传记,虽则它大体上遵循着福柯的生命足迹。它也不是关于福柯著作的综述,尽管它的确对福柯的大量作品作了诠释。它毋宁是在叙述一个奋斗的人生,这种奋斗旨在实践尼采的箴言:

---

〔1〕 尚必武:《建构·拓展·重审——2009 年度西方叙事学研究回眸》,《江西社会科学》2010 年第 10 期。

〔2〕 谭学纯,朱玲:《广义修辞学》(修订版),合肥:安徽教育出版社,2008 年,150 页。

"成为自己"。既然"遵循着福柯的生命足迹""在叙述一个奋斗的人生",从文体的角度观察,把此书看成人物传记不会不合适。

米勒写书的目的是构想出这样一种人,他"既非纯粹的语法主体又非深层的心理主体,而是那种在著作、信函、草稿、写作提纲及个人隐私中说'我'的真实的自我"[1]。语法主体指的是福柯的文本,心理主体指的是福柯的自我认定,要想真正认识福柯,就要理解其文本形成的过程、材料、生活等。接受者是认同传主的自我表白,还是信任传主论著中可观察的客观事实?传记作者的态度对传主有多大的影响?即使尽量选取事实,也必然会带上观察者主观色彩,就算采用实证主义的方法,罗列文献,让接受者自己取舍,谁能保证文献的真实?罗列本身带不带主观性?从叙事的角度观察这段有意味的话,启发了我们思考如下问题:人物传记文体叙事是如何修辞化地展开的?

《福柯的生死爱欲》再叙事存在三个层面。

1. 再叙事一:传主自我表白叙事、传主著作叙事

无论传主自我表白,还是传主著作,都逃脱不了语言是囚牢的枷锁,纪实、回忆、想象都带有主观色彩,此时叙事描绘"像什么"的感觉,生成修辞幻象,是对真正意义自我的再叙事。

①传主自我表白叙事

传主福柯是哲学家,为了让自己深奥的思想被大众理解、接受,他著述时明确说:"我相信……一个作为作家的人绝非只在他写的书里做他的工作","他的主要工作,归根到底也正是处

[1] 詹姆斯·米勒:《福柯的生死爱欲》,高毅译,上海:上海世纪出版社,2005年,1页。

于写书过程中的他自己。一个人的私生活,他的性爱偏好,和他的工作是相互关联的——这不是说他的工作能够解释他的性生活,而是因为工作既包含了著作,又包含了整个的生活。"[1]

哲学家对作家的定位不仅关注到写书时的语言和过程,也关注到性格、爱好、理念、生活方式等非语言因素对阅读理解的作用,叙事因素多重参与,接受者就可以理解福柯的"极限体验",如:死亡谷的 LSD(吸食毒品)、S/M(施虐受虐性行为)等;理解他的矛盾:虽然不赞同同性恋解放运动的策略,"走出来"(coming out)(政治性对压迫人的社会制度抗议),但公开承认自己是同性恋;理解了哲学家并非常人的生活方式也就可以理解他的哲学理念:工作包含著作也包含生活,我们——主体可以创造自我,也可以把自我和生活塑造成艺术品。这是他提倡的"生存的艺术",不仅突出自己做主的个体,也为挑战权力结构提供基础。

②传主著作叙事

福柯主要作品包括《精神病与人格》《疯癫与非理智——古典时期的疯癫史》《词与物》《知识考古学》《规训与惩罚》《性史》等,主要涉及:对知识的质疑,话语和制度,规训与教导,权力关系,统治术与自由主义,历史和地缘政治学,道德主体,性主体,自我的艺术等观念。福柯凭借创新哲学理想,把这些观念放在历史背景中考察,打开语言和生命连通的大门,建构自己的思想框架、哲学体系。福柯著作成为西方二十世纪文化景观的重要组成部分,也成为我们理解传主福柯,从而理解作者米勒为其

---

〔1〕 詹姆斯·米勒:《福柯的生死爱欲》,高毅译,上海:上海世纪出版社,2005年,17页。

作传的再叙事。

2. 再叙事二：评价人文献叙事

专业接受者评价：德勒兹称福柯“新一代档案保管员”和“新一代地图绘制者”。

普通接受者评价：福柯的《词与物》力图构建“人文科学考古学”，这样一本晦涩难懂、充满智慧、褒贬不一的学术论著，却成为供不应求的畅销书，仅在法国就印刷了逾10万册。从多次印刷次数和印刷总量可见，阅读接受面之广。更有甚者，此书成了当时最热门的话题，许多人的书架里都放着一本，大家以阅读此书为时尚。

对福柯之死的评价：福柯生前虽贵为法兰西院士，但无论学说还是生活，都颇有争议。中国有“盖棺定论”的说法，可以看成是对人的终极评价。我们从此角度观察福柯之死，从文献中印证他所处时代对福柯的态度，为现在的我们理解福柯打开一条新通道。

> 在法国，他被视为国宝。总理为他的死发布了悼念讣告。《世界报》(Le Monde)、《解放报》(Libération)和《费加罗报》(Le Figaro)均在头版发布了他逝世的消息。《解放报》的周末版竟以十二版的篇幅出了一期特别副刊，详细介绍了这位伟人的生平和著作。举国上下的传播媒介都洋溢着一片赞誉之声。在新闻周刊《新观察家》(Le Nouvel Observateur)上，编辑让·达尼埃尔(Jean Daniel)对福柯发出这样的赞叹：“他的才智宽广无垠，拥有令人心悦诚服的力量，他的判断之严谨，有时几近苛酷。”著名古典学者保罗·韦纳称他的工作是“本世纪思想界最重大的事件”。

> 费尔南·布劳代尔(Fernand Braudel),这位可能是法国当时还活着的最杰出的历史学家,也颤颤巍巍地向福柯的亡灵致敬,称他为“他的时代最辉煌的思想家之一”。褒奖之辞铺天盖地而来,赞美者中既有学者和艺术家,也有内阁部长和正在变成老人的毛主义者,还有工会领袖和刑满释放犯。不管是出于真心还是明显的虚情假意,只需把这些赞誉之辞排列一下,就不难看出福柯在社会上拥有何等的影响了。[1]

从引用的文献看,评价人的身份是多样的,有来自官方的总理、内阁部长,也有个人学者、艺术家、毛主义者、刑满释放犯,还有介于官方和个人的工会领袖;评价的中介是有影响的媒体和个人纪念行为;评价的态度有真心也有假意;评价的数量铺天盖地而来;评价的结果大多是褒奖之辞。从这么隆重的评价行为来看,可见福柯在法国,乃至世界的影响。这种评价影响带有公共经验强势,必然会给接受者有力的引导,从而生成大众意义层面的福柯。

3. 再叙事三:作者叙事

①文本叙事

> 我以一名好盘根究底的记者的兴致,搜集了有关福柯生活的各方面情况,这些情况至今尚无文证,故而大都未经检验。本着一名思想史学者的兴致,我又对这种生活的文

〔1〕 詹姆斯·米勒:《福柯的生死爱欲》,高毅译,上海:上海世纪出版社,2005年,11页。

化社会背景作了一番透视。我还以一名文学批评家的兴致，对时常萦回在福柯脑际的一些幻觉和想象的迷念（正是这些东西赋予福柯的文章和日常起居以个性的色彩和基调）作了突出的描绘。[1]

由此可见米勒的身份是多重的，是记者、思想史学者，也是文学批评家，多重身份必然会带来多视角的观察和表达，既有语言层面的关注，思想深度的挖掘，也有生活细节的求证。米勒为了写传，甚至研究了福柯学说和研究者评价，从而使本书成为爱德华·萨义德所说的“进入 20 世纪晚期西方文化的一本关键性读本”。

米勒的叙事，是建立在对再叙事一、再叙事二的审视基础上的再叙事三。他收集福柯言论、著作、评价、学说接受效应等，在编排、取舍过程中，增加自己的理解，是对再叙事一、再叙事二的解构；《福柯的生死爱欲》是接受后的修辞化表达，是带有米勒痕迹的再叙事三，是在新一轮叙事中对福柯的新建构。

米勒选择福柯本人和福柯学说研究者身份介入，使人物传记作者身份具有多重性，虽说多重作者会受到米勒叙事意图的影响，但多重作者为我们理解真实的福柯打开多层次观察角度，为再阐释设立了前提。

②脚注叙事

米勒强调文献的重要地位，《福柯的生死爱欲》采用了脚注叙事的方式，注释部分占据很长篇幅，成为福柯生活、学术的重

---

〔1〕 詹姆斯·米勒：《福柯的生死爱欲》，高毅译，上海：上海世纪出版社，2005 年，1 页。

要背景，是传外之“传”。虽说文献内容涉及到福柯自述、别人评价等，但从叙事形式观察，是有别于文本叙事的脚注叙事。米勒罗列详细确凿的资料用来验证福柯学术观点，别人评价，展现历史事件的渊源等，以点带面，把不同时空、不同人物联系起来，使传记语言带有历史的厚重。这要求传记作者慎重对待叙事权利、叙事方式，慎重预测叙事效果，从而在历史真实和文学虚构的悖论中寻找平衡。正如法国著名传记文学家莫罗亚说：“一个现代的传记作者，如果他是诚实的，便不会容许自己这样想：‘这是一位伟大的帝王，一位伟大的政治家，一位伟大的作家；在他的名字的周围，已经建立一个神话一般的传说，我所想要叙述的，就是这个传说，而且仅仅是这个传说。’他的想法应该是：‘这是一个人。关于他，我拥有相当数量的文件和证据。我要试行画出一幅真实的肖像。这幅肖像将会是什么样子呢？我不晓得。在我把它实际画出之前，我也不想晓得。我准备接受对于这个人物的长时间思量和探讨所向我显示的任何结果，并且依据我所发现的新的事实加以改正……’我们这个时代，对于真实的观念，已经形成正确的想法。我们不会让传记作者由先入为主的观念来左右他的判断；我们要求他根据对于事实的观察，来做出整个的叙述，然后再细心而不带感情地做一番新的独立的研讨，藉以证实那些叙述的内容。”〔1〕

无独有偶，孟子时代就有“知人论事”的说法，文献学强调作家行事和著作之旨并重，提倡立体研究文本和作者之间的关系。我们理解的历史真实包括真正的事实和纸上的事实两类，顾颉刚认为：后代人把现实、理想、要求附着在古代之历史上，所

〔1〕 曹聚仁：《我与我的世界》，北京：人民文学出版社，1983年，4～5页。

以说,历史越来越厚,历史是古代人和后代人共同创造的。任何历史都是当代史,真实性叠加主观性的特点仍旧可以认知,历史追求的境界是“求实”,文学书写则出现“我注六经,六经注我”两种方式,强调各自的主观目的。

作为不同的阅读个体,该如何建构私人化的阅读经验呢?该如何言说自己眼中的福柯呢?这关涉到我们讨论的下一个问题——再阐释。

(三)再阐释:叙事的修辞化

1. 三重再叙事的结构与功能

《福柯的生死爱欲》存在三重再叙事的结构,是我们对人物传记叙事的再阐释。

相对表达的再叙事一、再叙事二、再叙事三的多层次叙事,接受的再阐释也向前推进,分化为每一层再叙事产生的通过言语接受形成的修辞幻象,直指接受者的心理空间。三个层次的三幅画像连成一体,三维交叉,组合具有多种可能。伴随接受者主观介入,此时的福柯变成接受者创造出的新形象,表达者力图求真的叙事,为何却让接受者对传主的解读更复杂呢?悖论是如何形成的?用再阐释两个层面:语符、语义阐释、审美阐释可以对此进行有效的解释。再阐释两个层面融合一体,具有认知功能,出现在再叙事的每一层叙事中,也出现在对文本整体的把握里。再阐释解构了米勒建构的三重再叙事,重新建构了自己眼中的福柯——“纸上的福柯”修辞幻象。

2. 语符、语义、审美

①语符、语义阐释

语符叙事关注语言本身,强调语言符号前后关联的系统性。

扫平语言障碍是理解意义的第一步,我们以福柯一段文字为例,分析再阐释两个层面的内涵。

> 在《词与物》序言的开头,福柯解释了这本书从何而来:写这本书的念头来源于博尔赫斯(Borges)的一段话。当我读到这段话的时候,我大笑不已,正是这笑声粉碎了我的思想中——或者应该说是我们思想中——一切熟悉的标识,这种思想带着我们这个时代和地域的烙印。笑声还击碎了所有井然有序的表面,和我们习惯于用来驯化大量无秩序的事物的平面……这段话引用了"某部中国百科全书"。该书记载道,"动物被划分为:(1)属于皇帝的,(2)涂过香油的,(3)驯服的,(4)未断奶的猪,(5)塞壬,(6)巨大的,(7)迷途的狗,(8)包含在这个分类法中的,(9)发疯的,(10)不可数的,(11)用非常精细的骆驼毛刷子梳理过的,(12)其他,(13)刚刚打碎了水罐的,(14)从远处看像苍蝇的"。惊讶于这种分类法的同时,我们发现,这另一种思维方式展现的奇异的魅力,正是我们自己思维方式的局限之处。显然,我们是不可能这样思考的。[1]

从语符叙事来看,话语链中交织着福柯和博尔赫斯的两人话语,哲学家求真的起点建立在文学家虚构的启示上,形成了第一层悖论。其次,"某部中国百科全书"对动物的分类让现在的接受者匪夷所思,分类的原则有的根据所有权,如(1);有的根

〔1〕 J. 丹纳赫,T. 斯奇拉托,J. 韦伯:《理解福柯》,刘瑾译,天津:百花文艺出版社,2002 年,16 页。

据特征相似性，如(14)；有的根据形状大小，如(6)；有的根据性格，如(3)……我们不必一一说明，就可以发现，因为标准的不统一，分类的结果肯定是混乱的，形成第二层悖论。语符打破中西空间叙事，借助皇帝一词把时间推向纵深，突出文化叙事差异，从而引起费解的第三层悖论。接受者该如何解开这三层悖论的谜团呢？这段语符到底要表达什么意义呢？我们借助语义阐释的参与来解释以上的疑问。

语义阐释强调穿过语符叙事表面的悖离现象，深入理解言语深层含义，把语符放到文化、民族、学术背景等非语言因素的大背景里，探寻作者叙事的真实意图。

关于动物的分类，现在的我们会用科学的眼光判断。一般的动物学书籍都有明晰的分类。脊椎动物中包括：鱼类、爬行类、鸟类、两栖类、哺乳类等五大类；无脊椎动物中包括：原生动物、扁形动物、腔肠动物、棘皮动物、节肢动物、软体动物、环节动物、线形动物八类。当我们看到某种生命形态时，这种科学分类法会自动运行，不可觉察地决定了我们的思维，从而决定了我们看待生命形态的态度。这种分类法的根据在于：某些生命拥有共同的体态特征，构成“相似性”，如鱼生活在水中，身体表面有鳞片，用鳃呼吸，用鳍游泳，卵生，体温不恒定。符合这些体态特征都可以称为鱼类，这些体态特征也把鱼类和其他脊椎动物如两栖类、爬行类、哺乳类、鸟类区别开来。

为什么我们认为“某部中国百科全书”的分类法不科学呢？究其原因，在不同时代，对“相同”概念的理解是不同的。在那个时代，我们这种科学的由体态特征判断“相同”的观念也是不可思议的。福柯在《词与物》序言开头引用这么一段话，意图想说明：认识不是不变的，它们之间有延续更有断裂。当接受者拨云见日，看到语符叙事层面悖离下的语义层次的和谐，理解非语言因素参与下的叙事的真正意蕴，就会在语义阐释层与表达者之间达成共识。

②审美阐释

理性认知在忠实理解表达者意图中体现，要想把认知上升到审美，接受者一定要积极参与，打上自己参与再塑形象的烙印，成为建构主体的一分子，以期实现审美升华。

“无论读者多少，无论是否与正在读的作品产生共鸣，阅读的快感从来都不是由轻轻松松的作品带来的，跨越作家们有意设置的重重障碍和空白地带，体验一场精神磨难，那才叫真正的满足。”[1]接受者必须是充满想象力和创造欲望的人才能成为罗伯·格里耶所说的“新的文学”必定是“向少数人开放的”中所指的少数人，也就是说，只有接受者的创造性建构，才能到达带有个人特征审美阐释体验的境界。

具体到我们上面引用的语符，在审美阐释层的表现可以和福柯哲学理念联系起来分析。福柯“认识型”这一概念，是指围绕着某些特定的世界观和话语组织起来的历史阶段，这些历史阶段只能依据特定的世界观和话语得到解释；它们显示，人们理解世界的方式取决于理性秩序和一组话语构成，这些是不能跨越不同认识型存在的。

一个认识型和另一个认识型之间可能有连续性——比如，我们还能阅读并赞赏莎士比亚，而且认为民主是重要的。但福柯认为，我们本质上是以自己的方式来理解莎士比亚和民主的，

〔1〕 吉尔·德勒兹：《福柯　褶子》，于奇智、杨洁译：湖南：湖南文艺出版社，2001年，380页。

然后再把这种“本质”投射到其他认识、思想和事件上。我们这个认识型生产的知识也是我们的“真理”——于是这个真理也就成了所有人的“真理”。知识和真理不是本质的和非历史的，它们产生于认识型，同时也使认识型统一起来。这意味着，知识和真理与我们这个时代权利行使方式紧密相关（比如政府利用人类科学协助制定法律和政策），同时也深陷于权力斗争之中。[1]

福柯强调认识的断裂，不同于美国哲学家托马斯·库恩提出的“范式变迁”概念。“范式变迁”指的是科学理性在某种程度上以线性行进的方式发展。每一个范式都可以发现前一个不那么完善的范式不能理解的事物。利用已知的科学真相，在已有的科学体系中再添加真相。强调已知科学真相的稳定性，已有科学体系的延续性。

作为语言学习者，在阅读接受中更多关注的是福柯作为结构主义语言学者的表现。结构主义为他提供了超越马克思主义和现象学的可能。福柯赞同结构主义倡导的精确和系统化的历史分析方法，秉承索绪尔的思想，认为意义是相对的，只有和其他事件、思想和活动联系起来才被赋予意义。

结构主义语言学关联海德格尔的思想，人并不能真正自由的思考和行动，因为人连同思想和活动都产生于社会、政治、文化结构。人们不能“思考和表达思想”，就不可能产出意义。相反，结构“通过人来思考和表达”。即使是“自由主体”（free subject）也是文化创造的产物，并且在我们不觉察的情况下控制思

〔1〕 J.丹纳赫，T.斯奇拉托，J.韦伯：《理解福柯》，刘瑾译，天津：百花文艺出版社，2002年，33～34页。

想和行为，正如罗兰·巴特的名言“作者的死亡”(the death of the author)。与此同时，福柯提出了“主体的死亡”(the death of the subject)。

传主福柯是哲学家，审美阐释除了表现为情感和诗意，更多地表现为逻辑、价值、真理等，这是伴随审智行为生成的别具一格的审美阐释。

面对融合审智的审美阐释，不同个体接受者会有不同的收获，在传主的精神或学术里，在传记作者的再叙述中汲取营养，积聚自己再思考的能源。正如福柯的朋友德勒兹认为在福柯的理解中，“陈述分析”“考古学”“系谱学”是理解其知识论、权力观、自我观的关键，犹如三个稳固的圆拱，连通看(所见之物)和说(所说之物)。陈述不同于字词、语句和命题，不再是说者任意使用的表达形式，是一种社会行为，表明我们应该怎样写作；考古学和系谱学是方法论，展现我们应该怎样思索。福柯所揭示的权利是一种政治策略，权利关系和权力外部轮廓不仅是政治的，而且是文学和哲学的。福柯提出的“人之死”不是一件悲观性灾难性事件，而是处于物与思当中的突变现象。[1]

福柯把死亡描述的如此诱人和美妙：有一次我在街上被一辆汽车撞了。我那时正在走路。有那么几秒钟我感觉自己正在死去，而那种快乐真是非常非常强烈。当时是夏天傍晚七点钟光景，天气很好，太阳正在落山，天空一片碧蓝。这是我迄今为止回忆中最美妙的情景。

自杀不是注销世界或我自己(或两者一起注销)的一条途

---

〔1〕 吉尔·德勒兹:《福柯　褶子》，于奇智、杨洁译：湖南：湖南文艺出版社，2001年，374页。

径,而是重新发现我在其中为自己创造世界的那最初时刻的一条途径。……自杀是最终的想象方式。把自己的死梦想为“存在的实现”,就是一次又一次地想象“那一时刻,其间生命将在一个正在降临的世界里达到它的成熟状态”。[1] 这段有意味的话告诉我们肉体的存在不一定是真实,所以哲学家通过死证明生的真实存在,死亡是验证生命的哲学。尼采、萨特、海德格尔等皆有死亡情结,他们生得痛苦,死得欢欣。

3. 叙事学与广义修辞学

在分析《福柯的生死爱欲》再叙事与再阐释的过程中,激发我们思考叙事学与广义修辞学的区别与联系。

我们提取叙事学、广义修辞学研究范畴的关键词,对比如下:

叙事学:话语层次、故事结构、叙事时间、复调小说、结构主义神话、叙事交流系统。

广义修辞学:修辞功能三层面——修辞技巧、修辞诗学、修辞哲学;修辞活动两个主体——表达者、接受者。

叙事学强调文本叙事策略和文本建构,从经典叙事学发展到后经典叙事学,强调超越小说叙事约束,研究拓展到诗歌叙事学,戏剧叙事学等领域,叙事学关注批评的文内、文外、文间综合考察,对非理性的叙事现象展开了富有成果的理论探讨。[2] 倡导以认知科学为主的跨学科研究方法,从关注叙事语法、结构成分、结构关系、运作规律等开始,落脚点旨在解释如何推动叙事

---

〔1〕 詹姆斯·米勒:《福柯的生死爱欲》,高毅译,上海:上海世纪出版社,2005年,102页。

〔2〕 申丹:《关于叙事学研究的几个问题》,《中国外语》2009年第5期。

进程？如何建构叙事文本？如何生成文本意义？面对作者、文本，接受者如何阐释？

广义修辞学拓展狭义修辞学研究范畴，用新理念充实、修正、开发狭义修辞学理论资源。狭义修辞学研究关注辞格、声音的锤炼、词义的选择、句式的搭配、句段的组合等言语的运用技巧，至于语境、文体、风格等研究，也多从表达效果角度观察，分析停留在能否实现修辞功能层面。

广义修辞学着重探讨修辞以何种方式参与话语、文本、主体建构，将修辞分析纳入“话语方式——文本方式——人的存在方式”的层级架构，促进修辞学研究从“技”向“艺”提升，从语言学向文艺美学和文化哲学层面延伸。强调完整意义上的修辞学研究，应该覆盖表达和接受两极，首次探讨“话语权和表达策略”“解释权和接受策略”及其双向互动的运作机制，在研究视角的变换和流动中，建立“表达论”“接受论”“互动论”研究格局。[1] “人以语言的方式拥有世界”道出了人的普遍存在方式，“人以修辞的方式拥有世界”则道出了人的审美化存在方式。修辞参与主体的人格建构，修辞话语内化经验意识成为行为导向。“人们在进行修辞表达的同时，说出了一种价值判断。人们在接受修辞话语的同时，也接受了一种价值判断，人们参与修辞活动的时候，同时在建立着价值观、伦理观、生命观。这样一来，修辞话语既介入了人的现实生存，也介入了人的理想生存。”[2]

---

〔1〕 谭学纯，朱玲：《广义修辞学》（修订版），合肥：安徽教育出版社，2008 年，2～3 页。

〔2〕 谭学纯，朱玲：《广义修辞学》（修订版），合肥：安徽教育出版社，2008 年，61 页。

叙事学研究呈现从话语、故事拓展到文本建构、阐释趋势，聚焦于广义修辞学理论框架中修辞诗学层面的研究，广义修辞学研究从话语拓展到文本建构、阐释，又延伸到修辞哲学层面，值得叙事学研究借鉴。

《福柯的生死爱欲》封面的照片，“福柯身穿和服，似笑非笑地站在门口，背景是一片雪白。在他的两侧，有一扇打开的门和几块发亮的黑檀木嵌板，它们从不同角度，反复地、扭曲地映照出福柯的形象——一个默默无言地从远处打着招呼的人”[1]。这位喜欢用心深远的沉默，热衷于同别人保持距离的哲学家，在注视中清晰又模糊。“天空爆炸了，星星雨点似的落到我身上。我知道这不是真的，但这是‘真实’。”[2]感谢米勒的叙事，让许多颗心灵邂逅。

二　《废墟》的隐喻模式

本文依据温格瑞尔关于隐喻是从源模式(source model)到对象模式(target model)的映射结构的观点，考察余秋雨散文《废墟》语义映射过程，归纳其隐喻模式。在《废墟》的隐喻结构中，源模式、对象模式是隐喻范畴，隐喻成立的前提在于两个隐喻范畴语义修辞化等值。隐喻范畴的形态应该是多样的，词、句子、语篇都有可能成为隐喻范畴成员。

---

〔1〕 詹姆斯·米勒:《福柯的生死爱欲》，高毅译，上海:上海世纪出版社，2005年，498页。

〔2〕 詹姆斯·米勒:《福柯的生死爱欲》，高毅译，上海:上海世纪出版社，2005年，346页。

(一)词句隐喻模式:从源模式到对象模式的语义修辞化等值

词句隐喻模式指隐喻范畴以词的形态出现,源模式到对象模式语义修辞化等值成立表现为句子的隐喻模式。换句话说,源模式到对象模式之间使用动词,构成抽象隐喻表达式,使句子前后两项具有结构上的语义等值,从而影响到人们关注事理方式的变化,生成语义修辞化等值。

《废墟》中"废墟"词义带有作者强烈的主观认识,强调文化内涵,显示一位学者对历史、人生的关注,最终形成"废墟"修辞化语义聚合。从认知的角度看,语义修辞化等值是隐喻模式认知结果,使"废墟"词义从词典规约的释义转变成修辞化语义。

"废墟"在《现代汉语词典》的释义是:城市、村庄遭受破坏或灾害后变成的荒凉地方。[1] 当下,《废墟》对"废墟"词典释义进行新诠释。

"废墟"词典释义有三个义素是必不可少的" +城市、村庄"" +遭受破坏/灾害"" +荒凉地方",抽象式:

+对象(人类聚居地)+变故+坏结果

只要具备了这个抽象式特征,根据类比联想,许多词就有可能具有"废墟"词典释义规定的义素特征,从而使"废墟"具有被替代的可能,成为隐喻目标模式中的隐喻范畴成员。

文本中目标模式隐喻范畴成员"废墟"被源模式隐喻范畴成员转化,呈现为:

毁灭、葬送、诀别、选择、课本、过程、归宿、基地、起点、长链、

[1] 中国社会科学院语言研究所词典编辑室:《现代汉语词典》(第5版),北京:商务印书馆,2005年,第397页。

指令、黄叶、使节、壮举、磁场、寓言、英雄、象征、构建、阶段。

我们过滤隐喻范畴成员描写性修饰语，专注其本身，发现这些成员隶属不同语义场。有表性质形容性的，有表动作动词性的，有表事物名称名词性的，语义具体、抽象特点不一，共同点体现为以词的形式存在。它们借助句子语法结构，实现源模式隐喻范畴成员与目标模式隐喻范畴成员“废墟”之间的语义修辞化等值。

源模式隐喻范畴成员多达20个，从源模式到目标模式的每一次语义映射成立，都会生成新的语义修辞化等值式，如：“葬送是废墟，诀别是废墟，选择是废墟”等，“废墟”修辞化语义就成了20次映射结果的集合。显现的语言形式无论怎样变化，认知关系都离不开源模式、对象模式隐喻范畴成员的语义映射。源模式、对象模式隐喻范畴成员中相对应的两个没有内在同一性的词语，是如何完成语义映射的呢？我们以20个源模式隐喻范畴成员为观察对象，论证词句隐喻模式，探寻“废墟”修辞化语义生成轨迹。

为了便于论述，我们把“废墟”设定为X，把源模式隐喻范畴成员设定为Y，X与Y抽象语义关系为Z。Y中的成员根据文本中出现的先后顺序分别为$Y_{1\cdots\cdots20}$，Y成员之所以能够成为X的变形存在，是因为映射凸显了Y与X的关键语义特征，使二者具有相似点，致使X每经历一次语义映射，都会生成X不同的修辞化语义$X_{1\cdots\cdots20}$，于是，词句隐喻模式成立，源模式隐喻范畴成员Y在话语组合句式中表现出具体、多样特征。

如果把词典释义作为唯一依据，细化为义素分析基本形式，会忽略话语组合中词义的丰富性。词义不似概念，把人类关于对象的实质认识确定、归纳在一起，而是通过语义区别性特征把一些对象和另一些对象区别开来。在不同的词典中，同一个词所涉及的理性意义、附加意义偏重不同，会出现不同表达形式，导致许多潜在意义在归纳的过程中被忽略。但词典释义的常用性、稳定性体现强大优势，可以成为义素分析的重要参照标准。据此，我们依据《现代汉语词典》释义，对 $Y_{1......20}$ 进行义素分析，找出抽象语义关系 Z，在认知过程中探寻相似点，从而求得“废墟”修辞化语义 $X_{1......20}$。

X	Y	Z	$X_{1......20}$
X(废墟)：+城市/村庄+遭受破坏/灾害+荒凉地方抽象式：+对象(人类聚居地)+变故+坏结果	Y_1(毁灭)：+毁坏/摧毁 +消灭	+对象 +变故 坏结果	X_1
	Y_2(葬送)：+断送		X_2
	抽象式：+对象(人/事物/地点)+变故+坏结果		
	Y_3(诀别)：+不再相见 +分别	+对象 +结果	X_3
	Y_4(选择)：+挑选		X_4
	Y_5(课本)：+书 +在学校使用 +受教育		X_5
	Y_6(过程)：+事情/事物 +发展所经过的程序		X_6
	Y_7(归宿)：+人/事物 +最终的着落		X_7
	Y_{14}(壮举)：+举动/行为 +伟大/壮烈		X_{14}
	Y_{19}(构建)：+建立		X_{19}

（续　表）

X	Y	Z	$X_{1\cdots\cdots20}$
X（废墟）：+城市/村庄+遭受破坏/灾害+荒凉地方抽象式：+对象（人类聚居地）+变故+坏结果	Y_{20}（阶段）：+段落　+事物发展进程中 抽象式：+对象（人/事物/地点）+结果		X_{20}
	Y_8（基地）：+事业基础　+地区	+对象	X_8
	Y_9（起点）：+开始　+地方/时间		X_9
	Y_{10}（长链）：+物体　+用金属小环连起来制成　+长		X_{10}
	Y_{11}（指令）：+指示/命令		X_{11}
	Y_{12}（黄叶）：+叶子　+黄色		X_{12}
	Y_{13}（使节）：+外交代表/办理事务的代表　+由一个国家派驻在另一个国家		X_{13}
	Y_{15}（磁场）：+场　+传递物体间磁力		X_{15}
	Y_{16}（寓言）：+话/文学作品　+有所寄托		X_{16}
	Y_{17}（英雄）：+人　+本领高强　+具有高尚品质　+令人钦敬		X_{17}

（续　表）

X	Y	Z	$X_{1……20}$
X(废墟)：+城市/村庄+遭受破坏/灾害+荒凉地方抽象式：+对象(人类聚居地)+变故+坏结果	Y_{18}(象征)：+事物 +特殊意义 抽象式：+对象(人/事物/地点)		X_{18}

借鉴刘大为认知性辞格分析中语义学方法所强调的必有特征、可能特征、不可能特征概念，[1]我们认为抽象语义关系 Z 的存在，使 X 与 Y 相对应的范畴成员具有相似点，满足了语义共现要求，X 分次接受了 $Y_{1……20}$的语义可能特征，对 X 来说是语义的不可能特征，结果是 X 接受了自己的语义不可能特征为语义可能特征，从而改变认知关系，形成“废墟”的 $X_{1……20}$修辞化语义集合。

深化分析后，我们得知：

结论一：Z 显现相同点的多少与认知难度成反比。显现相同点多，则 Y 替换 X 可行性越大，生成的 $X_{1……20}$修辞化语义认知难度小。反之，认知难度大。

1. X(废墟)是 Y_1(毁灭)

“Y_2(葬送)”

X 抽象式：+对象(人类聚居地)+变故+坏结果

Y_1 抽象式：+对象(人/事物/地点)+变故+坏结果

Z 显现三个相同点

〔1〕 刘大为：《比喻、近喻与自喻——辞格的认知性研究》，上海：上海教育出版社，2001 年，第 4～9 页。

Y_1 的对象不仅仅是人类的聚居地，还可以是其他，范围更广之外，与 X 的相似点明了，都有遭变故被破坏含义，相似点直接，Y_1 转化为 X_1 容易。在话语组合中生成的 X_1 修辞化语义认知难度小。X_2 同属此类。

2. X（废墟）是 Y3（诀别）

"Y_4（选择）、Y_5（课本）、Y_6（过程）、Y_7（归宿）、Y_{14}（壮举）、Y_{19}（构建）、Y_{20}（阶段）"

X 抽象式：+对象（人类聚居地）+变故+坏结果

Y_3 抽象式：+对象（人/事物/地点）+结果

Z 显现两个相同点

Y_3 涉及的对象一般表现为人类行为，有被迫执行和主动施为之分，但都表现为不再相见，与 X 因被破坏后导致的不能再相见相似，相似点间接，Y_3 转化为 X3 难度加强，在话语组合中生成的 X_3 修辞化语义认知难度增大。X_4、X_5、X_6、X_7、X_{14}、X_{19}、X_{20}同属此类。

3. X（废墟）是 Y_8（基地）

"Y_9（起点）、Y_{10}（长链）、Y_{11}（指令）、Y_{12}（黄叶）、Y_{13}（使节）、Y_{15}（磁场）、Y_{16}（寓言）、Y_{17}（英雄）、Y_{18}（象征）"

X 抽象式：+对象（人类聚居地）+变故+坏结果

Y_8 抽象式：+对象（人/事物/地点）

Z 显现一个相同点

Y_8 是对象依赖的核心地区，以此为基础，积蓄力量发展壮大，追求更好的结果。与凭借 X 为基础，人们痛定思痛，引以为戒，从而生成新力量，追求更好的结果相似，相似点隐晦，Y_8 转化为 X_8 难度加强，在话语组合中生成的 X8 修辞化语义认知难度最强。X_9、X_{10}、X_{11}、X_{12}、X_{13}、X_{15}、X_{16}、X_{17}、X_{18}同属此类。

结论二：

Z 相同点出现位置具有层次性。数量相同的情况下，相同点出现在下位层次，语义特征具体，语义映射对应性强，认知难度小。反之，相同点出现在上位层次，语义特征抽象，语义映射对应性弱，认知难度大。

结果可以分为好中坏三级："课本""壮举"属于好结果，"毁灭""葬送"属于坏结果，"诀别"因其悲伤情感，大多属于坏结果，"选择""归宿""构建""过程""阶段"属于中性结果，谈不上好坏。换个角度观察，"过程""阶段"属于部分结果，有别于其他。

显现三个相同点情况中"废墟"与"毁灭""葬送"因其与结果中下位层次的坏结果语义特征相似，语义特征具体，语义映射对应性强，理解难度小。

显现两个相同点情况中"废墟"与"诀别"因其与结果中下位层次的坏结果语义特征相似，理解难度小于"选择""归宿""构建""过程""阶段"等相同点出现在上位层次中结果的词语。

显现一个相同点情况中"废墟"与"基地""起点""磁场"因其与对象中下位层次地点语义特征相似，理解难度小于"长链""指令""黄叶""使节""寓言""英雄""象征"等相同点出现在上位层次中对象的词语。

依据认知难度从小到大排列原则，20 个源模式隐喻范畴成员排列顺序为(< :认知难度小于)：

认知难度小	认知难度中	认知难度大
毁灭、葬送	诀别 < 选择、课本、过程、归宿、壮举、构建、阶段	基地、起点、磁场 < 长链、指令、黄叶、使节、寓言、英雄、象征

把20个源模式隐喻范畴成员生成的“废墟”修辞化语义集合放到话语组合动态使用系统中考察，我们发现：源模式隐喻范畴成员与目标模式隐喻范畴成员语义修辞化等值，需要借助句子格式得以完成，因标记词的差异，形成不同的词句隐喻模式。具体到《废墟》文本，标记词有两类：第一类为判断动词，如“是、就是、为、活像、不是”等；第二类为非判断动词，如“昭示、散发”等。据此，句子格式可分为凭借判断动词/非判断动词构成的两类。

1. 凭借判断动词构成的句子格式

①X 在判断动词前

a. X 是 y

废墟是毁灭，是葬送，是诀别，是选择。

废墟是课本，让我们把一门地理读成历史；

废墟是过程，人生就是从旧的废墟出发，走向新的废墟。

营造之初就想到它今后的凋零，因此废墟是归宿；

更新的营造以废墟为基地，因此废墟是起点。

废墟是进化的长链。

废墟是垂死老人发出的指令，使你不能不动容。

废墟是古代派往现代的使节，经过历史君王的挑剔和筛选。

废墟是祖辈曾经发动过的壮举，会聚着当时当地的力量和精粹。

废墟是一个磁场，一极古代，一极现代，心灵的罗盘在这里感应强烈。

b. X 就是 y

废墟就是建筑的黄叶。

c. X 为 y

废墟才能上升为寓言。

d. X 活像 y

废墟表现出固执,活像一个残疾了的悲剧英雄。

e. X 的是 y

废墟的留存,是现代人文明的象征。

f. ……的 X 是 y

古代的废墟,实在是一种现代构建。

②X 在判断动词后

a. y 是 X

将融未融的阶段,便是废墟。

b. Y 不是 X

碎成粉的遗址也不是废墟,废墟中应有历史最强劲的韧带。

2. 凭借非判断动词构成的句子格式

X + 非判断动词 + y

废墟昭示着沧桑,让人偷窥到民族步履的蹒跚。

废墟能提供破读的可能,废墟散发着让人留连盘桓的磁力。

废墟,辉映着现代人的自信。

废墟有一种形式美,把拨离大地的美转化为皈附大地的美。

句子表层语法形式不同,语义不同,但是,“句法的力量强于语义的力量,只要我们强制性地把不可能特征与该词放在同一个句法结构中,那么在句法力量的作用下不可能特征也会向可能特征转化。”[1] 词句隐喻模式,隐喻范畴成员以词形式出现,凭借句子格式生成语义修辞化等值,突出的是对象模式、源

〔1〕 刘大为:《比喻、近喻与自喻——辞格的认知性研究》,上海:上海教育出版社,2001 年,第 18 页。

模式隐喻范畴的相似点。这些相似点在文本中没有直接出现，借助标记词形成的线索，通过对隐喻范畴成员的义素分析，我们把握了隐现的相似点，X 接受了自己的语义不可能特征为语义可能特征，建构“废墟”修辞化语义类聚系统 X1……20。

词句隐喻模式，明晰“废墟”语义修辞化等值生成的动因，梳理人们认知轨迹，生成理解新经验，满足创造性表达，刷新阅读感受。词句隐喻模式不仅可以改变人们认知概念系统，还成为了隐喻话语能产性的推动力。

（二）语篇隐喻模式：从《废墟》到“废墟”整体修辞幻象的语义修辞化等值

百度百科在解释“废墟”时，直接链接的就是《废墟》，可见作为独立语篇，其隐喻意义被大众认可，我们可以说《废墟》塑造了中国人心中的“废墟”修辞幻象。

谭学纯、朱玲对修辞幻象概念进行了理论界定，指明修辞幻象的两个特征，即修辞幻象不是指向真实的世界，而是指向语言重构的世界，修辞幻象在人们的心理重建一种象征性现实。[1]

修辞幻象凭借语言手段成立，实施心理象征性现实功能。修辞幻象只要满足以上两个特征，外显的语言手段就可以呈现词、句、语篇等不同形态。

词句隐喻模式每一次对象模式、源模式隐喻范畴成员语义映射生成的“废墟”$X_{1......20}$修辞化语义集合，具有心理象征性现实功能，可理解为生成了“废墟”$X_{1......20}$修辞幻象集合，此时的修辞幻象语言手段表现为词形式。对《废墟》来说，词句隐喻模式

〔1〕 谭学纯、朱玲：《广义修辞学》，合肥：安徽教育出版社，2001 年，第 181 页。

生成的“废墟”$X_{1......20}$修辞幻象则是局部的，语篇生成的“废墟”修辞幻象是整体的，整体大于局部之和。

当修辞幻象语言手段表现为语篇形式时，源模式到对象模式语义修辞化等值仍能成立，此时会生成语篇隐喻模式。语篇隐喻模式指对象模式隐喻范畴成员表现为语篇，源模式隐喻范畴成员表现为整体修辞幻象，语篇和整体修辞幻象语义修辞化等值成立的隐喻模式。《废墟》凭借语篇语言手段，生成“废墟”整体修辞幻象，扩张语篇隐喻模式的解释力。

隐喻是有层次性的，词句隐喻模式——语篇隐喻模式，在螺旋上升的过程中，完成了从单个概念到语篇系统的认知。人们创造性地建构隐喻语义修辞化等值，彰显隐喻修辞化语义张力，最终使隐喻到达影响人们认知、行为的修辞哲学层次。

《废墟》语篇是如何生成“废墟”整体修辞幻象的呢？换句话说，《废墟》到“废墟”整体修辞幻象的语义修辞化等值是如何实现的呢？

我们认为：语篇和整体修辞幻象语义修辞化等值成立的语篇隐喻模式，需要借助语篇结构线索、局部修辞幻象的整合才能完成。

行文时安插的结构线索，如同使乐章灵动的规约音符的旋律。结构线索穿行，成为建构文本的框架，这是从语篇着眼往局部回望观察到的一种结构关系，是一种大于词句的隐喻结构，对象模式隐喻范畴成员表现为语篇，源模式隐喻范畴成员表现为整体修辞幻象。

> 没有废墟就无所谓昨天，没有昨天就无所谓今天和明天。废墟是课本，让我们把一门地理读成历史；废墟是过程，人生就是从旧的废墟出发，走向新的废墟。营造之初就

想到它今后的凋零，因此废墟是归宿；更新的营造以废墟为基地，因此废墟是起点。废墟是进化的长链。

这段话出现在文本第三自然段，是解读全文的结构线索。如果说“废墟”二字是文眼，这段话就是结构宣言。文本依照“废墟是历史”“废墟是人生”“废墟是文化”三条超越句子、自然段的结构线索形成语篇，贯穿过去和现在，形成哲学的认知高度，完成文本建构。

当结构线索参与文本建构，形成语篇时，修辞幻象也就从局部凝聚成整体，凭借语篇语言手段，生成“废墟才能上升为寓言。”“我们，挟带着废墟走向现代。”“废墟”整体修辞幻象形成，作为寓言的理念被固化。

对语篇隐喻模式来说，隐喻结构关系修辞化等值规约了隐喻范畴语义修辞化等值，语篇隐喻模式比词句隐喻模式能量大，源模式、对象模式隐喻范畴成员以复杂语言组合形式出现，隐喻语义张力增强。

表达者建构的语篇隐喻模式修辞意图能否实现，取决于接受者认知语义能力。利奇综合生成语义学和解释语义学研究成果，提出以表达者为出发点的语义映射模式。这一语义模式包含语义、语法、语音三个层面深层——表层双向转换规则系统，试图解释人类认识世界和理解世界的语义能力。受其启发，我们认为深层语义、语法并不是直接映射到表层语义、语法层面的，人们在自己的认知经验库中储藏了大量的认知经验，一旦某些相似点存在，这些相似点就会按图索骥，寻找相似的认知经验与新知匹配，接受者从而理解了表达者设置的不同隐喻范畴里的概念或者隐喻结构的等值关系，语法表层纷繁复杂阻挡不了隐喻认知语义等值的激活。我们不是在制造新知，而是在原有的认知经验库里，寻找相似的模式，从而理解新知。这种寻找相似点的过程，也可以理解为隐喻语义映射过程。接受者一旦拥有超大容量的认知经验库，那么，他的隐喻认知能力也应该是强悍的，就会成为高级的阅读接受者，快速，准确理解深层——表层双向表达的内涵，能见常人所不能见的语义。

语言符号既是认知工具又是认知结果。对世界的认知首先要经过语义映射，在语义映射过程中，类比联想和认知经验相似性起到关键作用。鲁宾杯的实验告诉我们，人的认知和注意度有关系，形象大多是完形的有形态的物体，背景从属于形象，边界模糊，没有形态。人们选择的形象不同，得到的认知经验就会大相径庭。

《废墟》以“废墟”词典释义为基础，借助词句隐喻模式、语篇隐喻模式，建构了“废墟”修辞化语义类聚系统 $X_{1\ldots\ldots20}$ 和“废墟”局部、整体的修辞幻象，在表达者和接受者双重的深层——表层双向对话的认知过程中，建立了全新的认知经验，丰富了人们的认知经验库，从而达到修正人们行为的修辞哲学高度。

（三）余论

《废墟》隐喻模式还可以立足元语言理论进行研究。法国结构主义语言学的代表人物格雷马斯从话语的角度把话语的元语言功能分为扩展功能和压缩功能两类。扩展主要使用在话语定义过程中，压缩主要使用在在命名过程中。所谓扩展功能“是一个可以用来定义话语元语言功能的结构性差异。”〔1〕《废

〔1〕 格雷马斯：《结构语义学：方法研究》，吴泓缈译，北京：生活·读书·新知三联书店，1999 年，第 102 页。

墟》凭借下定义的手段,把表面不在同一范畴的概念以语义等值形式罗列在一个句子中。在此要明确的是话语定义不像逻辑定义一样,具有精确的内涵和外延,它只要求在特定语境下,话语语义的等值,被定义项和定义项的等值依靠类比联想,因此话语定义具有临时性特点,属于修辞化语义。我们上文分析的词句隐喻模式就是其扩展功能的表现。至于压缩功能“对被扩展了的信息进行解码,进行简述”,[1]由此整个《废墟》文本可以压缩成“废墟”两字,此个案的分析验证了元语言功能认知的合理性。

三 《兄弟》的身份认证和隐私话语权

(一)《兄弟》的身份认证

1.“兄弟”语义指向、兄弟固有修辞身份/对应修辞身份的夸张建构

考察整个文本发现,“兄弟”语义的模糊性、丰富性,为修辞主体修辞身份的夸张建构提供了可能。

“兄弟”词典释义有四个义项:

(1)哥哥和弟弟

(2)弟弟

(3)谦辞,男子跟辈分相同的人或对众人说话时的自称

[1] 格雷马斯:《结构语义学:方法研究》,吴泓缈译,北京:生活·读书·新知三联书店,1999年,第104页。

(4)称呼年纪比自己小的男子[1]

(1)(2)义项涉及人物有血缘关系,(3)(4)义项涉及人物无血缘关系。可见,血缘关系不是兄弟语义的必备条件,但在人们的语感中,兄弟有血缘关系的义项出现频率较高

刘镇李光头口中“兄弟”指称“哥哥”,是《现代汉语词典》和方言词典没有列出的义项。“哥哥”义在现实生活语言实践中用例少,是特定地域、特定语境产生的语义选择。

修辞主体李光头和宋钢没有血缘关系,以“拖油瓶”身份走进重组后家庭的成员,二人兄弟关系的认证要追溯到上一层亲属关系成立,即建立在李光头的生母李兰和宋钢的生父宋凡平婚姻关系的确立上。他们要彼此承认拥有共同的父母,才可能拥有兄弟关系。这种异父异母关系的限定为修辞身份复杂化提供了可能。

文本塑造了三个修辞主体,兄弟俩:宋钢、李光头;女性:林红。女人眼睛是映照男人的镜子,同样,男人眼睛是映照女人的镜子。推动叙事的修辞选择遵循两条线索,明线:兄弟为一女;暗线:一女两个自我的他者化。无论哪条线索,兄弟都是一人出场,极尽凸显、张扬,另一人退至幕后,淡化以至消失。这种建构行文方式体现了夸张向大向小两极思想。

①兄弟固有修辞身份与夸张建构

固有修辞身份指“修辞主体固有的自然属性、稳定的社会属性概括出的修辞身份。”[2]

---

〔1〕 中国社会科学院语言研究所词典编辑室:《现代汉语词典》第5版,北京:商务印书馆,2005年,第1529页。

〔2〕 张宗正:《理论修辞学——宏观视野下的大修辞》,北京:中国社会科学出版社,2004年,第114页。

虽然说这个定义是以言语交际为研究对象,对言语交际主体身份的界定,但这并不影响我们借用此理论视角分析文本,因为文本不过是以书面语形式表现的言语交际行为。我们以为,自然属性是以生理特征为基础的聚合,包括性别、年龄、外貌特征等。社会属性是凭借社会特征形成的聚合体,包括职业、民族、国家、阶层、文化程度等。这两种聚合形成的修辞主体固有修辞身份是言语行为的预设存在,具有聚合、静止、备用的特征,在具体的语境中,只具备被激活的可能性。并不是所有修辞主体固有修辞身份都被激活,被运用,只有部分修辞身份符号如年龄、职业等成为选择的结果,在文本或某次的言语行为中被强化,被赋予建构文本的修辞功能。选择什么和不选择什么就是作者或言语行为主体的修辞策略,决定是谁在言说,谁是主角的重要问题。

我们认为《兄弟》表面刻画宋钢和李光头两个人,兄弟语义指向“兄和弟”,文本实际上的语义大多指向一人。李光头是物质欲望的代言人,是人们认知的焦点。形象完形、有形态,被竭力凸显;宋钢是精神纯洁的代言人,是人们认知的盲点。属于背景,服务于形象,边界模糊,没有形态,被有意淡化。宋钢在李光头面前苍白、无力,夸大李光头、夸小宋钢,夸张强调各自特质,促使俩人互为镜像,如同一人双面。虽说俩人都作为修辞主体出场,固有修辞身份却是如此不同。

文本第一句话“我们刘镇的超级巨富李光头异想天开,打算花上两千万美元的买路钱,搭乘俄罗斯联盟号飞船上太空去游览一番”作为主角的李光头呼啸而来,首先进入我们视野的是他的社会属性,接着,只闻其声不见其人的修辞设计让读者也随着刘镇的民众,认识了他。“李光头在厕所里偷看女人屁股后身败名裂,我们刘镇的群众都认识这个十四岁的少年了。”他的自然属性是随着社会属性出场的,此时的李光头:“臭名昭著,可自己是一块臭豆腐,闻起来臭,吃起来香。”“天生商人,十四岁就拿着林红的屁股跟人做起了生意,而且还知道讨价还价。”至于李光头绰号的来历,文本的第三节才涉及到。

(1)李光头的名字叫李光,他母亲为了省钱,为了一年里少付几次理发钱,每次都让理发师给他推个光头。于是这个叫李光的孩子还在蹒跚学步的时候,就有了这个李光头的绰号。从小到大,别人都这么叫他,连他的母亲也叫他李光头了,他母亲叫他李光的时候,常常不知不觉地滑了过去,多叫出来一个“头”字,后来干脆就叫他李光头了。哪怕他的头发长出来了像草垛一样乱蓬蓬,别人还是叫他李光头。李光头长大成人以后,心想反正有没有头发都是个“李光头”,干脆给自己弄了个正宗的光头。当时的李光头还不是我们刘镇的巨富,还是我们刘镇的穷小子,他发现保持一个正宗的光头不容易,要比留上头发的人多花一倍的钱。为此他到处炫耀,他说做个正宗的穷人开销也大啊!他的兄弟宋钢每个月也就是理一次头发,他每个月起码两次去理发店,让理发师手握一把明晃晃的刀,像是刮胡子似的把他的脑袋刮了又刮,刮得像绸布那样光溜溜,刮得比那把刀还要明晃晃,才刮出了一个正宗的李光头,一个名不虚传的李光头。

(本文语料来源:余华《兄弟》上、下部,上海:上海文艺出版社,2005年、2006年。下同。)

此时,李光头的固有修辞身份才算明朗化,我们归纳如下:

自然属性:十四岁的少年、光头。

社会属性:刘镇的超级巨富、臭名昭著、天生商人。

李光头的这些固有修辞身份作为聚合体,只是备用符号,在以后的叙述中,被不同程度的选择,成为不同时期推动叙事的动力。开篇的李光头固有修辞身份的界定,铺设了文本叙事基调,成就了李光头这个典型。

另一个修辞主体宋钢也是在开篇部分叙述话语中出场的,以李光头作为参照,表述为"比他大一岁、比他高出一头、忠厚倔强"。一直到第五节,他才正式被正式介绍出来,但仅仅是个名字"宋钢"。他像个影子样附在李光头的形象上。

我们以为,李光头固有修辞身份浓墨重彩,宋钢固有修辞身份轻描淡写,虽说是兄弟二人,却让我们感觉是一个人,一个立体的人。《兄弟》采用了类似绘画语言"同时性视象"原理,对李光头的修辞主体固有修辞身份,极尽夸张凸显,对宋钢却做了陪衬、背景性的处理。表面上是描写两个人,其实可以看成是对一个人两张面孔的刻画,展现个体的两面性。

形象本身具有多面解读可能性,至于接受者看见了什么,则全凭个人言语、审美、文化、经验等个体差异,出现修辞接受理论中的信息改值接受和信息增值接受等类型。[1] 因为夸张的介入,丰富了兄弟固有修辞身份的信息接受值。

②兄弟对应修辞身份与夸张建构

对应修辞身份指"由对应修辞角色在特定交际活动中的相

---

〔1〕 谭学纯、唐跃、朱玲:《接受修辞学》,合肥:安徽大学出版社,2000 年,第 199 ~218 页。

对社会关系概括出的修辞身份"[1]。与修辞主体固有修辞身份不同,对应修辞身份抛弃修辞主体自然特征,只着眼于社会特征中的社会关系。这体现 Halliday 社会符号学中主体间性的思想,社会的人并不仅仅是人的自然属性和社会属性相对立,而是人和人之间社会关系的体现。鉴于此,我们理解的语篇就是意义选择的结果,是构成社会结构系统的各种意义进行交换的符号化过程。在交际主体之间存在着多种可能性的对应关系。如:亲属关系和非亲属关系,而这两种关系本身就是关系聚合体。

一级关系	二级关系	三级关系
亲属关系	直系/非直系	祖孙 夫妻、亲子、兄弟、姐妹等/表亲、外亲等
非亲属关系	熟人/生人	师生、同事、同学等/旅客、路人、乘客、顾客等

对应修辞身份强调特定时空、事件语境,修辞主体临时对应社会关系的确定,直接影响特定修辞活动。和修辞主体固有修辞身份聚合、静止、备用、在具体的语境中只具备被激活的可能性相比,对应修辞身份聚合体,具有动态性,使用时激活被选择特征,表现为显性特点。其实,修辞主体固有修辞身份聚合体也不像有的学者认为只具有隐性特点,我们觉得,它也是显性的,只是在某特定语境中有些特征没有被激活,没有被选择进入使

〔1〕 张宗正:《理论修辞学——宏观视野下的大修辞》,北京:中国社会科学出版社,2004 年,第 115 页。

用层面而已。针对特定语境，某些修辞主体固有修辞身份特征和对应修辞身份同时被选择被激活，共同影响事件、交际进程。

2.《兄弟》人物系统和兄弟对应修辞身份的夸张建构

李光头和宋钢对兄弟关系对应修辞身份认证是个复杂过程，此认证过程不仅存在宋、李两个人之间，还涉及林红对二人兄弟关系对应修辞身份认证，刘镇人对二人兄弟关系对应修辞身份认证，扩大到刘镇人对李光头、宋钢、林红对应修辞身份认证的范围。

①李光头对兄弟关系对应修辞身份认证与夸张建构

李光头上学时被母亲逼迫写父亲的名字是“宋凡平”，家庭成份这一栏里就必须写上“地主”，导致他在学校里饱受歧视，同学们、老师都叫他小地主。李光头十岁的时候，想起了自己有一个亲生父亲，但被母亲斩钉截铁地拒绝“没有另外的爸爸”。

> (2)后来当李光头再次填写完表格后，李兰用橡皮擦掉了宋凡平的名字，写上了一个李光头完全陌生的名字“刘山峰”，又把后面家庭成份栏里的“地主”改成了“贫农”。李兰把改过的表格递给李光头，她看到李光头又把“刘山峰”和“贫农”擦掉了，重新写上了“宋凡平”和“地主”。十四岁的李光头已经不在乎自己“小地主”的身份了，他在擦掉自己亲生父亲名字时，嘟哝着说：
>
> “宋凡平才是我爸爸。”
>
> 李兰不认识似的看着自己的儿子，儿子刚才的话让她吃惊，当儿子抬头看她时，她立刻低下了头，嘴里咝咝地说：
>
> “你的生父就叫刘山峰。”
>
> “什么刘山峰”，李光头不屑地说，“他是我爸爸的话，

宋钢就不是我的兄弟了。”

如果说以前是母亲逼迫他承认和宋氏父子的亲属关系，那么这段话是李光头内心真正承认宋钢是兄弟的转折点，“我的兄弟”语义指向哥哥，是李光头对兄弟关系对应修辞身份认证的宣言。从拒绝到接受兄弟关系，夸小的轻视到夸大的看重，在夸张向度上彰显李光头情绪变化轨迹。

②宋钢对兄弟关系的对应修辞身份认证与夸张建构

(3)“他是我弟弟。”

“他又不是你的亲弟弟”，林红说，“就是亲弟弟，他也该自己养活自己了。”

“他是我的弟弟”，宋钢不同意林红的话，继续说：“他以后会养活自己的，妈妈死前要我照顾……”

“别提你那个后妈。”林红喊叫着打断宋钢的话。

林红的话让宋钢伤心了，他也喊叫起来：“她就是我妈妈。”

“她就是我妈妈。”“她”吸收“妈妈”语义中的“＋血缘”“＋孕育”等义素，把对李兰的情感夸大到极致。这是兄弟关系对应修辞身份认证的起点和根基。

以上只是认证的起点，兄弟对应修辞身份彼此认证过程是曲折的，认同或不认同兄弟对应修辞身份的深层动因，成为文本展开叙事的推动力。

③李光头、宋钢彼此对兄弟对应修辞身份认证与夸张建构

为了方便论述，列表如下：(＋认同 －不认同)

事件	李光头	宋钢	兄弟关系
李兰再婚前	李家子	宋家子	–
李兰再婚后	拖油瓶	拖油瓶	+
宋凡平死	留城里	去乡下	+
李兰死　爷爷死	在城里	回城里	+
林红出现	失恋	恋爱	+
林红干涉	单身	结婚	–
经济改革	发迹	病	+
林红出轨	隐居	死	+

从表中可见，李光头和宋钢只有在两家孩子和林红干涉两种情况下没有彼此认证兄弟对应修辞身份，其余皆认同兄弟关系，为了强调，作者经常在前边增加修饰语“相依为命”。

兄弟关系的矛盾焦点在林红身上，因为林红的原因，兄弟关系才被迫断绝。

④李光头和宋钢因林红而起的对兄弟对应修辞身份认证与夸张建构

李光头和宋钢因林红而起的对兄弟对应修辞身份认证把人物推到激烈情绪氛围中，言辞之中夸张尽显。

> (4)李光头一屁股坐到了桌子上，居高临下地开导起了宋钢：“这刘镇有多少人在追求林红，个个条件都比你好，林红怎么会看上你呢？你没爹没妈，你还是个孤儿……”宋钢争辩道：“你也是个孤儿。”

谁都想说明自己有追求林红的资格，言辞尖锐到人身攻击，第一次否认兄弟对应修辞身份，把兄弟对应修辞身份夸小近无。

> (5)李光头拍着桌子霸道地叫了起来："宋钢，林红是我的，你他妈的不能喜欢她……你要是喜欢她，我们就不是兄弟啦，我们就是仇人，就是阶级敌人啦……"宋钢低头听着李光头的喊叫，李光头把所有想得起来的狠话都喊完了，宋钢才抬起头来忧伤地笑了笑，对李光头说："你放心，我不会和林红相好，我不愿意失去你这个兄弟……"

为了兑现自己的诺言，顾及兄弟之情，又不忍伤害林红，宋钢差点付出生命的代价，对此李光头"兄弟也一样宰了"的叫喊，终于解开宋钢心中死结，唤起追求爱情的愿望，但此时李光头却是置兄弟关系不顾的，为爱情疯狂，"不是兄弟啦，我们就是仇人，就是阶级敌人"夸张升级，以至于在宋钢婚礼上亮出"结扎"证明，宣布对爱情绝望。

宋钢婚后，因为经济拮据，自己饿着肚子接济李光头，被林红知道，心疼丈夫的同时，又勾起对李光头骚扰自己的愤恨，逼迫宋钢否认兄弟关系。

> (6)"李光头，自从我爸爸和你妈妈死了以后，我们就不是兄弟了……"
>
> 李光头点着头打断宋钢的话："说得对，你爸不是我亲爸，我妈不是你亲妈，我们不是亲兄弟……"
>
> "所以"，宋钢也打断李光头的话，"我任何事都不会来找你，你任何事也别来找我，我们从此以后井水不犯河水……"

这次否认只是宋钢单方面的否认,李光头表面认可,但心里并没有认真对待,“不是亲兄弟……”的背后还有非血缘关系兄弟的豪情。所以他在垃圾西装上发了一笔大财后,首先想到了宋钢。李光头觉得自己修成正果了,觉得这时候应该把宋钢拉进来了,兄弟二人携手并进共创伟业。他让宋钢管财务,不料却遭到拒绝,于是李光头破口大骂:“宋钢,你这个王八蛋,你他妈的听着,上次是你和我一刀两断,这次是我和你一刀两断,从此以后我们不是兄弟啦!”这次李光头也否认兄弟关系,兄弟语义指向两人,修辞主体双重否认成立。

世事难料,宋钢下岗,扭伤腰,肺病,穷困潦倒,林红被生活所迫,同时也被李光头的成功迷惑,鼓动宋钢重续兄弟关系,李光头欣然认可,让他做副总裁,给钱治病,但自尊的宋钢还是走上了外出推销的道路,他想凭借自己的劳动生活,给林红带来幸福。李光头、宋钢坦诚相待,修辞主体对兄弟关系双重认可成立。而此时林红对丈夫的评价“你真是个扶不起的阿斗”为以后叙事的波澜埋下伏笔。李光头的成功、强大对比宋钢的失败、弱小,兄弟俩人互为镜像,夸张效果更甚。

⑤林红对二人兄弟关系对应修辞身份认证与夸张建构

林红对二人兄弟关系对应修辞身份认证可以看做是一女两自我他者化的夸张变形。

林红厌恶李光头,在李光头追求她时就骂他小流氓、癞蛤蟆,痛恨他伤害了自己深爱的丈夫,“林红终于爆发了,她哭喊着大骂李光头。从李光头在厕所里偷看她屁股骂起,骂到李光头如何在大庭广众死皮赖脸地骚扰她,还带着福利厂的瘸傻瞎聋来针织厂闹事,让她丢尽了颜面,在别人面前抬不起头来。林红历数李光头的种种罪行，说到最后伤心欲绝，她呜呜地哭着，说起了自己跳河自杀，就是这样了，李光头还不肯放过她，还逼着宋钢来对她说‘这下你该死心了’，逼得宋钢也差一点自杀死了”。婚后的林红觉得李光头拿走丈夫的钱和粮票，是她们小家庭的负担，逼迫宋钢从心里清除李光头的记忆，甚至说“就当没有这个人”。“宋钢，我想通了，你还是和李光头一起生活，我们离婚吧。”在她的强烈干预下，李宋兄弟关系破裂。

当宋钢贫病交加却仍旧想保持当初对林红的承诺和做人的尊严时，林红已经被生活彻底改变了，她屈服于金钱、成功的诱惑，重新提起李宋二人的兄弟关系。她说：“别说是曾经相依为命的兄弟，就是一起长大的伙伴，李光头也应该给一份工作。”当林红手里拿着十万元的银行存折，听到李光头要给宋钢治病，“她的脑海里不断浮现出过去那个咧嘴大笑的李光头，这时的林红突然觉得李光头是个很好的男人，自己当初讨厌他实在是不应该。”此时的林红不仅认可二人兄弟关系对应修辞身份，而且对李光头也从敌对的对应修辞身份转为好感，转变夸张凸显了物质林红和精神林红的矛盾，外在的兄弟二人其实是林红两个自我的外化，她对兄弟关系对应修辞身份的否定和认可成为推动叙事的新动力。

⑥刘镇人对二人兄弟关系的对应修辞身份认证与夸张建构

在刘镇人眼里，宋钢和李光头是如此的不同，却又如此亲密。外形和气质的差异改变不了的是俩人的兄弟关系，而且，这种兄弟关系，自始至终都是被刘镇人认可的。

(7)宋钢身材挺拔，面容英俊，像个学者那样戴着黑边眼镜；李光头身材粗短，虽然穿着中山装，可是满脸的土匪模样。这两个人总是形影不离地走在我们刘镇的大街上，刘镇的老人伸手指着他们说：一个文官，一个武官。刘镇的姑娘就不会这么客气了，她们私下里议论这两个人：一个像唐三藏，一个像猪八戒。

刘镇人把二人的美丑、性格都推向极端，夸张在这极端情绪表述中流露。以至宋诗人说出“李光头和你宋钢，好比是朱门酒肉臭，路有冻死骨”。当宋钢向李光头寻求帮助时，刘镇人的表述为“宋钢走上了大街，走向了李光头的公司，我们刘镇最贫穷的人走向了最富有的人，他们曾经是兄弟，现在仍然是兄弟”。

也就是说，自从二人以“拖油瓶”的身份进入刘镇人的视野，不管二人恩怨分合，他们都是刘镇人眼中的兄弟，都是无法分离的整体，就像连体人出现在公众视野。这种夸张兄弟之情的策略，符合文本《兄弟》的命名和精神。

⑦刘镇人对李光头、宋钢、林红的对应修辞身份认证与夸张建构

李光头、宋钢的恩怨情仇全因林红而起，男人和女人就像一根绳上的蚂蚱，挣扎、相处都是故事，都是推动叙事的张力。可这股暗流，有时也会冲毁河道，泛滥成灾。在公众的视野中，因为李光头、宋钢不是同时在场，也就是说，林红不是同时喜欢两人，不是脚踩两只船，他们三人的情感纠葛自始至终是叙事主线。

我们可以分三个时期梳理这种纠结关系。

时间	李光头	宋钢	林红
追求林红时期	热烈、主动	退让、逃避	选择宋钢
林红结婚时期	鲜人	深爱妻子	深爱丈夫
林红婚后多年	干恋爱	远行	出轨

从这个粗略过程中可见，宋钢的缺失使得李光头有机可乘，林红的两次处女经历一真一假，嫁给宋钢时是真，实施处女膜修补手术纵欲李光头时是假。联系李光头和宋钢固有修辞身份，可见：精神纯洁的代言人宋钢，在物欲横流的时代，没有生命力，甚至没有能力生出孩子，脆弱得不堪一击，最终成了丧失性功能，安装了假乳房的中性人。文本极力夸小其精神和肉体力量。李光头本性乐观、生机勃勃、贪婪和进取、奸诈和淳朴并存，他是浮躁纵欲的大腕，却因心中真爱缺失，导致追寻肉体补偿，最终把纯美爱情想象毁灭在肉欲中。爱情对他永远缺失，因为他像牲口一样，具有兽性。文本极力夸大其物质和肉体力量。林红在三个时期分别是纯情少女、贤惠妻子、疯狂情人。在她的修辞身份更迭中，留下物质战胜精神，肉体取代感情的轨迹。从林红的视角观察，深爱宋钢时，李光头是缺失的；纵欲李光头时，宋钢是缺失的；面对两个男人的经历，就像面对一个男人的物质、精神两面，以此为镜像，就如审视一个女人物质、精神两面，彰显人性复杂。嫁人如重生，李光头、宋钢组合为一人，林红一人分裂为两人，皆因夸张，使褒扬、贬抑得以完成。

他们三人不仅生活在自己纠缠的世界里，也生活在公众视野里，刘镇人对他们的称呼体现了对应修辞身份关系，成了他们的身份符号，这些符号作为修辞元素是很有意味的形式。

李光—拖油瓶—李光头—小地主—小流氓—小屁股—屁股

大王—李厂长—鲜人—李破烂—李总—全县人民的 GDP—隐居者

宋钢—拖油瓶—文学爱好者—失业的男人—卖花的—首席代理—外星人

林红—刘镇美人中的美人—林姐

为了更好分析这些有意味的形式,我们借用谭学纯对身份符号的界定。“身份符号,指不同语境中,同一行为主体具有相同修辞功能的不同身份代码。这些身份代码在文本中形成一个修辞聚合体,是同一叙述结构中可供选择的修辞元素。”[1]他还把身份符号分为结构性的和非结构性两种。

身份符号可以是结构性的,也可以是非结构性的。结构性身份符号参与文本生成,是承担文本结构框架支持功能的修辞元素。李光头身份符号的修辞分布,规约了文本的叙述路线和结构定型,属于结构性的身份符号。他每一次身份符号的变更,都给叙事注入很强的推动力,使得叙事源源不断,一波接着一波,在踏波前行中完成叙事进程,同时,接受者也在叙事冲击波中满足阅读期待。

非结构性身份符号是参与话语生成的修辞元素,不承担文本结构框架支持功能,宋钢和林红的身份符号属于此类。他们身份符号的变更是李光头身份符号变更的映衬,不具备左右叙事的威力。

值得关注的是他们身份符号的最后指称“隐居者——李光头的性功能彻底报废,勃勃雄心也烟消云散”“外星人——宋钢

---

〔1〕 谭学纯:《身份符号:修辞元素及其文本建构功能——李准〈李双双小传〉叙述结构和修辞策略》,《文艺研究》2008 年第 5 期。

的骨灰盒被送上太空轨道”。“林姐——美发厅的老板,准红灯区八面玲珑的交际明星”,兄弟俩人互为镜像,男女互为镜像,兄弟俩人是林红两自我的外化,他们都是自我的他者化。

物欲消散,精神永恒,人在自我分裂的两重性格中艰难求生,在自我审视中沉浮、净化。夸张策略的运用把人物推到极致,彰显了作者对人和社会主观认识,实现了“四百年间的动荡万变浓缩在了四十年之中”修辞预设。

从宏观语言层面观察,固有修辞身份/对应修辞身份作为修辞元素,参与文本建构。其认证过程推动叙事进程,支撑文本结构。三个修辞主体在对应修辞身份认证过程中,凸显复杂人物关系,相反相成,升华人物内涵,丰满固有修辞身份类聚系统,实现夸张在命名,人物身份认证时建构的修辞意图:兄弟俩互为镜像;兄弟俩与林红互为镜像;兄弟俩成为一女两个自我的他者化镜像。印证修辞预设:“四百年间的动荡万变浓缩在了四十年之中。”

从微观语言层面观察,夸张语料丰富,预言起到的夸张效果很值得关注。李兰临终前的嘱托,宋钢的保证:“妈妈,你放心,只剩最后一碗饭了,我一定让给李光头吃;只剩最后一件衣服了,我一定让给李光头穿。”是连接兄弟之情的纽带,同时规约了宋钢的人生,语言魔力被夸大。

至于李光头在宋钢婚礼上的宣言:“你听着,我李光头在什么地方摔倒的,就会在什么地方爬起来。”直接导致他以后纵欲、举办处美人大赛、对林红占有的行为。以至于被刘镇人“意料之外,情理之中”的公共话语认可。

至于“宋钢除了生孩子不会,什么都会”竟然一语成谶,规约修辞主体的命运,这种宿命,都是预言在发挥超强影响力,把夸张效果推到极致。

语言无论是工具还是本体,其本质是意义的聚合体,是为意义而存在的。为了凸显意义,艺术化的处理不同于生活本身,必须精细、极端表现个人经验,夸大或者夸小的目的是为了引起人们的注意,使初始的个人经验被大众接受,从而进入公共话语,成为公共经验,最终变成人类的精神财富。如何从修辞学、文学创作范畴拓展、深化夸张,是我们共同的学术期待。

(二)《兄弟》的隐私话语权

李光头修辞身份的典型性,使其和宋钢在身份认证过程中互为镜像;李光头、宋钢兄弟俩与林红互为镜像;兄弟俩成为一女两自我他者化镜像。李光头的人生轨迹成为两个时代生活的缩影。余华把时代、众人的欲望聚焦在他身上,修辞策略体现为集中与放大两个向度。

集中:从群体和个人数量上关系看,众人欲望凝聚一人彰显,是集中向度。

放大:从一人凸显众生相看,强化典型性,是放大向度。

修辞策略集中与放大二维交叉,推动叙事进程,建构文本重要事件:偷看女厕所、处美人大赛,最终实现修辞意图:刻画"文革"的精神狂热、本能压抑、命运惨烈,现在的伦理颠覆、浮躁纵欲、众生万象。

1. 图示一:"性边缘"符号"屁股"和偷看女厕所

《兄弟》开篇事件——偷看女厕所造成的轰动效应,为李光头的出场强劲造势。典型事件营造的典型图示凸显典型人物如何通过有效的修辞设计在语言层面实现?余华借助修辞策略,把偷看女厕所事件集中在关键词"屁股"和"有其父必有其子"

句式两个层面,通过关键词和句式推动叙事。

①关键词“屁股”——推动叙事的动点

父子俩偷看女厕所的目的是为了偷看女人屁股。“屁股”及其转化形式“处女膜”是《兄弟》上、下部高频出现的关键词,驱动叙事的动点,是浮躁纵欲时代最典型的语言符号,带有作者有意为之的修辞意图。关键词“屁股”这个动点,交织两代人历时十五年的时间横轴和刘镇人视野的空间纵轴,构成偷看女厕所图示。动点的连线展开叙事进程,勾勒了两代人一悲一喜生命活动曲线。在偷看女厕所图示背景下,“屁股价值观”显示了集体欲望压抑、缩小到个人偷看、纯意念享受的荒唐。关键词的选择和关键词对叙事的推动,突出了“屁股”的诱惑,刺激接受者猎艳心理,语言暴力在表达者——接受者,艺术——市场中纠结。

> 现在满世界都是女人的光屁股晃来晃去,在电视里和电影里,在 VCD 和 DVD 里,在广告上和画报上,在写字用的圆珠笔上,在点烟用的打火机上……什么样的屁股都有,进口屁股国产屁股,白的黄的黑的还有棕色的,大的小的胖的瘦的,光滑的粗糙的,幼的老的假的真的,琳琅满目目不暇接。现在女人的光屁股不值钱了,揉一揉眼睛就会看到,打一个喷嚏就会撞上,走路拐个弯就会踩着。在过去可不是这样,在过去那是金不换银不换珠宝也不换的宝贝,在过去只能到厕所里去偷看,所以就有了像李光头这样当场被抓获的小流氓,有了像李光头父亲那样当场丢了性命的大流氓。

这段话出现在《兄弟》开篇位置，用现在的“股灾”衬托“偷看女厕所”的合理和必要，增强为此不惜付出生命代价的可信度，突显“屁股”吸引力的强大。用“光”作定语修饰“屁股”，强调“屁股”通透的出场姿态，大大方方，尽情展示。欲望不需要掩饰，可以随意释放。

我们把“屁股”作为观察点，列表显示“现在”“过去”的差异：

屁股	现在	过去
出现范围	满世界	厕所
看的方式	目不暇接	偷看
价值	不值钱	宝贝
社会评价		小流氓、大流氓

关键词“屁股”出现范围的大小、看的方式的公开和私密、屁股价值变迁、过去为看一眼得到的“小流氓、大流氓”的社会评价，现在以缺失的社会评价形式表现“看”的便捷。在“屁股价值观”的不同中足见“人生价值观”的差异，时代生活的迥然有别。

虽说“屁股”不专指女性的，但从偷看实施者父子和指向女厕所看，上文中“屁股”专指女性的屁股。显现能指符号“屁股”隐现所指1：生理上的屁股；所指2：女人；所指3：性。对偷看的父子定性为“小流氓”“大流氓”，显示了社会价值取向，对“屁股”“女人”“性”的向往是可耻的。正常的生理需要尚且不能得到满足，何谈生活的正常？人性中“性”的缺失，凸显了对正常生活的偏离，时代的荒谬。

从语言形式观察，集中与放大不仅表现在语言局部的描写，更在推动叙事层面发挥作用。集中“屁股”，让其高频出现，放大举目可见、触手可及、随意轻率的程度，渲染了主观情绪。

出现范围：现在满世界都是女人的光屁股晃来晃去

样态繁多：什么样的屁股都有

产地：进口屁股、国产屁股

颜色：白的黄的黑的还有棕色的

样态：大的小的胖的瘦的

触觉：光滑的粗糙的

评价：幼的老的假的真的

接受反映：琳琅满目、目不暇接

以上集中与放大的运用只是显现在语言局部，不影响叙事进程。由“屁股”引申出的“屁股价值观”成了推动叙事的集中与放大之笔。

本体1：现在女人的光屁股不值钱了。

夸体1：揉一揉眼睛就会看到，打一个喷嚏就会撞上，走路拐个弯就会踩着。

夸体2：金不换银不换珠宝也不换的宝贝。

根据上下文语境推导出前后句间压缩了本体2：过去女人的光屁股值钱。

从文本建构角度观察，贯穿过去和现在的关键词竟然集中在“屁股”显示的“屁股价值观”上，放大过去珍惜现在作践的迥然，围绕“屁股狂欢”，个人和群体样态尽显。集中与放大强有力地影响了叙事。

集中与放大影响叙事的另一典型话语是：

那时候的李光头还是个穷小子，有一碗三鲜面吃，他就美滋滋不知道天高地厚了,就像是到天堂里去逛了一次,他半年里美滋滋了五十六次,也就是去了天堂五十六次。

有一碗三鲜面吃,美滋滋的就像是到天堂里去逛了一次;放大了美的程度。根据上文语境可知:美滋滋了五十六次,就是吃了五十六碗三鲜面,也就是去了天堂五十六次,美的程度被连续放大。

李光头在社会话语权中呈现弱势,“那时候的李光头还是个穷小子”,他凭什么吃到别人请客的三鲜面呢?其原因是:刘镇人用三鲜面贿赂偷看女厕所的李光头,目的是想知道“屁股”详情。

李光头在隐私话语权中呈现强势,垄断信息,在五十六次独家言说过程中,展开了图示一:偷看女厕所的叙事进程。

在物质匮乏时代,吃碗三鲜面就美得像上天堂,人们为何花大价钱打听“屁股”细节呢?因为“屁股”的拥有者林红是刘镇美人中的美人,在那个精神狂热、思想高压的年代,生活偏离正常轨道,人性极端受压抑,性更是禁忌。人在生理正常欲求得不到满足的情况下,只好“望梅止渴”,把对女人、性的渴望寄托在语言营造的修辞幻象上释放。众人在鼓励八岁的小孩上电线杆弄点性欲出来的行为中,满足对性缺失的遗憾;孩子幼稚、无果行为反衬成人的无奈、无能,性功能集体报废的荒诞。

②句式“有其父必有其子”——推动叙事的时空轴

凭借“有其父必有其子”的牵引,带出事件:李光头生父为了在厕所里偷看女人屁股,付出掉进粪池里淹死的代价。作者用一句话承载一个事件的修辞设计,激活语言魔力。

只要是棵树，上面肯定挂着树叶；只要是个刘镇的人，这人的嘴边就会挂着那句口头禅。连吃奶的婴儿呀呀学语时，也学起了这句拗口的文言文。（有其父必有其子）

“只要是棵树”推导不出“上面肯定挂着树叶”，因为“树”上不一定就有树叶，也就是说，有了“只要是棵树”这个条件还不够充分，应该还要其他的条件才能推导出“上面肯定挂着树叶”这个结论；“只要是棵树”也不是“上面肯定挂着树叶”的必要条件，因为“上面肯定挂着树叶”这个结论的成立不是一定要有“只要是棵树”这个条件，其他条件也可以推导“树叶”存在的结论。所以“只要是棵树”是“上面肯定挂着树叶”既不充分也不必要条件。

作者使用“只要……肯定”“只要……就会”两个相似句式连用，放大了“只要”表达的条件的唯一性，强行牵引人们思维惯性，得到“有其父必有其子”是每个刘镇人必说的口头禅的结论，逻辑的混乱揭示了事实的混乱，彰显“有其父必有其子”深入人心，波及范围广泛。

“有其父必有其子”链接时间和空间两个轴线，纳入见证者的行为和态度，集中刻画偷看女厕所事件，在这个放大的细节上，人们粉墨登场，本性尽显。“有其父必有其子”把偷看女厕所事件波及范围之大、影响之深远用荒谬逻辑话语展现，放大条件引导，结论的不可怀疑性，在文本叙事中建构了第一幅图示，狂欢的舞台。

时间轴：父子两代

空间轴：刘镇

见证者：无人不知偷看女厕所事件，无人不知李光头父子，甚至不谙世事的婴儿也不例外。

语言形式:有其父必有其子

图示一:偷看女厕所

《孟子·告子上》中告子说“食色,性也”,表达了食欲和性欲是人的本性的观点。《礼记·礼运》中孔子讲“饮食男女,人之大欲存焉”。食欲和性欲是人的本性,关乎生存、繁衍的重要职责,也是人正常生理的需要。但为了正常的生理需要,父子两代人都实施了不正常行为:偷看女厕所。是什么原因导致此事件连续发生?什么原因让刘镇人津津乐道?社会动荡,人性压抑,肇事者和评论者都因本性得不到满足分别选择了铤而走险或狂热关注的形式。

“有其父必有其子”是公众评价,拗口的文言文形式显示话语与刘镇人文化水平的不协调。公众评价形式和内容的不协调,刻画出人本性在刘镇人生活中缺失的情形。刘镇人从对偷看女厕所事件的叙述中获得本性的释放,甚至放大到呀呀学语的婴儿都在无意识中回归本性,对偷看女厕所事件兴趣盎然,妄加评判。就连焦点人物李光头对自己的评价也是负性的“一根藤上结出来的两个臭瓜”。瓜无所谓香臭,“臭”是人主观化情感的反应,“臭”字折射文化传统中“万恶淫为首”的评判尺度,混淆了“食色,性也”中“人本性”和“淫”的本质区别,把对正常的性的需要上升到淫的层次,逻辑上的不合理凸显了生活的荒诞。

对图示一:偷看女厕所,人们的接受反应是“我们刘镇的男女老少乐开了怀笑开了颜,张口闭口都要说上一句:有其父必有其子。我们刘镇的男女老少乐开了?”“人们对着李光头指指点点,窃窃私语,掩嘴而笑。”

乐开了怀笑开了颜——掩嘴而笑;张口闭口——窃窃私语;刘镇人公开的、私下的笑、评判,掩饰的是无法掩饰的渴望,好像刘镇人除了关注此事,没别的事可做。在集中场景中过滤得生活只剩一件事,放大了人性一方面,这种放大的单调对接受者认识的冲击是猛烈的。李光头化渴望为欲望,鼓帆远航,刘镇人随之一路前行,叙事在尽情宣泄和呐喊助威中推波助澜,展开得顺风顺水。

2. 图示二:"性中心"符号"处女膜"和处美人大赛

从"屁股"到"处女膜"关键词的变化,从个人、不合法的偷看女厕所到集体、合法的举办处美人大赛,展示了时代精神变迁。"文革"时期生活、本性、精神极度压抑,"屁股"这个"性边缘"符号表示性处于生活边缘状态。现在,物欲横流,精神浮躁,"处女膜"这个"性中心"符号表示性处于生活中心状态。隐私公开化,性经历了压抑、画饼充饥,宣泄、唾手可得变化轨迹,在表达者建构图示二:处美人大赛中,实现修辞意图:乱哄哄一台闹剧浓缩众生万象,尽显时代特征。

①关键词"处女膜"——推动叙事的动点

"处女膜"代替"屁股"成为新的关键词,推动叙事的新动点,表明:性从生活边缘荣升到重要地位。以前含蓄现在直露的审美追求以及生活态度、价值判断由此一斑窥豹。

> 处女的信件像是兴奋剂一样刺激着李光头,一想到全国有那么多的处女膜排成长城一样的队伍在期待着他,李光头的双手就会激动得忍不住去搔自己的大腿。

李光头常常把刘新闻叫成"处女信",对"处女膜"的妄想成了他的精神海洛因。在“处女膜排成长城一样的队伍在期待着他”的放大里,张扬了他真爱缺失,幻象用肉欲填补的疯狂。在男性的自大里,活现富翁、处女所迷恋的金钱、物质的力量。于是异想天开的“全国性的处女膜奥林匹克大比赛”,改头换面为“首届全国处美人大赛”诞生。连镇子都脱胎换骨,经历被命名的命运,刘镇——李光头镇——处美人镇,足见举办处美人大赛的成功和被关注的灼热度。

> 夕阳还没有西下的时候,我们刘镇已是万人空巷,所有的商店关门了,所有的工厂停工了,所有的机关下班了,所有的人都挤在大街的两旁,所有的梧桐树上都像是爬满了猴子似的爬满了人,所有的电线杆都有男人在跳钢管舞,爬上去滑下来,再爬上去再滑下来。街道两旁所有的房屋的窗口上挤满了人,所有的楼顶站满了人。医院里的医生护士也全跑出来了,他们说这次不出来饱一下眼福,下次的眼福就要千年等一回了。病人们也出来了,断腿的拄着拐杖,断手的吊着胳膊,正在输液的自己举着个瓶子,刚动了手术的也由亲友抬着架着,躺在板车里,坐在自行车后座上,都出来了。
>
> 邻城邻县的蹬着自行车来,五六个小时蹬过来,看一眼处美人们再五六个小时蹬回去。我们这个只有三万人的刘镇这一天起码超过了十万人,大街被腾出来了,处美人站成一排,交通武警派出所的民警全部出动,在对面站成一排,阻挡着群众,警察的眼睛是这一天最幸福的眼睛,他们看处美人看得比谁都清楚。更幸福的眼睛是那些记者的眼睛了,只有他们可以在空出来的大街上走来走去,他们见到漂

亮的就上去采访，眼睛盯着处美人的隆起的胸部看，还盯着处美人的肚脐看，好像要看她们一个水落石出。

处美人的身后挤满了男群众，三千个处美人的屁股全被偷偷摸过了，无一漏网。

在这幅处美人大赛图示中，连用八次“所有”，人和地点全被卷入，没有例外，甚至连医生和病人的狂热也展现殆尽。对处美人不仅可以公开的、堂而皇之欣赏，更可以浑水摸鱼“屁股全被偷偷摸过了，无一漏网。”这种看，被放大为“眼福”，一旦错过“就要千年等一回”，为了这一眼，即使付出“五六个小时蹬过来”“再五六个小时蹬回去”的代价又何妨？

“警察的眼睛是这一天最幸福的眼睛”眼睛饱含人的深情，幸福指数达到“最”。更夸张的是有比“最幸福的眼睛”“更幸福的眼睛”，因为可以“盯着处美人的隆起的胸部看，还盯着处美人的肚脐看，好像要看她们一个水落石出”。还可以“上去采访”。看的肆无忌惮，搭讪的有恃无恐，人物情绪高涨，幸福的不仅是眼睛，更幸福的是内心。

此时，对“屁股”的欣赏条件已经今非昔比，相对李光头的偷看环境，真是天壤之别，观者拥有了万分幸福的感受。

你欲火熊熊就把头插了进去，你的双手紧紧抓住木条，你的双腿和肚子紧紧夹住挡板，恶臭熏得你眼泪直流，粪蛆在你的四周胡乱爬动，你也毫不在乎。

“你”的忘乎所以，无视恶臭、粪蛆的大无畏偷看精神，甚至不惜为此付出“臭名昭著”“失去生命”的代价。社会评价从“大流氓、小流氓”到“幸福的眼睛”；从“偷看”到“欣赏”；从“违法”到“合法”在不停转换，我们在社会价值观更迭中感受到了时代精神的蜕变。

对举办处美人大赛的始作俑者李光头来说，他能在小小年纪突发奇想、不畏千难万险地“偷看”，又岂能满足这样无关痛痒的“欣赏”？于是，他的眼睛从公开的浮光掠影转到了私密的“鉴赏”，关注点也从“屁股”转成“处女膜”，为此不惜运用“放大镜”“望远镜”“显微镜”“土矿工人的帽子”等装备，对“处女膜”的迷恋和追寻，推动了叙事进程。

举办处美人大赛图示中最大的丑闻是1358号创造的，处女比赛冠军最后被一个妈妈拿走了。她还给处女重新下了定义，说自己保持了精神上处女的纯洁性。

亚军79号是“人造处女膜”的最佳顾客，她上来就买了十片圣女贞德牌，然后干净利索地通吃了十个评委。

季军是864号早就不是原装处女了，甚至连个组装处女都不是，她最多是个散装处女，还是全世界重量级荡妇中的超级至尊。

处美人大赛冠军、亚军、季军被“非处女”囊括，评委的工作是如何进行的呢？“十个评委像是老弱病残似的被人扶上了车，十个全部肾虚肾亏，两个发了低烧，三个吃不下东西了，四个说自己的视力大幅度减退，只有一个还像个人样子，自己走上车的，他在和李光头握手告别时还有说话的力气，李光头悄声问这次是不是大饱艳福了，他唉声叹气地说，自己已经不喜欢女人了。”过犹不及，放纵的结果就是对真爱的漠视，处美人大赛拙劣收场。

从对“屁股”到“处女膜”的迷狂，催生寻找处女，举办处美人大赛，导致人造处女膜泛滥，激活处女膜经济发展。围绕“处女膜”展开的叙事，唯独不见承载主体处女，处女到哪里去了呢？我们只好叩问集体基本欲望满足，个人欲望膨胀到极点，处女缺失的时代。

②句式“李光头的绯闻比战场上的硝烟还要多”——推动叙事的时空轴

李光头追求林红爱而不得后，先是结扎当了“鲜人”，接着是疯狂“干恋爱”。富翁李光头这位呼唤爱情的钻石“王老五”，惊世骇俗的寻爱行动在物质基础强势支撑下，热火朝天地展开了。

李光头的绯闻比战场上的硝烟还要多。

时间轴：始于林红婚礼，终于自己性功能报废。

空间轴：从刘镇扩大到全国、世界。

见证者：刘镇人，强势媒体。

李光头在林红婚礼上的宣言，“你听着，我李光头在什么地方摔倒的，就会在什么地方爬起来”。导致他对真爱、纯洁、处女的执著追寻。一旦这种执著走向极端、扭曲成迷狂，则会产生破坏力量，导致“绯闻比战场上的硝烟还要多”的结果，实施对林红占有的行为。他的绯闻涉及对象甚至包括外国妞，在空间上把“屁股”“处女膜”扩大到世界范围。这些轻狂行为竟然被刘镇人“意料之外，情理之中”的公共话语认可。李光头纵欲对象数量庞大，放大到“绯闻比战场上的硝烟还要多”，泛滥程度更是触目惊心：“这个李光头胸怀宽广，只要是个女人他都来者不拒，甚至牵头母猪到他的床上，他也照样把母猪给干了。”是什么导致他欲望难填?

一方面:李光头已经异化为一个牲口一样的男人,兽性超出了人性。

另一方面:处女的异化。“用荡妇去形容她都他妈的太文雅了,她是全世界重量级荡妇中的超级至尊。”

“爱”等同“做爱”,被放大成“打了一场旷世罕见的肉搏大战”。人的异化,让代表纯洁和真爱的处女荡然无存。“也就是二十年的时间,社会风气急转直下,二十年前没结婚的姑娘十个里面九个是处女,现在反过来了,十个里面最多一个是处女。话刚落音,李光头立刻反驳自己,说现在十个姑娘里面半个处女都没有了,现在大街上走来走去的姑娘没有一个是处女,现在只有幼儿园里还有处女,出了幼儿园再去找处女,好比大海捞针。”在二十年前后对比中,在对纯洁依稀的记忆推动下,李光头“决定送林红去上海的大医院做处女膜修复术。当林红重新是个处女后,他要和她真正做爱一次,而且要把这次做爱当成是二十年前发生的。这次做爱完了以后,他们从此不再做爱了。”

在人性和兽性的较量中,李光头似乎想精神回归,寻找灵与肉和谐统一的真爱,但在这纵欲的社会里,这种努力成了徒劳的挣扎,最终以山寨版的肉体狂欢结束。

当李光头有权有钱时,社会话语权呈强势,隐私话语权却呈弱势,他的一举一动成为被关注的焦点,甚至对处女膜考证也有人早就准备好观察工具,把性从隐私范围放大到公众视野。众人性欲正常释放的时代,个人却走上无隐私纵欲之路,这是对正常生活的另一种偏离。社会无处女现象和“文革”把性欲压抑到无共同演绎了两种对正常生活状态的偏离。

“屁股”“处女膜”所指向的主体林红是如何被这个时代异

化的呢？

> 她在李光头的疯狂里充分满足了自己的疯狂，那些日子她的内心和身体分离了，而且越分越远，仿佛中间隔着千山万水，她的内心每天都在思念着宋钢，她的身体每天都在渴望着李光头。她不知道以后没有了强劲的李光头，自己如何度过那些漫漫黑夜。林红的性欲就像森林之火，燃烧起来后就很难扑灭了。林红悲哀地感到自己已经无法回到过去的清心寡欲，为此她仇恨自己，可是她对自己又是无可奈何。

林红真假两次处女经历，凸显精神和肉体的分离。精神的林红是纯洁真处女，深爱自己丈夫；肉欲的林红是修补处女膜的假处女，背叛丈夫与别人上床。对此"她仇恨自己，可是她对自己又是无可奈何。"林红的人生轨迹显示了她被社会异化的过程：容易害羞的纯情少女——恋爱时的甜蜜姑娘——心里只有宋钢的贤惠妻子——和李光头疯狂做爱三个月的疯狂情人——生者戚戚的寡妇——面无表情深居简出的独身女人。

《兄弟》中牵涉到的另一个人物宋钢，这个温柔善良，精神至上，深爱妻子的男人，在生活的压迫下，下岗，打零工，买花，在"处女膜经济"大潮冲击下，走上先是贩卖男性保健药，继而推销丰乳霜，并为此做了隆胸手术，走上不男不女的不归路。

作者选择具有强刺激的关键词"屁股""处女膜"，并建构"偷看女厕所""举办处美人大赛"图示，语言形式充斥快感宣泄、纵欲失控的色情意味，达到了成功刻画纵欲浮躁时代的修辞意图。但为何文本结束之际，三个角色都以性缺失退场？

3. 结论——欲望化语言形式背后承载着反欲望意味

表达者选取关键词“屁股”“处女膜”作为推动叙事的动点，句式“有其父必有其子”“李光头的绯闻比战场上的硝烟还要多”作为推动叙事的时空轴，建构图示一：偷看女厕所；图示二：处美人大赛。但最后三个角色都以性缺失退场，这样的安排，隐藏修辞评价：欲望化语言形式背后承载着反欲望意味。

在这个欲望化的社会里，李光头要想实现纯真梦想，已经不可能，他成了性功能报废的隐居者；宋钢成了不男不女的自杀者；林红成了独身女人。异化是时代造成的，无性人的出现是对纵欲泛滥时代的反抗，对社会现实的否定。李光头是社会某种意义上的成功人士，最终却成为反社会现象的一员。

眼中所见是心中所想的映射，在这个精神缺失的时代，选择与物欲横流时代对应的欲望化语言形式，是余华有意识的修辞选择。接受者能否拨云见日，领会这有意味语言形式背后的深意就看各自的阅读功力了。《兄弟》欲望化语言形式中隐藏着精神永恒的寓言。结尾“我的兄弟宋钢就是外星人啦！”和开头“我们刘镇的超级巨富李光头异想天开，打算花上两千万美元的买路钱，搭乘俄罗斯联盟号飞船上太空去游览一番。”呼应，凸显为结构上的回环，集中与放大被设置成叙事的旋律和基调，成为建构《兄弟》的核心。

老子羽化，庄周梦蝶，李光头的太空梦，宋钢的“被外星人”，一脉相承的都是对社会的另类反叛，人类想超越自身，凭借“反人类”姿态出场，无论“桃花源”还是“太空”，都是人类所期盼的理想的、纯美的心灵家园。

四 “香椿树街”的修辞幻象

人对世界的关照是修辞化的，当表达者拥有绝对言说权威时，他眼中、心中的世界通过语言符号物化为文本中的世界时，此时的世界已经变形为“纸上世界”了。

“语言表达的修辞化一方面使人们更容易接近外部世界；另一方面又阻隔人们对外部世界的洞察，因为它所提供的不是一个真实的世界，而是一个对真实世界进行选择、分割、重组、包装后的修辞文本，它不是世界的真实图像，而是经过重新编码的世界，是语言制造的幻觉。”[1]谭学纯先生在《广义修辞学》里对修辞幻象概念进行了理论的分析，总结了修辞幻象的两个特征，即修辞幻象不是指向真实的世界，而是指向语言重构的世界，修辞幻象在人们的心理重建一种象征性现实。

对苏童来说，曾经因为精心经营“香椿树街”和“少年人”系列文本，被称为先锋作家的一员。先锋作家们追寻生命个体的独特性，展现原初的冲动，激活有形语言之外的无形韵味，追求语言本身的审美功能，迷醉于自己制造的语言的世界里。

“我从小生长在类似‘香椿树街’的一条街道上，我知道少年血是黏稠而富有文学意味的，我知道少年血在混乱无序的年月里如何流淌，凡是流淌的事物必有它的轨迹。在这本集子中我试图记录了这种轨迹。”[2]由这段话可以看出，“香椿树街”

---

〔1〕 谭学纯：《修辞幻象及一组跨学科相关术语辨》，《安徽师范大学学报》2005 年第 4 期。

〔2〕 苏童：《苏童文集·少年血》，南京：江苏文艺出版社，1993 年，第 2 页。

和“少年人”是苏童感兴趣的两个语词,他将记录此地此人的生活。苏童强调的是记录,但我们知道任何记录都不可能是无我的,因为,这个世界是我笔下的世界,苏童富有意味的言说营造了“香椿树街”的修辞幻象。在这里“香椿树街”不仅是单纯的地方,还包括生活在此的人,发生在此的事,“香椿树街”就是一个完整的人类社会的定格。

苏童是如何赋予“香椿树街”生命,让“香椿树街”修辞幻象逐步生成的呢?

(一)文本系列化的修辞选择——推动“香椿树街”修辞幻象生成

“香椿树街”实际上是不存在的,但在南方,有许多这样的街道。“香椿树街”支撑了苏童“少年人”的天空。“一条狭窄的南方老街(后来我定名为香椿树街),一群处于青春发育期的南方少年,不安定的情感因素,突然降临于黑暗街头的血腥气味,一些在潮湿的空气中发芽溃烂的年轻生命,一些徘徊在青石板路上的扭曲的灵魂。”[1]正如他所言,从《桑园留念》开始的“少年人”系列,并没有清晰的使用“香椿树街”的名称,而是泛称“老街”,《U形铁》《蓝白染坊》就是为“老街”所作。从八十年代末到九十年代初的许多短篇开始出现并频繁使用“香椿树街”名称,并在长篇小说《城北地带》重点强调。表达者和文本多年的集体努力最终生成“香椿树街”的修辞幻象。

“香椿树街”一个可以让人无限遐想引起美好情感的名字却与破败的实质奇妙地统一着,为了渲染这个复杂的人物活动

〔1〕 苏童:《苏童文集·少年血》,南京:江苏文艺出版社,1993年,第2页。

空间,苏童不惜笔墨。为了看清楚此修辞幻象群形成的轨迹,我们以小说集《少年血》中与“香椿树街”有关的篇章和长篇小说《城北地带》为考察对象,列表说明。

篇名	“香椿树街”的某个地方	主角
U 形铁	铁匠铺	锁锁
蓝白染坊	染坊	小浮
杂货店	杂货店	三霸、蕾
怪客	水果店	怪客、三霸
桑园留念	桑园	肖弟、毛头、丹玉
南方的堕落	梅家茶馆	金文恺、姚碧珍
舒家兄弟	香椿树街十八号	舒农、舒工
像天使一样美丽	药铺	小媛、珠珠
狐狸	红旗小学	倪老师、袁老师
沿铁路行走一公里	铁路	剑
西窗	香椿树街某号	红朵
灰呢绒鸭舌帽	香椿树街某号	老柯
回力牌球鞋	香椿树街某号	陶
刺青时代	香椿树街某号	小拐
城北地带	香椿树街	小拐家、叙德家、达生家、红旗家、美琪家、金兰家

依据表中文本提示的线索,接受者借助想象可以构筑出“香椿树街”全貌。“香椿树街”没有一棵香椿树,只有由西向东的狭窄、肮脏的石板路和两排窗外挂满滴水的衣服、破旧丑陋的

旧式民房。在这条不长的街上有状如玉虾的和尚桥和临河而立两层老楼的茶馆、红旗中学、石码头、石灰厂、化工厂、糖果店、酱园、红旗照相馆、百米之外有一座横跨街和河的铁路桥和桥洞。最惹人注目的是河。苍蝇飞来飞去，带有霉菌味的空气在弥漫。

场景的搭建目的是呼唤人物出场。香椿树街支撑了苏童“少年人”和“妇女生活”两个系列的文本，本篇文章只着眼“少年人”系列研究，别的内容另文分析。

(二)“少年人”——赋予“香椿树街”修辞幻象以生命

对“少年人”进行语义分析得到[+ 人 + 未成年 + 男/ - 男]，不仅包括男孩也应该包括女孩。但在“香椿树街”里，女孩就像自生自长在犄角旮旯里的夜饭花，随时都有凋零的可能。只要是纯洁、美丽的都会被摧残。《像天使一样美丽》的小媛“洁白如雪著称的脸在五年以后变得黝黑而粗糙，走起路来像男人一样摇晃着肩膀。”《舒家兄弟》的涵丽未婚先孕，投河而死；《桑园留念》的丹玉莫名其妙死亡；《城北地带》的美琪被强奸跳水而亡……有的是神秘地失踪了，如：《西窗》的红朵；《蓝白染坊》的小浮……留下来的都是愚蠢的、丑陋的，如《城北地带》的秋红；《舒家兄弟》的涵贞……表达者有意识的修辞化的选择让女孩的缺席突出男孩在场的重要。

男孩有两类：三霸、红旗、天平、舒工、达生等身强力壮尚武为乐的配角和小拐、舒农等主角。小拐的形象是：“矮小瘦弱”；“阴郁而暴怒的眼神”；“独腿男孩心里生长着许多谵妄阴暗的念头”；“孬种小拐”；“孤僻而古怪的幽居者”等。舒农的形象是：“舒农是个畏畏葸葸的男孩。舒农是个黄皮鬼”；“舒农总是半趴在桌上抠鼻孔”；“舒农会发出碎玻璃一样的尖叫声”；“舒农阴沉的老年化的眼神";"舒农的身上经常散发出一股尿臊味";"舒农十四岁了还经常尿床"等。

苏童为什么选择这类男孩作为主角呢？小拐、舒农的残缺和病态让人生厌，他们在肮脏的自然环境中，在殴打的暴力下已经麻木，表现出愚笨、自私、记仇和冷血的品性。加之配角们过于发达的肌肉和过于简单的头脑导致斗殴致死或沦为犯人等下场，苏童在不动声色中展示了一群身心同样残缺已经衰退的物种。

从躯体修辞角度分析，这种对残缺身体的渲染和《庄子》喜好畸形躯体有着本质的不同。《庄子》的畸人近乎所谓真人，自然人。畸乎行，全乎道。他赞扬躯体边缘化状态是因其不能见融于社会，受到的诱惑少，从而更容易保全人性不受污染，满足他提倡的虚静、自然、无为而为的观点，从而达到轻视仪表不凡的人物们正统价值体系的目的。苏童"少年人"的残缺则是颠覆了人的本性，对正常人进行了消解，剥夺了人的文化身份，人在文本中和房屋、树木一样只是道具而已。这暗合后现代主义精神，人正失去作为主体的意义，沦落为叙事的符号。

包括苏童在内的先锋作家集体性写作行动在文学史上留下痕迹，先锋之称和话语、叙事创新是分不开的。他们抛开元叙事模式，反抗权威话语，并且从话语范畴扩大到对旧有意识形态的瓦解。历史、社会、人、价值等被颠覆，宣扬后现代精神，人的神圣意义被打得粉碎，人物缺少心理深度，仅仅剩下感官的躯壳，有时甚至是不知疼痛的木头人。残酷的打斗和自戕行为成为机械运动。

从刀器和人的嘴里发出的呼啸声很快覆盖了石灰厂那

台巨大的粉碎机运转的噪声……听见了尖刀刺进皮肉的类似水泡翻滚的声音……(本文资料来源:苏童《苏童文集·少年血》,南京:江苏文艺出版社,1993 年。下同。)

少年小拐一边呻吟一边刺割着他的手臂,渴望猪头标志跃然于他的手臂之上,他的手臂很快就溃烂发炎了,脓血不停地从伤处滴落下来……

血腥场面与冷淡书写语调反差鲜明,这些迹象都表明了人早已失去血肉之躯的意义,"少年人"从肉体到精神彻底退化为无生命的符号,自我解构完成,文本话语叙事得以继续。

(三)词语制造悬念——渲染"香椿树街"修辞幻象的神秘氛围

苏童和其他先锋作家一样追求语言本身的形式,文本叙事反对具有完整情节的元叙事,迷醉于语言的狂欢中。他们最喜欢运用以下词语为叙事的展开推波助澜。

"死亡"

苏童小说中弥漫着神秘和不祥的气氛,"死亡"触目可及。此时的"死亡"不是传统意义上的崇高或悲壮的,而是轻率的,莫名其妙的。"死亡"仅仅充当了一个文本叙事的语言符号,延续着故事的生成。

《城北地带》主要写了六家人,三家都有人死,一家有人入狱,一家有人跳楼致残,两家有人私奔。在鸡毛蒜皮的琐碎中夹杂着乱伦和通奸,生活犹如一堆垃圾。在这里,苏童略去"死亡"的原因,只关注"死亡"景象,但"死亡"作为语言符号为故事发展制造了巨大的悬念,这两个字会勾起接受者急于追查死因的心理期待，从而使后续文本得以顺利完成。

“预言”

苏童小说灾难性结局的另一个叙事动力来自人物的“预言”。

“他迟早会惹下大祸。锦红最后说出她的预言”故事在“预言”的牵引下发展。

“预言”的实现也完成了文本的叙事。小拐的命运早就被“预言”安排好了。

对于其他先锋作家来说，“预言”的叙事策略也常常被采用。“预言”是否能应验，以及应验程度如何同样是个悬念，足以弥补由于淡化情节故事难以为继的不足。

“箴言”

在《南方的堕落》中，从文本开头的反复两次的“小孩，快跑”到结尾的反复两次的“孩子，快跑”，以及中间以单独形式断续出现两次的“孩子，快跑”，在视觉和听觉上形成回环之势，不仅结构了文本，更使话语因为“箴言”声音的存在而显出神秘气息。此时的“箴言”类似“谶语”了。“我听见整个南方发出熟悉的喧哗紧紧地追着我，犹如一个冤屈的灵魂，紧紧追着我，向我倾诉它的眼泪和不幸。”

“誓言”

《城北地带》中达生喊道“谁是好汉我们半年见分晓”。为了这“誓言”，在没有利害冲突的情况下，达生以挑衅的姿态出场，以一敌十，命丧煤山。“红海认为达生提前实现了他的誓言，而香椿树街的少年们在他的呼唤声中，终于冒出了一条真正的汉子。”人的命运摧毁在“誓言”规定的模式里。

“预言”“箴言”“誓言”以及“谶语”，是语言在行使自己极端的权利，从某种意义上说，这些都是语言制造的幻觉，即修辞幻象。由此可见，修辞幻象本身具有层次性，不仅存在于话语——修辞技巧层面，也存在于文本——修辞诗学层面。

“修辞单位是以修辞幻象为最小交际单位的审美化符号。”[1]这个概念强调修辞技巧层面语言符号的可操作性，当我们站在修辞诗学层面考虑修辞幻象时，文本也可以被看做是修辞单位，只不过是组成复杂，内涵更丰富的审美化符号而已。

前文所列举的每一个文本可以看做是完整的修辞单位，各个文本都生成了自身的修辞幻象，展现了“香椿树街”的某个部分。“香椿树街”修辞幻象也可以理解为是修辞幻象群，是由单个文本自我延伸，在自我修辞幻象生成的过程中，生成新的类义修辞幻象，最终，形成的修辞幻象的群体。“香椿树街”修辞幻象群的生成是修辞幻象存在于修辞诗学层面的实证。

修辞幻象能产生巨大的能量参与人的精神建构吗？即存在于修辞哲学层面吗？答案是肯定的。

《巴赫金全集》(二)在关涉文学意识形态理论时提到“意识形态环境”这个核心的概念。他认为社会的人在降生之前，世界就有他人话语和相关的“物体——符号”，诸如宗教象征和信仰，艺术作品等。这一切的总和构成了人的意识形态环境。他的存在使人的意识和现实生活本身的接触不是直接的而是要围绕意识形态世界的各种媒介来进行。人的意识必须依意识形态环境来理解，而文学本身是意识形态环境的组成部分，在折射社会生活的同时，还折射其他意识形态领域，具有双重的反映和折射特征。

---

〔1〕 谭学纯、朱玲:《广义修辞学》，合肥:安徽教育出版社，2001年，第203页。

从语言本体着眼,语言的形音义的约定俗成性和习得的传承性表明语言即传统,它不依赖于个人独立存在,相反,个人生活于语言的传统中。所以说:不是你说语言,而是语言说你。不是个人在说着自己的语言,而是语言通过个人之口使自身得以实现。语言浸透了习惯的价值观。

在“香椿树街”修辞幻象群中有一个非常重要的修辞幻象“河”。

“河”作为一个词,形成了修辞幻象,即河面布满油物和工业垃圾,脏的辨不出颜色。在修辞技巧层面,完成审美化符号的使命。

“河就在我们的窗下流着。我说过它像锈烂的钢铁侵蚀着香椿树街的生活,你无法忽略河的影响,街的岁月也就是河的岁月。”在文本——修辞诗学层面,“河”参与了“香椿树街”修辞幻象的创造。

“河能淹死人,但人对河确实毫无办法。”有人选择了跳河,有人被抛下河。当我们称呼黄河与长江为母亲河时,“河”就上升为文明的发源地了。人从“河”里孕育,又回到“河”的怀抱,本身就是生命轮回的象征。“河”这个修辞幻象参与到人的精神世界里,在修辞哲学层面得以显现。(凭借此思路也可以尝试着解释苏童写《米》的艰辛和磨难,五龙对“米”的痴迷和崇拜。)

(四)叙述形式独特——产生“香椿树街”修辞幻象真实感的动因

在我国文学史中很早就出现“真”的概念,其涵义是多方面的。对小说来说,虚构是无须证明的前提,因此,小说不该陷入

“何为真”的哲学难题中,而应该另觅他径,从心理角度思考问题,此时的“真”更确切地说是“真实感”。只要接受者在阅读过程中产生身临其境的感觉,就可以说明文本的叙事话语达到了“真”的要求。对修辞幻象概念的理解就是建立在对“真实感”认可的基础上的。“香椿树街”修辞幻象活灵活现的修辞效果是如何借助语言的魔力得以实现呢?

1.“我”:作者、叙述者、角色三位合一

中国小说进入80年代后,叙事话语中第一人称升温,黄浩对此进行了抽样调查。他以1988年的4种期刊为考察范围得到的结论是:《小说选刊》大约有33%的小说以“我”作为叙事主角;《小说月报》约为40%;《作品与争鸣》约为50%;《作家》约为48%。[1] 这些数字表明,第一人称备受小说家宠爱的程度,这和表达者主体位置的张扬有很大关系。集体视角的“我们”到“我”的转变,表明个人声音出现,权威性话语受到质疑,意识形态的变化在话语叙事中初见端倪。

对“香椿树街”修辞幻象来说,“我”不仅具有叙事学上叙述者和角色的强大叙事功能,还有真实作者的成分,体现明确的创作目的,而不仅仅只是“隐含作者”的若隐若现。

“因为小说中的人物都是我真实生活中童年记忆中闪闪烁烁的那一群,我小说中的香椿树街在这里是最长最嘈杂的一段,而借小说语言温习童年生活对于我一直是美好的经验,我之所以执著于这些街道故事的经营,其原因也非常简单:炊烟下面总有人类,香椿树街上飘散着人类的气息。”[2]《城北地带》是“香

[1] 黄浩:《角色紧张:一个说得太多和太累的“我”》,《作家》1990年第3期。

[2] 苏童:《米》,南京:江苏文艺出版社,1996年。

椿树街”修辞幻象集大成的文本，作者创作意图和生活依据很清晰。

在苏童的表白中，“我”不仅是“隐含作者”的化身，带有作者、叙述者、角色三位合一的特点，具有目击者和亲历者身份。“今天的读者对亲身经历的（或者至少外表上令人信以为真）记叙文章比对小说更感兴趣，这是完全有道理的。”“用第一人称叙事，不仅能满足读者理所当然的好奇心，而且也可以解除作者难以避免的顾虑。除此之外，故事至少显得像是亲身的经历，真实可靠，对读者既有说服力，同时也可以消除他的疑虑。”〔1〕“我”的多功能性显示出强大动力，从而使叙事流畅，文本栩栩如生，是恢复接受者信任的有效叙事策略。这也导致了话语独白意味的加重。

2.“独白式”话语叙述模式

“第一人称‘我’所包含的独白意味进一步加剧了。表面上，这体现为叙述者的变化。叙事话语由于行动性减弱而放慢了节奏，同时，叙事间隙的情绪性增多了，这时常使文本带上某种抒情风格，或者某种伤感的情调。然而，在另一方面，独白意味的加剧同时也说明‘我’这个角色的变化。‘我’的外部行为减少了，从而开始更多地反视内心之境。独白致使叙事话语中的内心语言成份逐渐上涨。这显明了‘我’与外部世界的疏离——外部世界正在这种叙事话语中缓缓地模糊乃至消隐。”〔2〕上面这段话虽然着眼于整个先锋作家的创作，具体化为

〔1〕 娜塔丽·萨洛特：《怀疑的时代》，《新小说派研究》，北京：中国社会科学出版社，1986年，第35~36页。

〔2〕 南帆：《文学的纬度》，上海：上海三联书店，1998年，第143页。

针对“香椿树街”修辞幻象文本也同样具有说服力。

“独白式”话语叙述模式更像将“我”的内心展示在言语中，流淌到文本的每个角落，把“谁在看”和“谁在讲”即“聚焦”与“叙述”统一起来，话语叙事从而更具体验性。突出表现在他对比喻修辞格的使用。

> 想想历史真是莫名其妙乱七八糟的东西，它虚幻而荒诞，远远不如厕所前的一排红漆马桶真实可靠。
>
> 南方 = 书院弄 =95 只苍蝇
>
> 我生长在南方，这就像一棵被飞雁衔着的草籽一样，不由自己把握。

这里的喻体的选用并没有使本体清晰明朗起来，反而显得离奇怪异。比喻的目的不是用话语指明外部世界，而仅仅是停留在语言创造的快感中。苏童喻体对自然意象的偏爱具有很强的个人色彩，致使他的小说语言拥有诗意的韵味。

3. 时间词的突显

苏童喜欢追述形式，故事时间和叙事时间存在一段时间差，这也是先锋作家有意为之竭力强化的当下书写与过去事件的时间缝隙。由于汉语缺少形态变化，为了表明故事发生的时间，他们频频的使用时间词，调整话语与故事的距离，把叙事与故事区别开来，从而打破因无时态标识而造成的幻觉世界，使叙事更加真实可信。

苏童喜欢“从前……”的句式。以《南方的堕落》为例，不长的文本中出现 23 次时间词，其中“1979”出现 7 次，另加一次“这年冬天”。文中还用“传说”开头引领 4 个自然段，形成反复之势。

诸如此类的句子和时间词突现在叙事的流程中,导致接受者忘情于故事的阅读惯性被打断,他们被迫从故事返回到话语叙事本身,认可语言符号制造的"真实感"存在。

(五)结语

苏童用一系列文本借助语言符号制造了"香椿树街"修辞幻象,并依靠"我"的加盟使接受者把纸上的世界活化为心理的世界,从而产生亦幻亦真的阅读效果。苏童清晰的创作意图和娴熟的语言能力把"写什么"和"如何写"即修辞化选择和修辞化实现尽可能完美地结合在一起,从而把"香椿树街"修辞幻象营造的让人产生寻访的冲动。从某种意义上说:苏童选择了南方老街,同时,南方老街也选择了苏童。"香椿树街"修辞幻象和"少年人"将定格在我们的视线和心中。

五 《青黄》元话语分析

元语言最早是现代逻辑学术语,后来被借用于现代符号学与语义学及其他众多人文社会科学。在语言学和文艺学领域通常是指用来分析和描写另一种语言(被观察的语言或目的语)的语言,即由关于另一种语言的所有陈述组成的语言。刘恪认为,所谓元语言,"最简洁的表述为语言的语言。即关于语言的语言。一般在语言学中指探索深层语言规律,包括语法、词法、语言释义、描绘等各种的语言模型"[1]。如果针对某一具体文

〔1〕 刘恪:《先锋小说技巧讲堂》,天津:百花文艺出版社,2007年,第138页。

本，因为是面对个体言语行为的分析，此时的元语言应该称为元话语更合适，这里“关于语言的语言”也可以看成是元话语具备的特点。这句话涉及到语言的两个概念，为了方便论述，我们可以把先出现的假定为语言1，后出现的假定为语言2，那么这句话可理解为“关于语言1的语言2”。这里的语言1，其实指的是对客观事物或行为的叙述和描写，常被称为对象语。语言2主要提供补充、注释、揭示等功能，具有释义性，常被称为元话语。如果说语言1是前语言现象，语言2则是后语言现象，是依附语言1产生的语言系统。如此说来，从理解的角度观察，在一个小说文本中往往会出现三个语义系统：

语言1：对象语，表达基本意义。

语言2：元话语，具有释义性。

语言3：语言1和语言2融合后产生的关系意义。

本文凭借以上认识，尝试着分析格非的小说《青黄》元话语系统特征，以之探索小说文本的另一种解读。

（一）楔子元话语分析

《青黄》元话语最突出的表现就是开头的楔子。可以说读懂了楔子也就读懂了整个文本。

作者格非曾在文集《树与石》的自序中写道“一个人若是在作品的意境中沉浸得太深，他本人亦将会不知不觉地成为一件虚幻之物，成为词语家属中的一员。词语为他的梦境创造形态，替他的愿望勾勒出最初的雏形，并赋予他一切的意义”[1]。从中可见他对词语或者说他对语言的偏爱。语言不仅是作家行文

〔1〕 格非：《树与石》，南京：江苏文艺出版社，1996年，第1～2页。

的工具,更可以反过来重塑作家本人。语言亦是有魔力的,在影响作家的同时影响叙述者进而影响整个事件或一段历史。所以说,历史是语言化的历史,时空亦是语言化的时空。且看《青黄》楔子的开头三个句子:“九姓渔户作为一支漂泊在苏子河上的妓女船队早在四十年前就已经消亡了。民间有关它的传说却经久不息。《麦村地方志》(1953 年版)是这样描述这个故事的:九姓渔户在官兵的追逼和当地帮会的骚扰下,它的最后一代张姓子孙在一天黎明从麦村上了岸。”这是语言 1,是叙述一个客观历史事件。在这貌似客观的语言背后又具有什么样的暗示性呢?

“令人疑惑的是,这部由三个私塾先生编纂的书对那个‘天空中飘逝着各种颜色’的黎明作了极其详细的描绘,但对于这几个船民上岸后的情况却语焉不详。在最新出版的《中国娼妓史》(谭维年著)一书中,对九姓渔户模棱两可的论述部分完全是《麦村地方志》的拙劣的抄袭。”是语言 2,明确指出客观叙述中令人疑惑的地方。如果说《麦村地方志》的记载和其详细记载的“天空中飘逝着各种颜色”一样善变,让人不可捉摸的话,《中国娼妓史》则更是以讹传讹的结果。

“在谭维年教授头脑清晰的好些日子里,他为人的风度和著述的严谨曾使我默默地仿效过”是语言 1,客观地叙述谭教授的为人为文。

“可是现在呢? 一旦他所论述的对象和麦村、九姓渔户这些字眼连接在一起,就会连续不断地出现错误”是语言 2。评价性的语言,影响了阅读者的态度。

“在那些飘忽不定的字句中间,我仿佛看见了谭教授在痛苦的晚年穿着肥大的马裤跨过一只火盆的滑稽身影。”看似是直接的描述，实际上是对人和文的嘲讽，应该理解为语言 2。

“和许多其他学者一样，谭维年在那本书的第四百二十七页上，同样提到了那个颇有争议的名词——青黄。”语言 1，直接点出文本的关键词“青黄”。

“按照他的理论，传说中把‘青黄’一词解释为一个漂亮少妇的名字‘至少是不谨慎的’，至于有些人将它说成是春夏之交季节的代称更是荒诞不经。凭着他先天的预感和固执，他认为‘青黄’是一部记载九姓渔户妓女生活的编年史。他声称，如果不出意外的话，这部书依然散落在民间。”语言 2，试图解释“青黄”，并断言“这部书依然散落在民间”。

“正是基于这样一个充满魅惑的说法，我决定再次到麦村去。”语言 1，叙述将有一次探寻的行为。

“在临走之前，我在一家私人酒店里碰到了谭维年，我向他谈起了我的计划。像往常一样，谭教授听完了我的话立即对我做了一个不耐烦的手势：你到了那里将一无所获”。语言 1，叙述我与谭教授的碰面，通过谭的话，预示了探寻的无果下场。

《青黄》的楔子在语言 1 和语言 2 的交叉呈现中，创造了新的语境，接受者领会的是语言 3 的新的关系意义。元话语对于对象语的解释效果是越解释似乎是越糊涂，许多疑问纷至沓来。一是谭教授为何会出错？他和麦村有何关系？二是“青黄”该作何理解？三是书真的会散落民间吗？四是我为何再去麦村？第一次为何去？我和麦村有何瓜葛？五是为何断言“充满魅惑的说法”？六是为何谭教授说“你到了那里将一无所获”？七是我和谭教授是什么关系？此时的接受者就像咬饵的鱼儿，猎奇的胃口被高高吊起，不由自主地踏入迷宫的入口。这也说明了语言 1 和语言 2 并行产生的张力，因为元话语的加入，接受者眼中、心中的语言 3

才意味深长,意在言外的修辞效果才可得以实现。

(二)“青黄”一词的元话语分析

“青黄”是篇名,也是文本的关键。因为这个词的释义,以及对释义的印证,叙述者才踏上寻访的慢慢长路。关于“青黄”的元话语有哪些呢?为了清晰、简洁,列表如下:

青黄	语言1	语言2
第一次出现	一个漂亮少妇的名字	至少是不谨慎的(谭教授语)
	春夏之交季节的代称	更是荒诞不经(谭教授语)
	一部记载九姓渔户妓女生活的编年史	书依然散落在民间(谭教授语)
第二次出现	在这一带我没有听说过这个词,不过,它也可能存在,在九姓渔户的船上,妓女一般分为两类,青黄会不会是那些年轻或年老妓女的简称?	几乎使我吃了一惊。(叙述者语)女人们总是像竹子一样,青了又黄。(郎中语)
第三次出现	这是一条良种狗。它的毛色很特别,背上是青蓝色的,肚子的一侧有一个黄颜色的斑圈,看上去像一块膏药。	
第四次出现	多年生玄参科草本植物。全株密被灰色柔毛和腺毛。根状茎黄色。夏季开花。	《词综》释义

在上表中我们可以看出,“青黄”在文本中出现了四次,除了语言1的直接表述外,还有语言2的评价和解释。并且,语言2的主体具有不同的身份,有的是文本中的人物,有时是叙述者,有时不加评论,留下空白,给接受者留下揣测的空间。语言主体的改变直接导致的结果是观察视角的改变,不同阶层人物的价值观共时并存,在语言3新的语境里,语言3拥有了更加丰富的含义。

首先就是因为语言1不同意义依次的出现,反而消解了最初拟定的“青黄”和妓女有关的本源的意义。针对“青黄”这个词,让我们产生了怎样解释都行的印象,这就颠覆了结构主义语言学认为的能指和所指一一对应的理论。所指的不固定,导致意义的缺失,探寻意义的过程也就变得可笑了,就变成了证明意义消解的过程。

其次,我们从语言的组合聚合关系考察“青黄”,发现无论是处于聚合轴还是处于组合轴,“青黄”都可以被置换成任何一个词,就像格非随手写下的文集《树与石》的书名一样并无特殊的含义,“青黄”仅仅是一个摆设罢了。这反映了格非彻底颠覆索绪尔的决心,因为在普通语言学的势力范围内,组合聚合理论的威力是不容置疑的。

最后,我们认为“青黄”是个隐喻。因为根据我们的语感,最易和其搭配形成整体的应该是“青黄不接”。作者表面上是探究“青黄”的含义,实际上是对张姓子孙从麦村上岸后的情况进行构拟。我们之所以选择构拟是因为过去的事谁也说不清楚,每个人只能看见冰山的一角,事件就变成了个人眼中的模样。碎片能否拼贴出完整的真实呢？触目惊心的裂痕告诉我们过去的就过去了,谁也无法回到从前。“青黄”和张姓子孙的历史是连接不上的,“青黄”是游离在整个文本之外的幽灵,隐喻了语言不可靠,真实更不可靠,因为真实是语言叙述的真实。

(三)预言的元话语分析

《青黄》楔子中“你到了那里将一无所获”是一句预言。它把探寻的开始和结束叠合在一起,就像迷宫的入口和出口是同一点。既然还没有开始就已经结束了,作者是通过什么样的修辞策略结构文本的呢?我们认为最典型的策略是通过预言这个媒介把线性时间空间化。

文本中多次出现预言,例如:

> 人们都以为灾祸是这两个外乡人带来的
> 他好像是一个可怜而又忠实的人
> 河里的鱼一旦上岸便会渴死
> 可怜的人,把婚事弄得像送葬一样
> 女人是一件可有可无的东西

预言的提出是无根据的,可以说是感觉的产物。这些预言设下个个悬念,随后的发生的事件并没有验证预言的完全正确,有许多时候事件发展的方向和预言是背道而驰的。预言提前把结果说出来,似乎是把未来的时间拽到了说者的现场,因为没有逻辑性做后盾推动情节的发展,事件发展的因果链被截断,导致情节的淡化和破碎,预言成了建构文本的重要内驱力,每一句预言都像一个支架,共同支撑起千疮百孔的文本,而文本因为预言的多次出现,整体感觉像悬疑小说,具有强烈的神秘感。

如果把预言看成是语言1,文本后面出现的对预言验证、补充的话语看成语言2,在前后呼应产生的语言3,其实是留下许多空白的召唤结构,接受者不得已放弃追寻情节的心理和阅读习惯,被强迫地参与到语言3的关系意义的理解中。因为预言不必受时间顺序的限制随时出现,就可以最大限度摆脱线性时间的束缚,让场景和细节凸显出来,把事件的不同阶段共时并列,让记忆和直觉联通,在相同的场景中,既可以玄想过去又可以昭示未来。

> 在我离开麦村回到城里的当天,我在门廊里拿到一封信。信是一个姑娘写来的,一九六七年冬天,我去横塘看望那个叫李贵的老人时,她正在门前的池塘为他拆洗被褥。她在信中说,李贵患了一种"很严重的病",也许活不长久了,他在临终之前,为了许多年之前结下一面之缘,很想再见我一次。晚上,我坐在灯下重读了这封信,我注意到信封上的邮戳已经模糊不清了。但依然能够看出这封信是一个月之前寄来的。这个昔日卖麦芽糖的老人脸上凸出的颧骨和姑娘深陷的笑靥同时跃入我的眼帘。第二天早上,我踏上北去的火车。
>
> 当我在竹林背后找到那座低矮的平房时,已是三天后的中午。

在这段不长的文字中,用简单的陈述句,包含了过去,过去的过去,过去的将来,现在,将来,将来的将来等时态,打破单向度的物理时间运动轨迹,强调心理时间的多维度空间。时间的过去、现在、未来首尾相连,没有明显的界限,在某一点上并置事件的发展过程,事件也随之失去了纵深感。毋庸置疑,物理时间对人、事的发展会有束缚,打破时间的起始也就打破了时间的束缚,物理时间转化为心理时间的同时,人获得了最大的解脱,心灵的触角伸向无际空间,瞬间被无限的放大。这样也可以解释《青黄》文本的2和8部分突兀出现的原因。文本删去这两部分,似乎更加流畅,为何闲笔写出无关的人和事呢?从文本叙述的修辞策略看,这种写法有以下三种用处:

第一,空间的相似性,刺激感受的延伸,形成再次的空间想象画面,可以在同一时间点上容纳更多的感觉。

第二,文本的探寻结构就是一个大迷宫,因为空间的相似性导致的再次的联想,就像迷宫主路径上的分叉,可以使迷宫整体的路径更曲折,隐蔽,增加了复杂性和破解的难度,修辞效果更加扑朔迷离。

第三,预言被不同程度地证实和证伪,解谜的结果是得到更多的疑点,更多的预言在等待,从而陷入更大的迷茫中,无果的叙述,强化了元话语的证伪功能。

预言的先兆和结局的不确定,使文本从设疑——解疑——更多疑团,就像在迷宫中发现更多的分叉,永无明晰的路径。文本为接受者设立谜面,却原本就无谜底。

> 这个村子——它的寂静的河流,河边红色的沙子,匆匆行走的人和他们的影子仿佛都是被人虚构出来的,又像是一幅写生画中常常见见到的事物。

时间的模糊性造成意义在真实和幻想间徘徊,文本在消解情节的同时消解了意义。这样的文本不仅对作者是高级的智力游戏,对接受者也是极高的挑战。文本的目的是强调语言本身的重要，强迫接受者关注因为情节的空缺导致语言的诗化美。

“一个黄昏接着一个黄昏，时间很快地流走了，在村落顶上平坦而又倾斜的天空中，在栅栏和窗外延伸的山脉和荒原中没有留下一丝痕迹。”如果把这句话分行写就是一首很有韵味的诗：

一个黄昏接着一个黄昏
时间很快地流走了
在村落顶上平坦而又倾斜的天空中
在栅栏和窗外延伸的山脉和荒原中
没有留下一丝痕迹

这样的语句还有很多，甚至随手写下的地名“横塘”，也带有久远的墨香。把时间点用空间印象展示出来，这和“念天地之悠悠”的空灵苍茫有着相通的韵味。这种优雅书写的笔调是古典的，也是浪漫的。不管文本的人物、背景如何变换，语言本身就是诗意的文章。

（四）结语

博尔赫斯认为“现在等于零。现在总是一只脚在过去，一只脚在未来。”普鲁斯特说“现实是一条流动的河道，它不仅和过去紧密相连，同时也和未来紧密相连。”两人的话虽然不同，但大意是相同的，过去的记忆和未来的畅想就是现实的延续，当人们意识到心理时间对人的心灵更真实的时候，也就意识到历史是人言说中的历史，不同言说者的言说角度是不同的，只有大家齐心协力才能共同拼凑出相对完整的历史，历史才能穿透时间的隧道，缓缓登台。如《青黄》开篇第一句话“九姓渔户作为一支漂泊在苏子河上的妓女船队早在四十年前就已经消亡了”长长的兼语“一支漂泊在苏子河上的妓女船队”给人舒缓的感觉，文本的叙述如水墨画样徐徐展开，语言节奏从容大度，与把时间停滞向空间伸展的修辞策略相吻合，是很有意味的开头。

要想明白作者“写什么”“如何写”的同时，明白作者为何这样写的苦心，还要把文本放到更大语境中，先理解西方后现代主义“叙述就是一切”的观点。他们认为过往的西方文明都是话语在言说着，我们无法把握真实世界的真实，只能理解话语构成。其次把握语言本体论思潮对中国学界的影响，明白先锋小说家群体语言实验的初衷，就是要把许多形而上的思考用文本的形式创造出来，把文本的形式意义看成文本存在的意义，才能理解《青黄》结构的精巧和细致。可以说一个具有漂浮所指的能指，可以被任意替换的语言符号，“青黄”这个貌似颜色词的符号，具有非凡的张力，成就了一个圆熟的文本。

六 《游行》关键词解读

（一）关键词隐喻

《游行》是徐坤的一部中篇小说，作者以笔代枪，从容上阵，汪洋恣肆，戏谑着登上九十年代文坛。身为精英的她，却以反精英的面目出现，建构了“知识分子写作”系列文本，解构了文化圈种种真面目，在层层剥离审视中，以实验，创新的语言形式，背离以往文学叙述模式，笔走龙蛇，神行八荒，逼迫阅读者产生联想，满足阅读期待。

《游行》主要描写意识,涉及人类心灵的隐秘。外部的客观事物,视野和规模都在缩小,或者只是成为体现意识的载体。文本避免了素材按年代顺序直接有序排列,避免运用全知的叙述者,力求运用单一有限的叙述观点。为了弥补叙事结构统一性被削弱的不足,其他审美模式变得重要起来,如意象、隐喻的变异、重复等。语言也充分体现多功能性,充当了各种信息的载体,他不仅是表达的工具,更是认知、思维和创造的工具。本文将从语言的角度楔入,对全文隐喻手法的运用做简略的分析。

什么是隐喻呢? 斯蒂芬.厄尔曼在《法语小说中的风格》一书中说:本质和媒质之间必须要有某种距离。它们的相似必须要伴有一种不相称感;它们必须属于不同的思想领域。这段话暗示了语言具有置换的可能性。相似性的感受,是产生隐喻的媒介。

游行,本身就是一种隐喻。

> 神说:那么多人闹闹嚷嚷都到广场上来干什么? 人曰:游行就是满足广场对旗杆的渴望。(本文语料来源:徐坤《遭遇爱情·游行》,武汉:长江文艺出版社,1997 年。下同。)

在这里,广场是任人践踏遭辱蒙垢的地方,而旗杆则以高昂的姿态俯视着它。正如千百年来低眉顺眼的女性活在男权为主的文化中,渴望是种状态。平等、自由、解放如飘扬的旗帜,遥远而又魂牵梦萦。关照全文,游行隐喻着女性自我定位的尴尬状态。没有开始,也没有结束,悬在半空,处于流动的、游离的境况。这种探索已从对外部客体的关注,转到对主体自我的审视。

主体并非是以漠然旁观者的姿态洞查别人生存状态,而是积极地投入,努力创造契机,叩问自我灵魂,直逼自我存在。全文的关键词:游行、游荡、游思隐喻主人公三次蜕变,成熟了自我的生命历程。从仰慕神,到被人仰慕,完成自我一生的解构。文中多次出现的行走话语,体现着游行精神,水样浸润着每个角落,成为全文流动着的血脉。

> 她虽然是在一步一步向前挪动着,可分明又像是逆行在自动上升的扶梯上,无论如何也到达不了她想要落下的地方。她就这样悬浮着,飘荡着,徒劳无益地做着向前迈步的挣扎。

此话语暗合着行走的徒劳,挣扎的困惑,对自我生存状态的不满。林格想乘方舟脱离苦海,于是,走到了诗的圣坛。

> 她怯怯生生小心翼翼地在他们中间穿行着,凝望着,就像游走在历史的长廊里,蹑手蹑脚,生怕将自己沉睡的梦境给惊醒了。

当林格看到诗人程甲时,"少年时代对诗的信仰和崇拜刹那间全部在她的心中苏醒复活了",她要用"新鲜生动的词章,以及鲜翠欲滴的青春体浆"去奉献给他,"她甚至听到了自己浑身骨骼在诗意狂潮中裂出劈劈啪啪的爆响"。结果,她"目睹着一座神像由朦胧到清晰,由远及近,由理念到实际,渐近到来的过程……美感诗意都已经轰然崩塌了"。行云流水的叙述中,林格臆想中的方舟颠覆了,她对诗对理想的体验轰然解体,她从诗的刀俎下抬起身来,成了耳聪目明的自由人,这是林格第一次对自我的审视。失去坚贞,失去真诚,失去信仰,人的心灵将向何处皈依呢?她只有再次上路,去寻找生命的另一份激情。如果说游行是庄严的,游荡则是嬉戏的。

诗的湮灭,让她寄希望于对话,以为只有对话才能帮她寻回诗意生命的本质意义。“林格就像一条灵活而机敏的鱼,游击在话语世界的无尽深渊里。”从剑桥流动回来的博士后黑戊只是男性文化的一个符号,一架语言机器。机器的开启和淘汰标志林格对话体验的开始和终结。在对话的交锋中,林格充分展示了女性的智慧和独力性,建构了自成体系的女性话语框架,但最终她却走进医院,为这项体验和探索划上鲜红而惨烈的句号。肉体的伤害可以恢复,心灵的创痛却难以愈合。“有一种过失不能弥补,不断忏悔又全心投入,委身成蛇一样的彻骨的虚无。心动之后,再也没有圆寂的净土。”拼命争取的立足之地不复存在,落花有意,流水无情,女性再次跌入万劫不复的地狱。再次的审视,自我苍白而憔悴。

游荡的结果是林格成了伪善和虚妄的牺牲品。胆怯了吗?止步了吗?不!她缝好破碎的心开始了新的游思。为了让虚无的游思形象化,这里引出一个新的意象“风”。

> 我是风,偶然吹进来的呵。
> 我只是风,并不具形状。
> 任意而来,随意而往,只要吹就足够了。

林格已从与外界的交流中寻找自我转向自己对自己的倾诉与认可。诗的崩溃,对话的瓦解,独语式的歌能成为诠释心灵的信使吗?“也许我们都必须比被我们更年轻的一代人催着仰慕着,才能最终完成我们自身的成长吧?”在伊克的摇滚中,林格“一次壮丽而悠久的远行又开始了”。无法定位的女性,只好如风,飘浮着无奈,叹息着执著。开放式的结尾,暗合林格善变和超越的本质,给人更多的联想。

游行:热情与真诚的产物,在对诗崇拜的同时,反讽了诗人的虚伪;游荡:尖锐的批判和惨痛的寻找,借别人的故事编织自己的体验,借对话形式展开睿智的思想交锋,痛斥了散文制造者的卑劣;游思:借歌自我倾诉的方式,让思想更纯粹,更本质,展示摇滚青年的媚俗。林格对“诗”“对话”“歌”的爱情体验过程,是对男性文化进行破译的历程,显示女性在男性主权化世界里心灵震颤和性格裂变。从某种意义上说,林格不是生活在柴米油盐现实生活中的女人,她是太空里游动着的灵魂,是纯粹的求索符号。

徐坤在游行、游荡、游思过程中运用的隐喻手段达到的效果,正如斯泰因在《嫩芽》中说:“我们必须感受所有一切事物,它们的存在对我来说是如此强烈,以致我根本不必使用它们的名称就可以把它们记录在纸上。”相似性的特点及语言的置换功能使单一表面的语言形式暗合许多种深意,使隐喻成为可能。

(二)标题隐喻

《游行》文本中,还用“广场”“旗杆”“墙”分别作为三个篇章的小标题,隐喻了男人女人命运。

“妈妈是个广场,爸爸是个旗杆子。”妈妈与广场同样坦荡,孕育着生命,忍受着欺凌,包容着崇拜,讴歌着高尚。爸爸如旗杆同样的高昂,昭示着欲望,施展着威严,突出着雄壮,飘荡着高傲。广场与旗杆以静态的姿势破译了男女的命运。“神的旗杆儿不插入广场,广场难道就只有一辈子都怀才不遇了吗?”没有男人的关注与带领,女人真的就活不下去了吗?面对旗杆——男权话语的招牌,广场——女性视野的平川,该以怎样的姿态释放呢?历史的墙上那斑驳的人影,似乎在诉说着答案;传统的墙上那凸凹的音符,萦绕着不息的旋律。在此引入墙的概念,对男人女人的命运作历史的阐释。

墙太神秘了,竟让人们对它产生了误读。以为墙是遮拦的帮手,是对拿着钥匙想窥视自己者的杀人工具,是顾影自怜的镜子,是合理的存在,GREAT WALL。墙到底是什么呢?墙只不过是突围与禁锢的重复动作而已。推翻墙是为了重建墙,背叛常态,为的是追求鲜花与掌声。“发如韭,断复生,头如鸡,割复鸣。不走红,吾宁死”赤裸直接的宣言,撕掉了最后一层温情的面纱。隐居终南山不过是一种求仕和求名的途径,叛逆也只是为更好地迎合。既然存在就意味重复背叛,重复媚俗,不如黄鹤一去,绝了这万丈红尘。墙诠释了知识女性存在的无奈与矛盾,传递了传统的沧桑。“广场”“旗杆”“墙”三种环境作为一种媒介,暗含了“游行”“游荡”“游思”的轨迹。

(三)意象隐喻

文本中还出现另一种贯穿全文的意象,“花”。

> 仰慕它,就像仰慕一朵花?
> 仰慕它吧,就像仰慕一朵花。
> 仰慕它呵,就你仰慕一朵花!

花是美的化身，是诗意的代表，是生命的绽放。“？”是人在美将陨落时惊讶的表情；“。”是人在努力说服自己，相信吧，想信美是存在时的心境；“！”是人活在自己创造的激情里燃烧着的手势。

> 颠覆它，就像颠覆一朵花。

既然找不到诗意生命的本质与意义，那就颠覆一切伪善和虚妄的，花是诗意的陪葬品，是纯粹的挽歌。

> 包装它，就像包装一朵花？
> 包扎它，就像包扎一朵花！

美已受伤，殷红的血洒满西天的晚霞；诗也做古，暗黄的纸碎响阴郁的书房；“用金的和银的丝线，以及五彩斑斓的璎珞，包扎它，把它扎制成璀璨绚烂的花圈，作为她在这个俗世上最后一程探索的祭奠。”真理消失了，生命也了无意义。花啊，你本身就是璀璨的女人，为何注定要经受自己埋葬自己的痛楚？运用重复辞格，词的重复，句法的对应，传达了林格与花之间的相似性感受，正如庞德所说：“表现了一种瞬间的理性情绪综合体。”达到了隐喻的效果。

（四）“性”隐喻

批评家林舟在《生命的追怀》中说：“在当下的文化情境中，性作为叙事语码，似乎成了个人化叙述的最后的停泊地和竞技场，欲望化叙事法则正以空前的无羁与活跃，生成着关于人的存在的表象描摹和经验传达。”

《游行》中的对性的描写，偏离情节而转向环境气氛，偏离人物而转向时空、背景，多功能的文字被用于隐喻性的目的。

> 果然，在她柔情似水的渴慕眼神的催化下，他那有些衰萎的枯干，缓缓地一层层打开了，露出了生命深藏的，坚硬的内核。
>
> 重放的鲜花。教科书上那个稀奇古怪的命名突然间在林格的脑海里涌现了。那一束虬劲的老干上，蓦的爆突出一簇簇葱茂的玉兰花，花儿藉着一堵厚重的红墙，迎着料峭的三月寒风在西长街上硬朗地开放，吸引了所有寻春人的目光。黄色的迎春那时还十分弱小，根本还算不上什么呢。

与其说这段话语具有极强的类比相似性，不如说更忠实于时空邻近的关系，这也是现代隐喻常用的法则。

> 林格现在就无比幸福地仰倒在诗意的砧板上，让那一行行长短不齐的诗文在腰下高高地垫着她，准备接受冥想中的那一支如椽巨笔的书写或点化。

> 已经年届不惑了却仍在狼奔豕突东撞西撞的不好好定位，这让林格思忖着恐怕他直干到八十岁也不会有什么更年期。尽管他的多数动作从史的方面来说并没有楔入多大的深度，但他的带球过人招数却有着极其巨大的方法论革新意义。他能够一刻不停地奔突交叉跳跃，从文艺批评转向社会政治学，又从文化民俗学转向后现代主义，跨学科多

> 角度全方位地头顶背飞倒勾斜传，偶尔还能踢出一些莫名其妙十分出格的主义动作，一时谁也弄不大清他隔多长时间会从哪个方位射。社科竞技场上一时间被他四蹄腾飞扬起的灰尘给蒙蔽了，动作全都跟着失范，也看不清什么比赛规则了。林格一面努力将他的精和神暗中吸收汲取着，一面不停的将其多余的尿液水分等等废物排挤出去，尽力做着长传配合，时不时把他曲意奉迎着。这绝不单单是为了满足他的矜夸，而是要完成她自己的深入体验和探索。

以上文字运用了基于双关语的综合语言，而双关语就是隐喻的一种形式。重要的不仅仅是特定隐喻的存在，如“巨笔”“定位”“突破”等等，还有内心独白通过感受到的类似点加以置换得到展示。对于“巨笔”这一类比的感受使林格的思想从性爱的体验中转向对历史文化的思考。如格特鲁德·斯泰因说：“看着任何东西，直到某个不是该物体名称但在某种意义上就是这一实体的词语都被写在了纸上。”语言的相似感受很隐秘，结果更多依赖阅读者的联想。

通过对全文“广场”“旗杆”“墙”三个标题、关键词“游行、游荡、游思”及“花”“巨笔”“风”等意象浅显分析，我们初步领略到《游行》隐喻的玄妙，感受到徐坤语言丰富的内涵。正如詹姆斯拉姆齐说：“任何事物都不会单纯如一”。正是这种主张，使隐喻变成了自然的表现手法。

第三章　文学文体修辞阐释

考察“文革”诗歌文体，否定“‘文革’无诗歌”的说法。关注徐坤小说、网络小说、课桌文学文体建构，阐释特定文体的修辞特征。

一　“文革”诗歌：公开与地下的合奏

（一）引言

在中外修辞学多学科共享的理论资源基础上，谭学纯和朱玲先生提出了广义修辞学理论，认为修辞功能具有三层面，即修辞作为话语建构的方式：修辞技巧层面；修辞作为文本建构方式：修辞诗学层面；修辞参与人的精神建构：修辞哲学层面。该理论重视“以人为本”与“以语言为本位”相结合的研究方法，对修辞作广角度、多层次的主体观照，多方位立体思维代替单向平面思维，从而使研究更接近修辞实际。我们尝试运用广义修辞学理论解读“文革”诗歌，希望没有太多地重复现有的研究。

1.“文革”诗歌研究和“文革”诗歌修辞研究

在中国修辞史上，“文革”文学修辞应该是一个不容忽视的特殊存在，但对它的研究由于种种原因还很不成熟。

对“文革”文学，人们重视不够。从文学史的角度来看，洪子诚《中国当代文学史》只用三章篇幅对“文革”文学进行了简略介绍，而别的当代文学史则干脆避而不谈。总体而言，“文革”文学研究成果不多，比较重要的有杨健的专著《文化大革命时期的地下文学》(1993)、《中国知青文学史》(2002)，孙兰、周建江合著的《“文革”文学综论》(2001)，王尧的长文《“文革”对“五四”及“现代文艺”的叙述与阐释》(2002)等。

至于“文革”文学重要组成部分——诗歌，关注者少，其研究成果更是寥寥无几，主要论文有：杨汉云《红卫兵诗歌概说》(1998)，孙兰《运动文学与运动群体——从两次奇特的农民诗歌运动谈起》(2000)，王家平《“文革”时期流放者诗歌简论》(2001)，林季杉《对当代文学“政治抒情诗”的话语分析》(2001)，陈祖君《“文革”地下诗歌的现代性追求》(2002)，张清华《关于当代诗歌的历史传统与分期问题》(2003)等。此外，还有上海大学贾鉴的硕士论文《试论“文化大革命”中的地下诗歌——以“白洋淀诗歌”为例》(2000)，四川大学卢志杰的硕士论文《“文革”十年红色诗歌浪潮初论》(2002)，武汉大学李润霞的博士论文《从潜流到激流》(2001)等。这些成果主要从文艺学角度研究意识形态与“文革”诗歌的互动关系、“‘文革’诗歌”的深层结构以及主要文学表现、诗歌文本的形成过程等，对“文革”诗歌进行社会、文化与文学反思。

对“文革”文学从语言学角度研究的论文不多，主要有谭学纯《文革文学话语论》(1999)和《再论文革文学话语》(2001)、《文革文学修辞策略》(2003)，金立鑫《“文革语言”的反思》(2000)，孙德喜《高度理性化的独语》(2002)等。从语言学的角度研究“文革”诗歌更是少见，研究“文革”诗歌修辞的论文无以寻觅。

2. 本文的切入点和研究方法

费振钟先生曾说:"研究'文革'是为了打开我们曾经经历的历史,扩展我们的生存经验,应对我们的生存困境。"[1]把学术研究和生存环境联系在一起,这应该是学术研究的动力、出发点和归宿。出于这样的目的,我着手研究"文革"诗歌文本。

本文力图从广义修辞学的研究视角关注"文革"诗歌,企望对"文革"诗歌的研究有所补充。

本文的研究方法强调从语言学向文艺学延伸,从话语分析向文本分析延伸,从文内语境向文外语境延伸。

3. 本文的考察范围

本文研究的"文革"诗歌主要有三大部分。第一,在公开出版物上发表的诗歌,即主流诗歌。第二,在秘密或半秘密状态下写作、传播的诗歌。对此有的研究者使用了"地下诗歌"的概念,我认为地下诗歌包括两类文本:一是前归来诗歌,另一是知青诗歌。第三,介于先地下后地上中间状态的天安门诗歌即"四五"诗歌。如果说公开发表的诗歌为我们展现了红彤彤的世界,地下诗歌寄托了绿茸茸的希望,四五诗歌则诞生在白茫茫花的海洋。本文以这三类诗歌为考察对象,从"文革"诗歌的修辞语境、修辞品格和修辞幻象三个方面作重点阐释,不求面面俱到,只求能有一些个人看法。

4. 本文的研究价值

本文从修辞角度观照"文革"诗歌,可为"文革"诗歌的全面解读提供另外一种参照系。

---

〔1〕 蔡翔、费振钟、王尧:《"文革"与叙事》,《当代作家评论》2002年第4期。

人们通常从政治、经济、文化等角度解读“文革”,我们从诗歌的角度介入,证明“文革”有诗歌,本文的研究对现代汉语诗歌史研究有一定参考价值。

“文革”修辞行为有其独特之处,比如“引用”“反复”“蔑称”等辞格备受青睐,超常高频地使用于政论文体、文艺文体,甚至日常生活的交际中。“文革”修辞行为独特性在“文革”诗歌中有充分的表现。本文对“文革”诗歌修辞品格的揭示有助于汉语修辞史的探究。

“文革”时期,大量的政治术语充斥了生活的各个角落,人们无论谈论什么问题都会以政治标准作为价值评判尺度,政治术语塑造出特有的人文环境,就连日常用语也具有咄咄逼人的论战语调,出现一些神圣不可侵犯的语言格式。比方:非主谓句的盛行,如“打倒……”“砸烂……”等;词汇具有鲜明的时代特色,出现了许多诅咒、漫骂的词汇等。这些无疑是研究现代汉语的语料。“文革”诗歌作为“文革”时期的特殊文体,蕴涵着那个时代的语言特征和语言行为特征。因此,从现代汉语史的建构来说,本文对“文革”诗歌修辞行为与特征的分析、描述,在一定意义上展示了那一时期汉语某方面的风貌,有利于现代汉语史的研究。

(二)“文革”诗歌的修辞语境

“文革”主流诗歌以政治抒情诗为主体,在某种意义上成为图解政治运动的工具,改变了传统诗歌以抒写性灵为主的特质。与此同时,“文革”时期产生了大批的所谓地下诗歌,构成“文革”文学一道亮丽的风景线。诗歌为何会有“公开”和“地下”之分?催生此种文学现象的修辞语境又是怎样生成的呢?带着这些疑问,我们探索“文革”诗歌修辞语境。

1. 单纯政治文化语境的生成

政治文化是政治在思想意识上的表现,是政治的泛观念化或泛意识化。狭义的理解是一个民族在特定时期流行的一套政治态度、信仰和感情。广义的理解是关涉政治的民众心态、思想观念或意识形态,包括反对派的思想观念和乌托邦。

政治文化的核心范畴是意识形态。意识形态的形成是个复杂过程,其中文学的力量功不可没。《巴赫金全集》(二)在关涉文学意识形态理论时提到“意识形态环境”这个核心的概念。他认为社会的人在降生之前,世界就有他人话语和相关的“物体——符号”,诸如宗教、象征、信仰、艺术作品等。这一切的总和构成了人的意识形态环境。他的存在使人的意识和现实生活本身的接触不是直接的而是要围绕意识形态世界的各种媒介来进行。人的意识必须依意识形态环境来理解,而文学本身是意识形态环境的组成部分,在折射社会生活的同时,还折射其他意识形态领域,具有双重的反映和折射特征。

邢小群先生对新中国文坛作了如下描述:“20 世纪中国文学的体制,以中华人民共和国的成立为标志,可以分为前后两段。前一段的体制以作家个体创作、文学市场自发调节为主要特征。后一段的体制则以国家把文学工作者全部包下来,把文学活动全面管起来为特征。尤其在毛泽东的时代,更具有全能国家的特点,文学全部纳入党和国家意识形态的轨道。”[1]“文革”时,文艺界政治思想斗争一浪高过一浪,“反右”“反修”斗争日趋严峻,这些事实标志着无产阶级意识形态的形成。

---

〔1〕 邢小群:《丁玲与文学研究所》,济南:山东画报出版社,2003 年,第 4 页。

单纯政治文化语境是如何一步一步生成的呢？我以为，究其外在形式，上传下达的文件是使其得以实现的前提，这种是借助官方渠道传递修辞信息的类型。

江青于1966年2月在上海召开部队文艺工作座谈会，出台了纲领性的文件《部队文艺工作座谈会纪要》，并于1966年4月10日由中央批发全国，宣扬“文艺黑线专政论”观点。纪要全面否定建国以来的文艺成绩，认为文艺界理论黑、作品黑、队伍黑，存在与毛主席革命路线相对抗的资产阶级文艺路线。纪要迎合了毛泽东对文艺界不满的情绪，形成了极“左”的文艺思想。

1966年5月16日，中共中央政治局扩大会议通过了《中国共产党中央委员会通知》，号召大家高举无产阶级文化革命大旗，彻底揭露反党反社会主义的资产阶级反动思想，夺取文化领域领导权。这份通知成为发动“文革”的纲领性文件，把文化革命上升到政治革命，标志“文革”的开始。

1966年8月5日毛泽东写《炮打司令部——我的一张大字报》，把目标直接对准中央高层领导，以中央文件的待遇下发到县团级，并被红卫兵传播到全国各地。8日八大二次会议通过《关于无产阶级文化大革命的决定》，完成正式的组织手续，明确规定革命的目的是整党内走资本主义的当权派。

经过一年的准备，“文革”的性质、目的在政策、舆论、理论等多方的铺垫下，凭借1967年1月1日《人民日报》《红旗》联合社论《把无产阶级文化大革命进行到底》明了化。

如果说单纯政治文化语境的生成是“文革”诗歌产生的客观现实语境的话，那么在单纯政治文化主导的国家，组织性和体制化是对作家的诱惑，甚至会成为他们自觉的追求，他们不得不放弃创作个性和自由，从而获得作品发表的机会，但这是对文学的伤害，创作主体在主观上促成了文学修辞语境单一化。

2. 革命文学观念的确立

《在延安文艺座谈会上的讲话》是毛泽东关于革命文艺的纲领，确立了工农兵文艺正统地位。它满足了工农兵文化存在的渴望，更满足了他们受尊重的精神快感。它提出文艺从属政治，政治标准第一，艺术标准第二的文艺批评准则。

革命文艺的提出，服务于当时的抗战政治，有一定的合理性。知识分子必须走向农村，接受再教育，创作工农兵文艺，此外别无选择。丁玲有段话谈到当时的文坛状况："文艺座谈会以后，整风学习以后，延安和敌后各根据地的文艺工作者都纷纷深入工农兵，面向群众斗争的海洋，延安和各个根据地的文艺面貌，焕然一新，新的诗歌、木刻、美术、戏剧、音乐、报告文学、小说等真是百花争艳，五彩缤纷，中国的新文学展开了新的一页。"[1]这种文学也是其后周扬倡导的"新的人民的文艺"，并通过他主持编选的《中国人民文艺丛书》得以确认。周扬明确宣称"判断一个作品是否是社会主义现实主义的，主要不在它所描写的内容是否是社会主义的现实生活，而是在于以社会主义的观点、立场来表现革命发展中的生活的真实。"[2]这表明社会主义现实主义是以社会形态为标准设定文学的审美观念。

这种文艺理论的思想发展到"文革"时期则变本加厉的"左"了。"'革命文学'的文学'原则'、文学方法所蕴含的文学创新，在当时的文学格局中，是一种不规范的力量。这种不规范

〔1〕 丁玲：《丁玲论创作》，上海：上海文艺出版社，1985 年，第 177 页。

〔2〕 周扬：《社会主义现实主义——中国文学前进的道路》，《人民日报》1953 年 1 月 11 日。

的力量，在它进入支配性、统治性的地位之后，在它对其他的文学形态构成绝对的压挤力量之后，就逐渐规范自身，或者说‘自我驯化’。什么要歌颂，不要暴露呀，英雄人物不能有‘品质’的缺点呀，‘反面人物’、‘中间人物’不能成为作品的主角呀，应该是乐观的基调呀，以至什么‘三突出’‘多波澜’呀，这是它在‘当代’的演变过程。左翼的革命文学从20年代末开始，从‘边缘’不断地走到‘中心’，而且成为一种不可质疑的‘中心’。那么它的‘革命性’和创新力量，正是在这种‘正典化’、制度化的过程中逐渐失去，逐渐耗尽的。”[1]当时的文学观念的确如洪子诚先生所言，但我们也要看到，在当时无论是领袖还是文艺工作者，从主观上说是创造，是想建立新的文学观念。“驯化”说是从现在的学术视角回眸当时的学术历史语境。毛泽东为了解决面临的革命文学修辞问题，虽然采取了一系列过激的言语行为，目的却是为了使其观念合法化罢了。领袖尚且如此，追随者更是有过之而无不及，全国掀起对所谓“毒草”的讨伐。

3. 文学批评的政治性模式

虽说“文革”不仅仅是文艺革命，当然也不是真正的文化革命，它政治事件的性质多于文化事件，但这场革命是以“文化大革命”命名的，并且的确是从文艺革命开始的。一系列的文艺界整风早就掀开了文学批评非学理性而是政治性的序幕。

回顾中国现代文学走过的路程，我们发现文学不断地通过政治批判来调整文学与现实的关系、为自己定位。20—30年代，批判“新月派”、“自由人”、“第三种人”。40年代批判丁玲、

---

〔1〕 洪子诚：《问题与方法——中国当代文学史研究讲稿》，北京：三联书店，2002年，第283页。

王实味、“资产阶级自由主义文艺思想”。50 年代对钱谷融《论“文学是人学”》的批判，已经把正常文学批评当做政治上敌我双方的较量。

“文学理论据以为出发点的阶级斗争观点和意识形态论，往往被推向极端，代之以‘阶级斗争为纲’，意识形态被截然对立化，形成一切都是阶级斗争化的庸俗化的理解，使文学成为政治附庸，出现了强烈的排他性。”[1]我们以罗维为例来说明客观文学批评语境对文艺工作者思想动态化的影响，文学批评对“毒草”讨伐后产生的后果。“电影《武训传》在北京上演后，我曾写了一篇介绍，发表在二月二十六的《工人日报》上，对这部电影加以推荐表扬。最近看了《人民日报》五月二十日社论和很多同志对《武训传》的批评文章后，才使我对武训这样一个人物，有了新的认识，以前对他的称赞表扬，是有原则性错误的。”[2]

时至 60 年代，意识形态领域的假想敌越树越多，俞平伯的“资产阶级唯心主义”学术观点、《文汇报》的“资产阶级方向”、胡适“反动文艺思想”、胡风“反革命集团”以及“修正主义文艺思潮”等，纷纷走进政治批判的视野。1965 年《红旗》第 13 期刊登戚本禹的文章《为革命而研究历史》，直接提出学术为政治服务的观点。同年 11 月 10 日《文汇报》刊载姚文元《评新编历史剧〈海瑞罢官〉》，用阶级分析代替文本分析，设定了此后文学批评话语模式。随后，姚文元的《评“三家村”——〈燕山夜话〉

〔1〕 钱中文：《对话的文学理论——误差、激活、融化与创新》，《中国比较文学通讯》1993 年第 2 期。

〔2〕 罗维：《〈武训传〉的讨论教育了我》，《工人日报》1951 年 5 月 24 日。

〈三家村札记〉的反动本质》、《评陶铸的两本书》，戚本禹的《评〈前线〉、〈北京日报〉的资产阶级立场》，迎合当时的政治导向，对“文革”前政治批判式的文学批评话语模式作了尽情发挥，政治定性成为当时文学批评普遍言说模式。

经过单纯政治言说和革命文艺观念的洗礼，如惊弓之鸟的文艺工作者普遍片面理解毛泽东政治标准第一，艺术标准第二的论断。毛泽东在谈到该标准时也强调了“政治和艺术的统一，内容和形式的统一，革命的政治内容和尽可能完美的艺术形式的统一”。但人们形成“宁左勿右”的心理，唯政治标准是从，将文学作品改造成政治思想斗争和阶级斗争的读本，即使是诗歌也不能幸免于难。同时，文学批评也粗暴无理，成为政治与道德的品评，失去学理水准。

4. 艺术集权下的文艺刊物

在“破旧立新”“灭资兴无”“摧毁文艺黑线”的口号下，文联、作协被解散，许多诗人成了叛徒、反革命修正主义分子。全国文艺刊物除《解放军文艺》外都被迫停刊。文艺刊物和出版形成“媒体的中央控制”，强调文艺刊物的思想战斗性，政府对其进行整改，在纵向管理模式支配下，虽然有很多地方性刊物，但他们和全国性刊物的关系不是平级、独立的，而是类似单位制，各种期刊形成等级森严的区别。“一般说来，‘中央’一级（中国文联、作协的刊物）具有最高的权威性，次一等的是省和直辖市的刊物，依此类推。后者往往是‘中央’一级的回声，做出的回应。重要问题的提出，结论的形成，有前者承担。”[1]既

---

〔1〕 洪子诚：《问题与方法——中国当代文学史研究讲稿》，北京：三联书店，2002年，第208页。

然重要问题的提出、结论的形成都必须有中央级报刊首发，那么地方性刊物只能转载，成为阐释上层文艺路线、政策的拷贝，边角料的地方只能发表和“主旋律”不冲突的作品。文艺刊物受制于国家意志，有效地维护和巩固了新政治所宣扬的思想和文学秩序，形成文学修辞语境单一化，这样也可以解释为什么会出现“文革”主流诗歌雷同的现象了。

文艺工作者根据自己的思想意识、认知背景、审美观念将客观文艺理念表现出来，但此时的客观世界只是一种可能的世界，构成了创作的可能语境。正是这种表达者在一贯政治斗争中形成和强化的政治意识深化成表达的一种可能语境，此语境可以使其作品受到客观政治化约束的同时受到表达者主观有意识或无意识调整，表达者自然而然地被驯化为遵循“革命文学”原则的绵羊。

“文革”期间公开发表的诗歌不多，原因是多方面的。老诗人被批判失去写诗发表的自由，作为创作主体工农兵和革命造反学生并不能撑起诗歌创作的天空。从诗歌发表园地讲，除了《解放军文艺》外没有专门的文艺刊物，诗歌只能发表在报纸、黑板报上，所以说，大量的“文革”诗歌出现了却没有保留下来。因为稿件审查制度的完备，能公开发表的诗歌都只能是配合不同时期的政治运动，或在节日发表一些感言之类的应景之作，诗歌生成语境如此贫瘠，怎么可能会开出鲜艳的诗歌之花呢？从某种程度上说，诗歌的失语在所难免。

（三）“文革”诗歌的修辞品格

“文革”是政治运动，也是语言运动，当时使用的公共话语，无论是口头还是书面形式，都追求震撼的效果。从广义修辞学角度关注“文革”诗歌的修辞品格,我们认为其中最基本的是运动修辞。“文革”诗歌是“文革”这个特定政治运动的产物,也是“文革”这个特定政治运动的一种特殊言说方式。它依附于“文革”、表现着“文革”。从参与到创作,从修辞主体到修辞策略、修辞行为无不体现出“运动”的特质。“文革”诗歌最早以红卫兵诗歌登台,最后以天安门诗歌运动结束。其始源自红卫兵运动,其终连接着“四五运动”。无论是当红的主流文本还是处于边缘的知青诗歌,以至发展到最极端出现的“小靳庄诗歌运动”,共同的特点是围绕着各种各样的政治运动,以诗歌为形式融入激情昂扬的火热社会生活,全民参与,各类人、各年龄层次的人最大限度地参与了所谓诗歌的创作。主流“文革”诗歌展现的基本上是社会政治信息和意识形态理念,多是政治性热情直接表露。诗歌创作成了一种政治行为、运动手段,诗歌作为阶级斗争的工具直接为政治服务、为运动服务,诗歌文本变为政治文本、运动文本。

“文革”诗歌最基本的修辞品格是运动修辞,由此又派生出“文革”诗歌其他方面的修辞品格,如:全民皆诗人的修辞主体特征明显;主流诗歌选择了政治抒情的修辞策略,但其中文人和工农兵政治抒情诗的特征又有很大不同;地下诗歌传承文人诗歌精神;“四五”诗歌具有中间状态的复杂性,张扬了政治,也没有忘记审美。

1.“文革”诗歌修辞主体:“诗人非诗人、人人皆诗人”

从“文革”诗歌生成主体来看,“文革”诗歌有一重要的修辞品格,即“诗人非诗人、人人皆诗人”。

“诗人非诗人”有两层含义。第一层含义是:拥有诗人身份的人不能写诗,即使写了也只能藏起来,没有见天日的机会。在

“文革”中诗人大多数有着进牛棚、监狱或者到干校劳动改造的经历。一般认为他们可分为三种类型：因 1955 年“胡风集团”案而罹难的牛汉、绿原、曾卓、鲁藜、彭燕郊、罗洛等诗人；因“反右”运动而招祸的艾青、穆旦、唐湜、公刘、流沙河、周良沛、梁南、公木、吕剑、苏金伞、白桦、邵燕祥等诗人；因不见容于主流意识形态而从 50 年代陆续退出诗坛的一部分“九叶诗人”和蔡其矫等诗人。他们在“文革”中失去了自由之身，却通过各种方式保留了自己的诗歌，以潜在写作姿态写出我们称为“前归来”诗歌文本。在“文革”结束后，这部分诗人被称为“归来者”诗人群。

“诗人非诗人”第二层含义是：诗人往往成为“斗士”，诗歌经常成为政治话语的罗列，文本大多远离诗歌本身。如何其芳的《我梦见》：“我的梦使我不快，/是它无情的指出：/在战场上我没有战绩，/靠阶级兄弟援助。/除了对革命塌实，/服从党的统帅，/我没有什么建树，/却不少失误和挫败……”[1]假如不是分行，你能相信出现在眼前的是诗吗？整个交代材料的语气。

“人人皆诗人”也有两层含义：第一层含义是：不拥有诗人身份的人，如农民、工人、战士等都登上诗坛，出版大量诗集。而全国对“小靳庄诗歌”模式的仿效，更促使全民皆诗人的格局形成。

“人人皆诗人”第二层含义是：不是诗人的红卫兵、知青却写出了那个时期真正的诗，以至成为引发后来朦胧诗勃兴的一个诱因。

总之，包括很多诗人在内的国人都参与了一场语言狂欢。

---

〔1〕 蓝棣之：《何其芳诗全编》，杭州：浙江文艺出版社，1995 年，284 页。

这种“诗人非诗人、人人皆诗人”创作主体的特质对“文革”诗歌文本创作和话语模式产生了巨大的影响。

2.“文革”诗歌修辞策略:政治抒情

一方面,高潮迭起的文学批判使诗歌生成修辞语境变得紧张,其成为“文革”诗歌的政治定位导向;另一方面,客观语境动态化地影响了诗歌创作主体,致使他们的政治热情空前高涨,政治抒情诗成为自觉选择的文体。这种选择,既适应了诗歌创作主体政治热情的内在诉求,其文体自身表达模式,又暗合了“政治标准第一,艺术标准第二”的文艺政策,政治抒情诗的创作在“文革”期间达到了高峰。

大众在“文革”政治修辞语境的制约下,由诗人转化为政治人,由普通人转化为诗人。由于他们片面强调诗的社会教化和集体抒情功能,往往关注内容,依赖政治性重大题材,主题先行,从而导致诗歌语言异化。政治抒情诗也出现了两种修辞倾向,一种是由诗人创作的“文人政治抒情诗”,另一种是由大众创作的“工农兵政治抒情诗”。

“文人政治抒情诗”中的优秀篇章在体现那个时代语言特色和文化品位的同时,也尽力展示了诗歌该有的韵味与美感。我们以郭小川、李瑛“文革”诗的精品为例来考察此类“文人政治抒情诗”的修辞特征。

从某种意义上说,郭小川是共和国诗坛的领军人物,他把政治抒情诗提到了一个新高度。50 年代,他就呼唤“投入火热的斗争”,“向困难进军,建设美好生活”;60 年代写下《刻在北大荒的土地上》《甘蔗林——青纱帐》《祝酒歌》《青松歌》《大风雪歌》抒发豪情壮志,号召发扬光荣传统,克服困难,献身革命,引导和鼓励民众。他的长廊句式,轻松明快,热情洋溢,引领了一代人对诗的审美。虽然他在“文革”中处在边缘,但仍以出场的姿态,写出20多首把握时代话语脉搏的作品,他的干校诗流传一时。

“文革”时期,革命战士的政治责任感和火一般炽热的情感,常常使他的诗如汹涌澎湃的江水,气势浩荡。而当颂歌转变为战歌风格时,他常常由诗人转化为士兵,冲锋陷阵,勇往直前。尽管他的诗歌并不都是杰作,他仍可称为时代的歌手和号手。这种不可遏止的咏叹使他的诗感染力量显得格外强烈和深沉。从他的诗歌中,我们可以明晰地感受时代跳动的脉搏。他的诗歌在物象中承载政治理想,其修辞模式可以概括为“感物咏志+政治寄托”。

《楠竹歌》咏道:“她的忠贞本性,/世世代代不变易:/一身光洁,不教尘土染青枝;/一派清香,/不许歪风留邪气。”然后全诗用“她永远保持的是——蓬勃朝气!”“她埋头苦干,情愿在深山久居”“她发展进步,只争朝夕”“她在阶级斗争中,顽强而锋利”“她不务虚名,但求实际”“她的根干枝叶,统统献给社会主义”等六个诗歌段落,以排比形式从各个角度对楠竹加以歌颂。这已经不是对楠竹的写实,而是在楠竹这一具体的物象上有所寄托,意在歌颂“不爱红装,爱绿色军衣;不爱孤独,爱投身于群体”的具有英雄志的少女,从而表达自己歌者的愿望。“——一曲楠竹唱心意,/诚心诚意寄战士;/曲短意长歌不尽,/愿将生命化竹枝!/毛泽东思想传天下,/一代新人如同新竹平地起……”[1]这种郭式的写法,从具体物象出发,联想重大主题,进行政治性的议论和抒情成为“文革”政治抒情诗的修辞模式。

---

〔1〕 郭小川:《郭小川诗选》,北京:人民文学出版社,1985年,第297~300页。

只是许多诗人对这种由抽象到具体,由实转虚的思维和言语修辞表达模式使用不圆熟,从而出现许多生拉硬套的作品,他们不能像郭小川这样,形成自己的修辞审美特征。

为了达到“壮美”的修辞效果,郭小川进行了多方面的努力。诗歌文本突出的特点是抒情主人公形象高度一致,以无产阶级革命战士的形象在抒情,抒情主人公都拥有高尚的革命情操,对革命和领袖无比忠诚,对敌人刻骨仇恨。诗的议论性增强,革命激情澎湃。郭小川是诗人,以诗心去品味生活,用个性化诗歌语言写作是其本性,但同时,在政治监督下,这种言外语境动态化地把诗人塑造成战士,他必须去履行“服从”的天职。在诗人非诗人的角色转化中,他写下了独具自己修辞审美特色的长廊句式。《团泊洼的秋天》全诗虽然具有《厦门风姿》《甘蔗林——青纱帐》的形式和风采,但全诗的节奏在轻快中拉开序曲,在沉重的矛盾中谢幕。表面的宁静和心中的喧腾,秋天收获的甜蜜和精神思索的痛苦交织在一起。全诗采用传统诗歌排列方式,两句一节,上下两层,遥相呼应。以每句都押韵的打铁韵面目出现,“a”韵首尾贯通,声音响亮,节奏强烈,形式整齐,具有回环往复的音乐美,发出了战歌和颂歌的最强音。

战士自有战士的性格:不怕污蔑,不怕恫吓;
一切无情的打击,只会使人腰杆挺直,青春焕发。

战士自有战士的抱负:永远改造,从零出发;
一切可耻的衰退,只能使人视若仇敌,踏成泥沙。

战士自有战士的胆识:不信流言,不受欺诈,一切无稽的罪名，只会使人神志清醒，大脑发达。

战士自有战士的爱情：忠贞不渝，新美如画；
一切额外的贪欲，只能使人感到厌烦，感到肉麻。

战士的歌声，可以休止一时，却永远不会沙哑；
战士的明眼，可以关闭一时，却永远不会昏瞎。

该诗开头的物象选择“梳子、汗珠、高粱、向日葵、垂柳、芦苇、蝉声、蛙声、大雁、少女”等，具有民族特征，解决了政治抒情诗如何把生动的艺术形象和抽象的政治概念糅合在一起又不破坏诗歌语言意味的难题，一定程度上克服了公式化、概念化、标语口号化的政治概念对诗味的破坏。

郭小川的诗歌在艺术上勇于创新，将古典诗歌严谨、丰富的结构和民歌朴素、粗犷的格调以及生动明快的群众语言熔铸在一起，把战斗化、民族化结合在一起。为了达到这样的高度，使政治抒情诗也能具有艺术品位，郭小川的做法是个人“小我”真正具有真实“大我”之情。他长期从事党的理论宣传工作，自觉地对自己的意识进行规范，他把诗歌作为阶级斗争的工具为政治服务，使自己的文艺工作成为政治工作的实现途径。他提倡革命的诗歌观：“革命诗歌只能抒革命之情，抒人民之情，抒无产阶级之情。要抒革命之情、人民之情、无产阶级之情，就要作者自己心中有之，而且要很强烈，很丰富。”[1]但是诗人的敏感、战士的情怀、社会现实有时会出现矛盾，此时诗人唯一想做的是

〔1〕 郭小川：《谈诗》，上海：上海文艺出版社，1978年，第152页。

加强自己的思想改造。“我们的‘情’,是无产阶级之情,是人民之情。既然是‘情’,就必须是从内心深处发出的,无法伪装,伪装的都没有真情实感。因此,作者必须抓紧思想改造,必须与工农兵结合,只有这样,‘情’才不是小资产阶级、资产阶级之情。”[1]为此,他极端地说“诗人的精神状态,要像雷锋一样,至少不能相差太远”[2]。这就导致即使是《团泊洼的秋天》《秋歌》这样的佳作,也出现了如下诗句:“无产阶级专政的理论,在战士的心头放射光华!/反对修正主义的浪潮,正惊退了贼头贼脑的鱼虾”“磨快刀吧,要向修正主义的营垒勇敢冲锋;/跟上工农兵的队伍吧,用金笔剥开敌人的画皮层层”。这表明过于政治化的表达仍旧会损害诗歌的艺术元素。

在“文革”中,虽然郭小川的诗歌观点极端化,但这也体现了人是社会的人,诗歌是由滋生诗歌成长的语境培养产生的观点,体现了政治抒情诗所抒的不是一般个人私情,而是革命者的战斗豪情,表达阶级斗争严峻旋律的特点。正如鲁迅说:“战士微瑕,依然是战士;苍蝇完美,仍然是苍蝇。”郭小川能在当时的语境下写出《秋歌》《团泊洼的秋天》这样优秀的诗篇,说明政治抒情诗文体本身并没有错。我们觉得“文革”当中许多诗人丧失自我,图解政治,才使这种文体滋生出许多糟粕之作。

我们选择同样是战士出身的李瑛的作品来考察优秀“文人政治抒情诗”的修辞品格。李瑛的创作高潮期在50年代末60年代初,这时他连续写出《花的原野》《静静的哨所》等四部诗集,虽然其诗歌的修辞审美特征为感情丰富细腻,构思精致,语

---

〔1〕 郭小川:《谈诗》,上海:上海文艺出版社,1978年,第20页。
〔2〕 郭小川:《谈诗》,上海:上海文艺出版社,1978年,第142页。

言清新,注重细节,强化了日常生活的诗情画意,但他主观上仍旧把自己定位为战士的创作。“他学会了用革命战士的眼光来观察世界,观察人,用战士的心胸来感受、思考现实生活中许多动人的事物,并且力求作为普通战士的一员,用健美的语言,向广大读者倾吐自己认真体验过、思考过、激动过的种种诗情画意。”〔1〕他自己也说“我认为,一个诗人应该有高度的艺术感觉,语言的感觉——不是随意拾取生活中自然形态的语言,而是必须刻意追求加工提炼的语言,去努力寻找那唯一准确的单纯的语言——有生命力的语言。”〔2〕

李瑛《边塞篝火》《红花满山》《绿色的北方》《站起来的人民》等诗集里收录约30篇写于“文革”期间的诗,仍带有他以前的特色。虽然取材广泛,但抒发的大多是战士、战士与人民的情谊等情怀,战士日常生活因景物的介入形成优美的意境。如:

严寒封锁了大兴安岭,
奔腾的贝尔茨河已失去波涛,
敖鲁古雅,温暖的敖鲁古雅,
我看见一架小摇车,
在屋里轻轻地摇。

象莽莽的雪原一般古老,
象巍巍的冰峰一般古老,

〔1〕张光年:《李瑛的诗》,《李瑛抒情诗选》,北京:人民文学出版社,1983年,第690页。

〔2〕李瑛:《李瑛诗选·自序》,《李瑛抒情诗选》,北京:人民文学出版社,1983年,第704页。

这白桦皮做的小摇车，
用猞猁爪子的骨节作装饰，
用麅子的皮条来悬吊。
……
不要停，就是不要停止了歌声，
不要停，就是不要停止了欢笑……

（李瑛《小摇车》）

从上面引出的部分诗句中，我们可以感觉李瑛诗歌语言的特色。整首诗形式整齐，诗句大多压响亮的“ao”韵，但并非有严格的规律，加之重复修辞格的运用，形成回环却不死板的音乐效果。带有民族特色的细节刻画真切可感。小摇车是诗人选取的物象，也是诗歌的焦点，同样的摇车，享用者却有不同的命运，新旧社会对比这种大题材，通过对小摇车的联想得以表现。这种写法恰好展示了李瑛诗歌语言清新自然，带有民歌风韵，物象以小见大的审美品性。

优秀的“文人政治抒情诗”，把诗歌的审美因素和政治题材较好地糅合在一起，在体现那个时代语言特色和文化品位的同时，也表现出诗歌本该有的意境与韵味，这和以工农兵为主体的政治抒情诗直白、无美感的特性是有着天壤之别的。

“工农兵政治抒情诗”典型地体现了“文革”诗歌的运动修辞品格和创作主体“人人皆诗人”的特点。这类诗歌从一开始就被卷进政治风暴，在政治旋涡里身不由己，成为政治运动的风向标。我们从“文革”时期出版的一些诗集的名字（《批林批孔诗选》《农业学大寨诗选》《评法反儒诗抄》《文化大革命颂》《小靳庄诗歌选》等等）就可以感受到当时的政治运动以及人们生活、精神状态。此处我们以红卫兵诗歌、小靳庄诗歌为例来考察“工农兵政治抒情诗”的修辞特征。

红卫兵诗歌诞生在广场大街，诞生在与观众面对面的交流、辩论中，很多是即兴完成的情感激昂之作，接受者直接参与文本的生成和完成过程。如1967年5月29日，北京最早起来造反的“老红卫兵”为纪念其组织诞生一周年，在天安门广场演出了《红卫兵组歌》。全诗套用《长征组歌》的形式，展示了红卫兵的历史：诞生、造反、反工作组、见毛主席、八月风雷、串联、长征、爬起来再前进、反刘邓、望未来。仅从篇名就可以看出，他们把反工作组、反刘邓的壮举也算进了自己的历史，并增加了“怒斥联动狗叛徒”的新内容。在政治中成长的红卫兵学会了用政治的手段表现自己，甚至可以小小改动一下历史。可以设想，一群热血沸腾的青年汇集在一起，面对大起大落的命运发出呼喊，台上场下该是何等的万众一心、群情激奋。这正印证了朱自清先生关于朗诵诗的观点：“朗诵诗是群众的诗，是集体的诗。写作者虽然是个人，可是他的出发点是群众，他只是群众的代言人。”[1]红卫兵这个称呼体现的更多的是共性而不是个性，这种集体创作的作品虽然署上个人的名字，抒发的仍是集体的心声。他们的成长经历让他们重视集体认同，忽视自我存在。

红卫兵诗歌载体是红卫兵小报，其流通渠道先是自办发行，后来，有的获得认可在邮局发行，其中代表作《放开我，妈妈》，在流传过程中出现了各种修订版本，各派红卫兵组织根据不同政治斗争的需要，对之进行变动和补充，成了一份大家认同的

---

〔1〕 朱自清：《论朗诵诗》，《朱自清全集》（第三卷），南京：江苏教育出版社，1996年，第256页。

宣言。

> 再见了,妈妈!
> 我们的最高统帅毛主席,
> 命令我立即出发!
> 阶级斗争的疆场任我驰骋,
> 门庭梨院怎能横枪跃马?
> 等着我们胜利的捷报吧,妈妈!
> 总有一天,我们会欢聚在红旗下,
> 为夺取文化大革命的彻底胜利,
> 儿誓作千秋雄鬼不还家!

关于另一首诗《献给第三次世界大战的英雄》,《中国知青诗抄》注释里说"表达一代青年渴望战斗,投身世界革命的长诗,作者不详,1969 年秋从北京传出,后来在全国各地广为传抄"[1]。全诗 240 余行,共分五段,抒情主人公选择了回忆的视点,以参与者的身份与战友共同经历打游击、大串联等一次次的战斗,目的是实现全球一片红,使毛泽东思想照亮全世界,全诗充满渴望献身的激情。

王家平先生曾经指出:"这些诗提供给读者(观众)的基本上是社会政治信息和意识形态理念,它们给读者(观众)带来的是政治性的热情宣泄,而非有距离的审美愉悦。在红卫兵广场诗歌中,这种政治性'功能消费'与其作者、表演者、读者(观众)的青春激情是融为一体的。因此,红卫兵广场诗歌必定会采取

〔1〕 郝海彦:《中国知青诗抄》,北京:中国文学出版社,1998 年,第 298 页。

政治抒情诗的体式，它与现代中国的政治抒情诗传统自有其内在的联系；但‘文革’时期广场上的红卫兵政治抒情诗又有其鲜明的时代特征，最主要的是这种广场诗把诗的政治性消费功能推向极端：诗歌的写作、阅读、表演构成了一种政治行为。”〔1〕我们以为这种写作、阅读、表演、行动为一体的融合了修辞表达和接受双边活动，是红卫兵诗歌创作和接受的重要特征。

随着红卫兵运动结束，小报不再出版，许多红卫兵诗歌散失。

小靳庄诗歌运动是江青为了自己的政治目的而树立的“意识形态领域革命”典型，她的三访小靳庄把一个普通小村庄变成政治活动中心，引发了波及全国的农民文化大革命运动。“赛诗是小靳庄的重头戏，当然也是江青的杀手锏。经过文人加工过的小靳庄诗歌密切配合政治形势，及时地发表在作为政治晴雨表的两报一刊上，带来的政治影响是不可低估的。”〔2〕

从小靳庄诗歌选集来看，诗歌修辞主体的身份是形形色色的，主要有：大队党支部书记、民兵连指导员、一队妇女队长、社员、女民兵、下乡女知识青年、大队电工、小学民办教师、老贫农、红小兵、下中农、政治夜校辅导员、大队赤脚医生等。

同一个修辞主体还会多次出现。比如，于芳在《小靳庄诗歌选》里出现五次，在《小靳庄诗歌选·第二集》里出现四次，只不过她的身份由前者的一队妇女队长变成了妇代会副主任。这说明，即使全民总动员，会写所谓诗歌的人毕竟是少数，为了配

---

〔1〕 王家平：《红卫兵“小报”及其诗歌的基本形态》，《文艺争鸣》2001 年第 5 期。

〔2〕 孙兰、周建江：《“文革”文学综论》，呼和浩特：远方出版社，2001 年，第 140 页。

合政治运动,文人不得不登场发挥作用。孙兰先生认为小靳庄诗歌是文人加工过的说法应该有道理。

诗集第一集的内容包括四部分:给毛主席唱支丰收歌、锄掉毒草化肥料、文化大革命结硕果、箭杆河畔大寨花。第二集也是四个部分:真理在胸枪在手、反修防修战旗红、红花硕果满河山、红旗指路再闯关。第二集和第一集相比战斗性更强,正如后记里说:"编选入本集的诗歌,是小靳庄贫下中农学习无产阶级理论以来,特别是在反击右倾翻案风这场伟大斗争中的新作。这些革命诗歌,充分抒发了小靳庄广大贫下中农对马列主义、毛泽东思想的深厚无产阶级感情;充分抒发了他们对党内最大的不肯改悔的走资派邓小平及其反革命修正主义路线的强烈阶级义愤。充分表达了他们誓死捍卫以毛主席为首的党中央,誓死捍卫毛主席革命路线的坚定信念;充分表达了他们'十二级台风刮不倒'、'和修正主义专开对头车'的大无畏的反潮流革命精神。它热情歌颂了在毛主席革命路线光辉照耀下,经过无产阶级文化大革命,在广大农村普遍涌现并在斗争中茁壮成长的社会主义新生事物;真实反映了他们'举旗抓纲学大寨',大批资本主义,大干社会主义的火热斗争生活。"[1]诗歌从创作到出版全是因为政治的需要,谈不上锤炼语言和很高的艺术性。小靳庄诗歌模式也影响到各行各业,波及到全国各地,许多出版社出版了一批主题、基调一致,只是行业、地域、作者不同的诗集,雷同现象更加严重。如:《大寨战歌》《大庆战歌》《大庆凯歌》等。

---

〔1〕 天津人民出版社编辑:《小靳庄诗歌选》(第二集),天津:天津人民出版社,1976 年,第 234 ~235 页。

3.“文革”诗歌修辞形式特征:直白宣泄

主流“文革”诗歌所具有的运动修辞品格,强调政治抒情特质,影响了诗歌语符形式修辞特征。主流诗歌文本最显著的诗体修辞特征是直白。诗歌语言通俗易懂,平铺直叙,使诗歌结构呈线形发展,只有表层含义而无深层内涵,整个文本无多种解释的可能,消释了诗歌的审美价值。“文革”主流诗歌无论是表达全民革命热情、歌颂领袖和文化大革命,还是迎合政治运动进行大批判的作品,语言都具有鲜明的情感,无论是爱还是恨,表达得都很极端,产生出强烈的宣泄性。主要表现为以下几点:

第一,高频使用感叹句、祈使句等情感句类。如:

呵,红旗的高山!
呵,红旗的大海!
革命的红旗铺天盖地卷过来……
呵,火红的朝晖!
呵,火红的霞彩!
火红的太阳光芒万丈升起来……

(王怀让《毛主席万岁》)

再如:

多打井,多出油,
建设大庆,支援亚非拉!

(鉴明《接过铁人的刹把》)

第二,独词句的频繁使用,句子长短形式的结合,使语言具有口语化特点，节奏分明，铿锵有力。

看！
长安街头
红卫兵臂章如红云，
天安门前
革命派战旗迎风展。
人如海，
歌如潮；
旗如火，
势如山。
英姿飒爽的红卫兵呀，
——来自莽莽五指，
来自巍巍兴安，
来自东海前沿，
来自拉萨河畔……

（龚益明《红色暴风雨之歌》）

第三，大量使用感叹号，高亢政治热情毕现。

战！战！战！
热血沸腾周身卷，
战！战！战！
战斗的豪情冲云天！

（江歌《打眼》）

第四，排比、反复修辞手法的频繁使用，强化了诗歌语言的宣泄性。诗歌文本不仅有词、句子的排比、反复形式，还出现了相同词语作为开头，引领格式相同的几段诗句，形成段落的排比、反复形式。如《红色的公报　胜利的乐曲》就是采用此法谋篇布局的。全诗如下：

阳光照耀着五星红旗，
山河传送着胜利消息，
四届人大的红色公报啊，
传遍了工厂农村和边防阵地。

红色的公报啊，是胜利的乐曲，
回荡在八亿人民的心里，
新宪法凝结着共同的意志：
人民掌管江山，永奔社会主义！

红色的公报啊，是跃进的画卷，
展现出祖国人民的豪情壮志，
银渠飞泻千山，铁龙奔驰万里，
曲曲丰收歌，响遍祖国大地。

红色的公报啊，是团结的彩虹，
把祖国人民连结在一起，
各民族儿女步调一致，
沿着毛主席的革命路线，披荆斩棘。

红色的公报啊，是前进的军号，
号召英雄军民再接再厉，
乘四届人大的浩荡东风，
奋勇向前，战斗不息。

四届人大的红色公报啊，
激荡在全国人民的心里，
高举马列主义、毛泽东思想伟大旗帜，
誓夺一个又一个新的胜利！

在文本中，“红色的公报”是每段的核心词语，以它的反复为基础形成的排比段落，宣泄了抒情主人公的政治热情。

第五，扩大到段落和篇章的范围考察，我们发现模仿，直白的固定格式也很常见。

你看：
旗卷红云，
尽染天地，
笔走风雷，
撼动峰壑。

（龚益明《红色暴风雨之歌》）

这种行文格式和渲染的意境似乎有毛泽东的名篇“看，万山红遍……”的影子。

以“看”单独成句，作为开头，引领下文的段落很常见。在徐真柏《战斗的号角》这首诗里，这种格式共出现了3次，另外还有“看啊！”“看啊！ 看啊！”2 种变格形式。如：

看！
革命人民紧握斗争武器，
永吹战斗号角！

有时变“看”为“听”，单独成句，引领下文。

听，
革命大字报的战斗号角，
惊天动地响起来了！

也出现变格“听啊！ 听啊！”的形式。

至于，以“啊！”单独成句，作为开头，引领下文的段落共出现 10 次，还出现 2 次“啊！ 啊！”单独成句，引领下文的变格形式。如：

啊！
阅不尽
祖国无限春光；
写不完
“风景这边独好”

不长的诗中，“啊”单独成句，出现在句首、句尾共 41 次（包括“呵”），并且，只要与感叹号连用，都选择“啊”的形式，只有在句尾，并且不与感叹号连用时才选择变体“呵”，可谓是“啊！”满篇飞。这种格式决非此诗特有，而是当时诗歌常见现象，足见诗歌用词贫乏，句式雷同，结构单一，语言直白，感情空洞的语言特征。

第六，毛泽东语录直接入诗，并用黑体字加粗，从视觉上强化。这是“文革”诗歌特有的面貌。

飞腾吧，狂飙！张开继续革命的翅膀，
咆哮吧，狂飙！去传播战斗的誓言：
“我们现在思想战线上的一个重要任务，
就是要开展对修正主义的批判。”

（关键《狂飙怒卷》）

第七，受民谣影响大，很多就是顺口溜的形式，使用了许多民间俚语。有的诗歌就是民歌的翻版，是五十年代大跃进民歌运动的延续，但脱离了生活和真情实感，纯粹的应景制作，程式化严重，包含了更多的非诗成分。

油泥洗不掉，
厚茧压血泡；
站在人群中，
谁不认识你的脚！

上班，你比日头出工早，
下班，月亮伴你上大道。
一天不大干，
急得你梦里也跺脚。
……

（秋贵《队长的脚》）

主流诗歌创作出现了很多选择集体，隐藏个人小我的书写方式，突出了时代书写的共性。受到一些好评的《理想之歌》是北京大学中文系七二级创作班工农兵学员集体创作的，除了热情豪迈的誓言外还有夸张的政治热情。个人的最高理想应该是自我价值的实现，追求社会价值也是自我价值得以实现的外化表现，但在《理想之歌》中，"我们"似乎不是由个体组成的群体，而是天生就是群体，青年人只有社会理想没有自我理想，这和后来出现的诗句"你有你的铜枝铁干……我有我红硕的花朵"大相径庭，由此可见，个性的复苏经历了多么艰难的过程。这首诗从语符形式上考察，也是以上我们所归纳的主流诗歌修辞特征的实证。

这是历史上/一次伟大的返潮流呵，/这是一场/震撼世界的反修仗！/呵，让千年的铁树/作证吧！只有在这里/花朵才和最美丽的青春/一齐开放；/让万丈的昆仑山/作证吧！/只有在这里/白雪才染上解放全人类的/理想之光！/让火炬烧得更旺，/把战鼓擂得更响！/我们宣战了，/向旧世界宣战！/向孔孟之道宣战！/党呵！/请检阅我们的队伍吧！/几百万/几千万！/呵，整整一代/有志气有抱负的中国青年！/千重峰峦，/万顷巨浪，/后继有人/大有希望！/前进，向前进！我们有/马列主义的/开天巨斧，/我们有/毛泽东思想的/指路阳光！/前进，向前进呵！/"希望寄托在/你们身上。/呵！/寄托在/我们身上！"[1]

全诗隔行押韵，照例选择了响亮的韵脚，宣扬革命热情。物象选择当时流行的"铁树、昆仑、火炬、战鼓、峰峦、巨浪"进行铺

[1] 郝海彦：《中国知青诗抄》，北京：中国文学出版社，1998年，第441～442页。

排，使用反复、层递、引用等修辞格，领袖语录直接入诗，采用民歌中比兴的艺术手法，高频使用感叹号。除了分行让人感觉到具有诗歌的形式，阅读感受让人觉得像读决心书，典型地表现了"工农兵政治抒情诗"特征，乍一读此类"文革"诗歌有时候感觉如同读社论。《理想之歌》的句子有这种嫌疑，别的诗集里这种句子更是常见，从诗歌标题就可以知道社会正在进行哪种运动了。诗集《风雷颂》里有很多这样的标题：

《伟大的动员令——颂五·一六〈通知〉》；

《战斗的檄文——赞〈炮打司令部〉》；

《大江南北尽朝晖——为毛主席一九六七年视察华北、中南和华东地区讴歌》；

《团结起来，争取更大的胜利——献给党的九大》；

《金光大道颂——赞农业学大寨的群众运动》等等。

诗句更是旗帜鲜明，火药味十足。无论是歌颂还是批判都是政治语言。

4. 地下诗歌：默默传承着诗的精神

公开诗坛多数文本远离了诗歌的韵味与意境，但在地下诗坛，却有一些人在默默地传承着诗的精神，延续着诗的传统。

虽然他们当时身份不是诗人，也不能发表作品，但他们仍坚守自由的灵魂。我们以牛汉在"文革"期间创作的诗为例，说明这种不能为而为之的诗歌书写状况，从而证明，"文革"诗歌多样性的存在状态。

牛汉在下放湖北咸宁文化部干校劳动改造期间写了三十多首诗，大多是在劳动间隙写出或者吟出的。《夜路上》注明"1972 年夏，从沈家湾挑鱼担途中默诵而成"；《车前草》注明"1972 年 7 月，深夜由咸宁拉平板车回来"；《华南虎》注明

“1973年6月，咸宁；1997年8月10日，据当年札记。添一行诗：像血写的绝命诗！”[1]这些简短的记录，重现当时创作的真实境况，牛汉曾说：“如果没有碰到诗，或者说，诗没有寻到我，我多半早已被厄运吞没，不在这个世界上了。诗在拯救我的同时，也找到了它自己的一个真身。（诗至少有一千个自己）于是，我与我的诗相依为命。”[2]这段话表达了诗人和诗相互温暖，人给诗以存在，诗给人以坚强，犹如黎明的光是破除黑暗的信仰。

诗人凭借诗句还原当时写诗的原始状态。如《在深夜……》：

有时候
在深夜
平静的黑暗中
我用手指
使劲地在胸膛上
写着，划着
一些不留痕迹的
思念和愿望
不成句
不成行
象形的字
一笔勾成的图像

---

〔1〕 牛汉：《牛汉诗选》，北京：人民文学出版社，1998年，第60～67页。
〔2〕 牛汉：《牛汉诗选》，北京：人民文学出版社，1998年，第1页。

一个,一个
沉重的,火辣辣的
久久的在胸肌上燃烧
我觉得它们
透过坚硬的弧形的肋骨
一直落在跳动的心上
是无法投寄的信
是结绳记事年代的日记
是古洞岩壁上的图腾
是一粒粒发胀的诗的种子

诗人以手指为笔,以胸膛为纸,燃烧肉体,拯救生命。手指划出的字是信、日记、图腾、种子。诗人连用四个暗喻,表明诗起着交流、独白职能,具有神圣、希望的性质。在无边黑暗中,诗是他的诺亚方舟,苦海无边,诗就是岸。这种奇特的写作状态在当时具有普遍性。为了使我们的论断更逼近事实真相,现把其他当事者的语录列出,以资佐证。公刘:“用某种只有本人读得懂的方式‘压缩’在一片烂纸上若干年,苦待着得见天日的机会”〔1〕;曾卓:“其中不少在念一念后,抒发过感情就放弃了,但有的在反复地默念,不断地推敲后就形成了诗,在记忆中保留了下来”〔2〕;流沙河:“我在心头写诗。定稿在脑子里,怕出去就忘了,我用我发明的缩语偷写在香烟盒纸背面,藏入衣袋。其中就

〔1〕 公刘:《仙人掌·后记》,成都:四川人民出版社,1980年,第212页。
〔2〕 曾卓:《生命炼狱边的小花》,《曾卓文集》(第一卷),武汉:长江文艺出版社,1994年,第380页。

有十三年后发表出来的《故国九咏》的几首”[1]。

诗人们面临的窘境不仅是生存环境的恶劣，不能写作的痛苦，更面临着精神上的孤独。正如张中晓所说：

> 孤独是人生向神和兽的十字路口，是天国与地狱的分界线。人在这里经历着最严酷的锤炼，上升或堕落，升华与毁灭。这里有千百种蛊惑与恐怖，无数软弱者沉没了，只有坚强者才能度过孤独的大海。孤独属于坚强者，是他一显身手的地方，而软弱者，只能在孤独中默默地灭亡。孤独属于智慧者，哲人在孤独中沉思了人类的力量与软弱，但无知的庸人在孤独中只是一副死相和挣扎。
>
> （张中晓《无梦楼随笔·拾荒集·五十》）

与其说这是对孤独定义式思考，不如说这是一代知识分子精神涅槃历程，在反复论证中，给自己勇气，坚定自我对人性和良知的笃信。我想，很多诗人都会有这种极端体验，但他们却能以自己的诗给冰冷的心加热，保持不屈不挠的高贵心灵。即使在当时，诗歌的诞生之时就是夭折之刻，许多诗人仍有“改不掉的习惯”：

> 那些年
> 多半在静静的黎明
> 我默默的写着诗
> 又默默的撕了

---

〔1〕 流沙河：《锯齿啮痕录》：北京：三联书店，1988年，第264页。

撕成小小的小小的碎片(谁也无法把它复原)
一首诗变成数不清的蝴蝶
每一只都带有一点诗的斑纹
(谁也无法把它破译)它们乘着风
翩翩地飞到了远方。

(牛汉《蝴蝶梦》)

诗人瘦骨嶙峋,由于被击打,脑颅内有血块压迫神经,是严重的梦游患者。梦游是生理上的表现,从某种意义上说也是心理的状态。黎明时间段的锁定,要么理解为早起,要么理解为无眠,睡不着的人是那么的矛盾、无奈,亲手扼杀自己创造出的生命。这是无法复原、无法破译,无法弥补的损失。飞翔的蝶儿能躲过猎人的网吗?能抵挡住莫测的寒流吗?诗的下场呢?不定的结局让黎明更黑暗。还有什么比这静静的忧伤更能使人颤栗呢?被剥夺话语权的诗人,诉说了不能成为诗人的悖论。口口相传和手抄这两种最原始的修辞表达和修辞接受方式在现代社会再次被大面积采用,他们以自己的方式履行着诗人的使命,在形式和内容上传承着诗歌抒写性灵的艺术传统,使诗歌具有浓浓的审美情调。

地下诗歌,除了自由诗的形式外,许多边缘化诗人还选择旧体诗的修辞方式。公木《无题》十首:

高墙铁网气萧森,
咫尺天涯隔晋秦。
熠熠寒星灿碧落,
煌煌冷月坠平林。

新枝拂面苹风漾，
旧雨浇心电火焚。
总为人前多犟嘴，
幽光狂慧种缘因。

幽光狂慧种缘因，
……
高墙铁网气萧森。

诗人选择七言八句的形式，各自独立成篇。第一首的最后一句是下一首的开头，紧连的两首诗形成顶真格式。最具有形式美的是第十首的结尾句和第一首的开头句同，这样一来，十首诗又形成一个整体，首尾呼应。无题最有意味，个中滋味作者的题记说得很清楚。“一九六九年十月，已蒙‘解放’，乐得逍遥。夜阑不寐，披衣逡巡，冷月疏星，独步荒苑——没有牡丹的牡丹园中。隔道高墙铁网，阴影憧憧，依稀可辨。猛然有忆，五内鼎沸，得七言八句十首，吟罢低眉，无由投寄，徒自歌哭耳。”〔1〕

以歌颂北方农村新生活为主的张志民的诗歌语言接近民歌，使用民间口语，带有浓郁乡土气息。少议论抒情，多写人写事，诗歌带有叙事性。这些特点在他50年代末诗集《社里的人物》《公社一家人》《村风》中都有体现。“文革”中，他转写政治抒情诗。在《张志民诗选》中收录当时没有公开发表的旧体诗《自赏诗》一束16首，创作时间从1968年延续到1976年，爱憎分明的情感通过两组喻体得以表现。诬陷好人的投机分子被比

〔1〕 公木：《我爱》，北京：时代文艺出版社，1990年，第221页。

作跳蚤，会讨宠的猿猴，簧舌的画眉，颠倒黑白的妖、孽、鼠等；自勉和赠友的用了雄鸡、寒梅、飞雪、坚冰、枫叶、杜鹃、苍鹰、雄狮、翠竹等，不同喻体的选择使全组诗歌具有曲径通幽之妙。

这些说明，在公开发表的诗坛上，诗人们虽然自觉地选择了政治抒情诗模式，但是在不能公开发表的地下诗坛，传统诗歌形式不自觉地冒了出来，从而表达一些非重大政治性题材的东西，恢复“言为心声”的诗传统。甚至于那些虽然靠边站但还没有完全打入牛棚的诗人，如何其芳、郭沫若等还公开发表了少许的旧体诗作品，足见诗人对传统诗歌形式的喜爱。

在地下诗歌中，唐湜创作的叙事诗与主流叙事诗书写形式不同，他追求诗歌艺术形式，创作了一批审美品位很高的作品。这是很值得我们关注的“文革”诗歌修辞现象，也是我们认为“文革”有诗歌的一个例证。

唐湜在“文革”期间被遣返原籍，凭体力劳动活命，但他却没有停止歌唱。在他多数诗歌中充满着对真的热爱，对美的追求，对爱的期盼。把痛苦、悲愤升华为欢乐、温暖，诗人回应了时代，又超越了时代。他的诗歌内容丰富，包括民间传说、民族战争、对友人的怀念，诗歌幻美的追寻等。他克服了以《王贵与李香香》为代表的谣曲体叙事诗创作模式，扩展了“革命的文艺＋民族风格＋劳动人民喜闻乐见的形式”的叙事诗典范性艺术手法，选择了自己喜欢的十四行。

从意大利乐歌中诞生的十四行诗从文艺复兴时代为但丁、佩特拉克掌握后，一直是欧洲诗人的最爱。我国最早对十四行进行尝试的是新月派诗人闻一多、徐志摩、朱湘等诗人，冯至还写了诗集《十四行集》。唐湜写过一首《迷人的十四行》，表达了他对这种艺术形式的喜爱。

水泉能弹出淙淙的清冷，
是因为穿过了崖谷的窄门，
十四行能奏出铮铮的乐音，
去感动爱人们颤抖的耳唇，
是因为通过诗人的匠心，
安排了交错、回环的尾韵！

严格的十四行是格律诗，唐湜充分利用跨行自由，流畅的书写，展现诗歌通过节奏和韵律的制约，从而达到高度凝练、抒情的音乐感特征。写于“文革”中的历史叙事诗《海陵王》由近百首变格的十四行组成，他汲取了古典诗七言（四个顿）的传统，写出了独创性的四顿的十四行，体现了格律化中的自由化、散文化的特点。

“文革”中，他还写了许多首自由体形式的叙事诗和抒情诗，他的叙事诗注重情节、人物塑造，克服以代言体叙述结构为主导性话语的讲述性文本的修辞建构，通过虚设的对话形式衔接不同人物叙述，变换叙事视角，改造了谣曲体叙事诗所带有的讲唱文学特征的文体缺陷。这些艺术成果虽然在当时没能及时发掘出来，但现在看来，应该是一笔不小的诗歌财富。

“文革”诗歌“人人皆诗人”的修辞主体特征造就了艺术成就较高的地下诗歌另一类代表——白洋淀诗歌群落。其重要代表作《三月与末日》[1]的语言具有强烈的宣泄性和感染力。文本开篇断言“三月是末日”，语言触目惊心。因为在人们的心

---

〔1〕 郝海彦：《中国和青诗抄》，北京：中国文学出版社，1998 年，第 58～62 页。

中,春天一直代表着希望,是千百年来歌咏的对象。而现在,一个正是花季的如春天般的人却站出来说“三月是末日”。一切没有开始就结束了,生命是一场多么短暂的停留。

全诗表层结构语言表述了春天、大地、“我”三个角色的关系,春天的定位是:

世袭的大地的妖冶的嫁娘
——春天,裹卷着滚烫的粉色的灰沙
第无数次地狡黠而来,躲闪着
没有声响

“我”的定位是:

心是一座古老的礁石,十九个
凶狠的夏天的熏灼,它
没有融化,没有龟裂,没有移动
不过礁石上
稚嫩的苔草,细腻的沙砾也被
十九场沸腾的大雨冲刷,烫死
礁石阴沉地裸露着,不见了
枯黄的透明的光泽,今天
暗褐色的心,像一块加热又冷却过
十九次的钢,安详、沉重
永远不再闪烁

大地的定位是:

既然
大地是由于辽阔才这样薄弱,既然他
是因为苍老才如此放浪形骸
既然他毫不吝惜
每次私奔后的绞刑,既然
他从不奋力锻造一个,大地应有的
朴素壮丽的灵魂
既然他浩荡的血早就沉淀
既然他,没有智慧
没有骄傲
更没有一颗庄严的心

三者的关系是:

是她第二十次把大地——我仅有的同胞
从我的脚下轻易地掳去,想要
让我第二十次领略失败和嫉妒。
而且恫吓我:“原则
你飞去吧,像云那样。”
我是人,没有翅膀,却
使春天第一次失败了。
我与大地血肉相连,只有我可以拯救大地,
但我最终选择了放弃。
因为我清醒了,因为我失望了。
作为大地的挚友,我曾经忠诚

我曾十九次地劝阻过他，非常激动
“春天，温暖的三月——这意味着什么？”
我曾经忠诚
“春天，这蛇毒的荡妇，她绚烂的裙裾下
哪一次，哪一次没有掩藏着夏天——
那残忍的姘夫，那携带大火的魔王？”
我曾经忠诚
“春天，这冷酷的贩子，在把你偎依沉醉后
哪一次，哪一次没有放出那些绿色的强盗
放火将你烧成灰烬？”
我曾经忠诚
“春天，这轻佻的叛徒，在你被夏日的燃烧
烤得垂死，哪一次，哪一次她用真诚的温存
扶救过你？她哪一次
在七月回到你身旁？”
作为大地的挚友，我曾经忠诚
我曾十九次地劝阻过他，非常激动
“春天，温暖的三月——这意味着什么？”

在这里，我、春天、大地皆有意味。我是个体，大地是集体，三月是政治理想、热情、事件或者说是蔓延全国的政治氛围。文本的深层语言结构表述了个体、集体、社会三者的关系。作为个体的我曾忠诚过集体的大地，但我的努力化为乌有，因为我“看见过足足十九个一模一样的春天/一样血腥的假笑，一样的/都在三月来临。”所以即使是迟钝的人，也会清醒过来，发出“三月是末日”的呼喊，并宣誓“春天，将永远烤不熟我的心——那石头的苹果。”我不在拯救“这漂向火海的木船，没有/想要拉回它”。在这里，除了春天的原因外还因为大地本身是那么的不可救药。“春天放肆的口哨，刚忽东忽西地响起/我的脚，就已经感到，大地又在/固执地蠕动，他的河湖的眼睛/又浑浊迷离，流淌着感激的泪/也猴急地摇曳。”全诗结构起伏跌宕，结论——原因——预言，很好地诠释了个人理想受挫的幻灭感，换句话说是刻画了个人与社会磨合的创痛过程，完美实现了自我疗伤的初衷。全诗感情真诚细腻，句式参差，使用排比和重复，节奏快慢有序，语言痛快淋漓，用词造句新颖，颇具冲击力和宣泄性，现在看来也是首耐人寻味可以有多种解读的好诗。《三月与末日》具有可以在不同个人之间引起超越时空对话可能的魅力。

白洋淀诗歌群落已经有人研究了，《诗探索》杂志也曾专门寻访过他们，我们无须赘言他们诗歌艺术成就的得失，但他们写下的好诗和在此孕育的朦胧诗萌芽，让我们看到诗歌魅力没有泯灭的事实。

5.“四五”诗歌：“文革”诗歌的中间状态

在“文革”诗歌分为公开和地下两种类型的前提下，我们认为“四五”诗歌具有先地下后公开的中间状态特点。

这场诗歌运动从周总理逝世后的 1976 年 1 月 8 日就开始了，清明节达到高潮，延续到总理逝世一周年的纪念活动。天安门广场是这次诗歌运动的中心，其他城市也发生了不同规模的起因、性质和天安门事件相同的情况，在这些过程中产生的诗歌都可以算为广义的“四五”诗歌范围。

在当时政治氛围里，大量诗歌作品是老百姓自发创作的，数以万计的文本通过大字报、小字报或朗诵的形式传播，人民冒着政治风险，写诗、献诗、诵诗、抄诗、录诗的动力来自对总理的怀念、对四人帮的愤恨，并没有公开发表的预设目的。加之，作品保留时间短，很难全部抄录；即使已经抄录的，在“四人帮”的追查下也会出现散失的可能，所以在中国当代诗歌史上出现了人民珍藏诗歌的办法：“物中藏诗，诗中藏诗，心中藏诗。”〔1〕

真实地记录“四五”诗歌运动的选本是《天安门诗抄》，编者童怀周也不是一个人的名字，而是北京第二外国语学院汉语教研室所有老师的笔名。编者在前言中说：“本书所收的作品，我们都作了较认真的校订。它们都是丙辰清明前后在天安门广场张贴、朗诵或散发过的，其他概未录入。全书共分三辑：第一辑收诗、词、曲、挽联；第二辑收新体诗；第三辑收悼词、祭词、誓词、散文诗等。作品的题目少数是原有的，大多则为编者所加；其中除极个别的字句曾稍有改动外，都保持了原貌。”〔2〕《天安门诗抄》只是其中一部分作品，因为，童怀周在选编过程中强调作为投枪、匕首张贴过、朗诵过的诗才能入选。

从修辞模式上说，“四五”诗歌仍旧延续了颂歌和战歌的抒情模式，语言极具鲜明时代性，从词语选择上可窥一斑。歌颂总理选用的词语有“大鹏、巨星、巨松、红梅、纪念碑”等；讽刺四人帮选用的词语有“妖魔、鬼蜮、虎豹、恶犬、毒蛇、蝇蛆、秃驴、暮鸦、蟑螂、爬虫、蓬间雀、白骨精、小丑、黑秀才、叛徒、假马列、窃国大盗、真正走资派、林彪余孽、修正主义、赫氏儿孙”等，这些称呼是那个时代的贬义词语。许多诗歌带有强烈倾向性，情绪一泻千里。

---

〔1〕 童怀周：《自有人民写春秋》，《文学评论》1978 年第 6 期。

〔2〕 童怀周：《天安门诗抄》，北京：人民文学出版社，1978 年，第 2 页。

从修辞主体看，许多诗的署名是：普通劳动者、十个工农兵学员、您的孩子、中华儿女、一家老小、百姓点灯、慰忠魂等，他们来自社会各阶层，为的是把诗歌当做武器。“一手捧着献给英雄的花环，一手举着捍卫英雄的宝剑——这就是《天安门诗抄》的艺术造型。”[1]

从诗歌观念上说“四五”诗歌并没有艺术上的大突破或鲜明特点，和小靳庄诗歌运动一样是人民大众集体参与的，其受到旧体诗词、民歌的影响，选用了新诗、民歌和古诗、词、曲的各种新旧诗歌形式，不同的是“此前当代诗歌所表现的战斗性是有组织、有领导、统一指挥下的战斗，是在权威指挥下的战斗，而‘四五’天安门诗歌所表现的却是群众自发的反抗。因此，虽然在诗歌功能方面它与过去的政治抒情诗并无多大区别，但在实际意义上，它却宣告了一种遵命文学的终结，恢复了现实主义诗歌的批判精神。”[2]

“四五”诗歌的价值，正如《天安门诗抄》前言所说，“无论思想性或艺术性都达到了很高的高度，无论在我国或世界文学史上，他们必将占有光辉的一页”。[3] 这种高度也是诗歌的梦想境界：“能够这样敏捷地传达人民的意愿，能够这样迅疾地喊出人民的心声，能够这样及时地给悲哀的人民以信心、以力量、以斗志、以希望……”[4]但这次运动采用的诗歌形式却是趋向旧

---

〔1〕 谢冕：《人民的心碑——论〈天安门诗抄〉》，《北京大学学报》1979 年第 1 期。

〔2〕 李新宇：《中国当代诗歌艺术演变史》，杭州：浙江大学出版社，2000 年，第 186 页。

〔3〕 童怀周：《天安门诗抄》，北京：人民文学出版社，1978 年，第 2 页。

〔4〕 谢冕：《永远的呐喊》，《中国现代诗人论》，重庆：重庆出版社，1986 年，第 337 页。

体少取新诗,似乎是从诗歌创作实践上对新诗进行了质疑。正如五四诗歌运动选择对旧体的摈弃对新诗的推崇一样,我们也可从“四五”旧体诗回潮中看到,新诗自身生存的困境。从另一方面说,此次诗歌运动也催生了新诗的自我更新,不久出现的现代主义诗风的“崛起”就是很好的证明。

“四五”诗歌运动的政治意义和诗歌文本的艺术价值都值得关注,这也说明了其修辞功能具有“文革”诗歌公开和地下文本的双重特征,具有中间状态的复杂性,张扬了政治,也没有忘记审美。

综观“文革”诗坛,因为政治运动的介入,导致诗人主体两个极端的异化,出现“诗人非诗人,人人皆诗人”的现象,并把政治抒情诗作为诗歌的代表文体推上诗坛。从某种意义上说,除了少数优秀文人政治抒情诗具有审美意味外,当时主流诗歌没有突出自己的文体特色,除了分行写这个外在特征外,语言皆混同歌词、日记、社论等其他文体的语言。这是诗歌的失败。不过当时没有发表的一部分地下诗歌和“四五”诗歌倒是保持了诗的精神没有熄灭,这是诗歌的胜利。

(四)“文革”诗歌的修辞幻象

修辞幻象是鲍曼在讨论西方戏剧主义修辞批评理论时提出的一个重要术语。他说:“能够将一大群人带入一个象征性现实的综合戏剧,我称之为修辞幻象。”[1]谭学纯先生在《广义修辞学》里对此概念进行了理论的分析,总结了修辞幻象两个特征,即修辞幻象不是指向真实的世界,而是指向语言重构的世

〔1〕 欧内斯特·鲍曼:《想象与修辞幻象:社会现实的修辞批评》,王顺珠译,《当代西方修辞学:批评模式与方法》,北京:中国社会科学出版社,1998 年,第81 页。

界，修辞幻象在人们的心理重建一种象征性现实。谭先生把修辞幻象重新表述为：语言制造的幻觉。[1]

进一步地分析，我们以为，鲍曼的定义表面上看是针对戏剧所下的，但从全文的内容看，修辞幻象这个术语具有普泛性，这使我们在理解语言和现实世界关系过程中产生了新的启示。我们可以尝试着认为修辞幻象不仅是表达者的专利，更有待接受者的参与，修辞信息传达的渠道是“交流”，修辞幻象生成的基础是“经典的台词”，修辞幻象完成的标志是形成以最初情感为基础的情感反应，在语言制造的幻觉里形成每个人心中不同的象征性的现实。语言和世界偏离的事实是修辞幻象生成的前提，对修辞幻象的理解则有赖于表达和接受两个向度的努力，修辞接受意义的实现既可以当时实现，也可以在以后的反复再现中实现。

1. 郭路生诗歌修辞幻象：“游子”

基于对修辞幻象功能的理解，我们选取修辞幻象作为考察知青诗歌的典型郭路生诗歌的切入点，是一种尝试。鲍曼认为“个人在修辞运作中创造了各种由共同期待与意义组成的主观世界。面对重大事件的千头万绪和似乎是不可改变的社会或自然压力，个人往往感到茫然无助。应付这种情形的一个方法就是进行一次个人幻想，给个人以意义与自信，帮助摆脱自然灾害或社会灾难的压力。”[2]“文革”对知青来说有肉体和精神的双

---

〔1〕 谭学纯、朱玲：《广义修辞学》，合肥：安徽教育出版社，2001 年，第 182 ~ 183 页。

〔2〕 欧内斯特·鲍曼：《想象与修辞幻象：社会现实的修辞批评》，王顺珠译，《当代西方修辞学：批评模式与方法》，北京：中国社会科学出版社，1998 年，第 83 页。

重压力,共同的处境使个人抒情很容易就成为大家心声。在交流中,好的诗歌就如同经典的台词一样,被多人多次地传诵,真实情感和语言营造的情感共同形成了以郭路生诗歌为基础产生的游子修辞幻象。这种修辞幻象在知青艰难成长的过程中,鼓舞了许多寂寞的心灵,使知青们成为不管对错永不后悔的一代。

知青上山下乡运动作为一种现象已经消失在浩淼的时空中,但作为一种存在,却深深地镌刻在人们的心头。出生在四十年代末和五十年代初的整整一代青年人,走上了全国各地甚至无路的乡村。正如郭路生的名篇《这是四点零八分的北京》所描述的那样:

这是四点零八分的北京
一片手的海浪翻动
这是四点零八分的北京
一声尖厉的汽笛长鸣

北京车站高大的建筑
突然一阵剧烈的抖动
我吃惊地望着窗外
不知发生了什么事情

我的心骤然一阵疼痛,一定是
妈妈缀扣子的针线穿透了心胸
这时,我的心变成了一只风筝
风筝的线绳就在妈妈的手中

线绳绷得太紧了,就要扯断了
我不得不把头探出车厢的窗棂
直到这时,直到这个时候
我才明白发生了什么事情

一阵阵告别的声浪
就要卷走车站
北京在我的脚下
已经缓缓地移动

我再次向北京挥动手臂
想一把抓住她的衣领
然后对她亲热地叫喊:
永远记着我,妈妈啊北京

终于抓住了什么东西
管他是谁的手,不能松
因为这是我的北京
这是我的最后的北京

诗人在1968年12月20日赴山西的列车上开始写这首诗,到山西几天后写成。有人评论诗人是“文革诗歌第一人”,强调其个体性的恢复。我们从诗歌文本看,全诗朴实无华,流畅而悠扬,重复的字句是一声声倾诉直面人的内心。像一只即将飘零的风筝,带着惶恐和无助被风托上了天。年轻的孩子们离开了妈妈,离开了自己熟悉的城市,天空虽美,但无边无垠的空间又让人颤栗。“慈母手中线，游子身上衣”，细细的线儿是孩子的依恋。舞动的手的海洋翻腾着告别的声浪，游子发出最后的呼声“永远记着我，妈妈啊北京”。人还未离去，思念最亲的人，思念最爱的故乡的情绪已经让人绝望。挥舞的手臂和缝扣子的细节是表达者亲身的体验，接受者如果想到了挥舞的手臂是“文革”中经典的镜头，缝扣子是具有传统基础的母爱的细节化的表述，无疑会引起强烈的共鸣。在当时上山下乡一片颂歌声中，能听到作为个体的人的真实情感，怎能不让人潸然泪下，以至于这首诗成了千百万知青流浪命运的写照，“游子”修辞幻象自然生成。

对接受者来说，郭路生和他诗中塑造的“游子”修辞幻象是浑然一体的。戈小丽回忆说：“我们最爱听并一遍又一遍要求郭路生朗诵的总是《这是四点零八分的北京》和《相信未来》，因为它不仅是我们生活的真实写照，还表达了我们的感情。我仍清晰地记得他那独特的、感人肺腑的朗诵。郭路生嗓子略带沙哑，朗诵时声调抑扬顿挫，念到轻时轻得像是把词语用一丝微风送你耳边，有时还会停顿片刻让诗句的余味继续蔓延，真达到了‘此时无声胜有声’的效果；念到激昂处，他的嗓音放大而不失含蓄，洋溢着热情和急切。念到靠近结尾的排比句时，他那急切的声音像炽热的火球不断地滚动上去，把听众的情绪完全调动起来。我常想，他的朗诵风格之独特和感人是因为他在念自己的诗，他是用心灵来朗诵的。”[1]这油画般的情景被当事者详尽地描述出来，不否认有美化的倾向，但绝对是真诚情感的自然流

〔1〕 廖亦武：《沉沦的圣殿》，乌鲁木齐：新疆青少年出版社，1999 年，第 62 ~ 63 页。

露。这里的抒情主人公既是诗人又是朗诵者，听众也是诗歌效果完成的参与者。信息交流的渠道是多层次的，既有视觉的感受也有听觉的参与，在这样迷人的氛围中，经典的诗句就像经典的台词多次的出现，诗中的情绪和表达者、接受者的情绪互相映衬，诗人、朗诵者、听众共同陶醉在语言制造的象征性的世界里。

知青们认可游子情感是和传统诗词对此形象的强化分不开的。从“浮云游子意，落日故人情”、《天净沙·秋思》的游子思归图延续到戴望舒的《游子谣》“篱门是蜘蛛的家，土墙是薜荔的家，枝繁叶茂的果树是鸟雀的家。游子却连乡愁也没有，他沉浮在鲸鱼海蟒间：让家园寂寞的花自开自落吧。”不同时空的游子都在唱响风尘仆仆思家灵魂的歌。

和《这是四点零八分的北京》同时代的诗歌文本如：方含《在路上》，芒克的《街》，宋海泉《流浪汉之歌》《海盗船谣》等，强化了流浪的肉体、流放的精神、痛苦的成长“游子”修辞幻象。素有写诗三剑客之称的芒克、根子、多多和贵州诗人黄翔等在自己的诗作中，也表达了反叛、孤独、成长着的“游子”幻象主题。其中，郭路生和“游子”修辞幻象成了知青诗歌最有意味的个案。

2. 主流诗歌修辞幻象：“红”色修辞幻象群

主流诗歌文本营造了极具特色的“红”色修辞幻象群。表达者选择了“红太阳”这个最典型的修辞单位作为毛主席和党的光辉象征，目的是建构一个红彤彤的革命世界，这个修辞单位在修辞幻象生成的过程中，不断生成新的类义幻象，以至形成“红”色修辞幻象群。下面我们以《边陲花正红》[1]（下文简称

---

〔1〕 云南省农垦总局编：《边陲花正红》，昆明：云南人民出版社，1976年。

《边》)这本1976年公开出版的云南农垦知识青年诗歌集作为参照文本,分析"红"这一修辞单位生成修辞幻象群的过程。

"修辞单位是以修辞幻象为最小交际单位的审美化符号。"[1]在《边》中,"红太阳"就是毛泽东和党的修辞幻象,此幻象的生成不仅因为《东方红》歌曲传唱的仪式化,也因为当时主流文本的大量运用。以《边》为对象进行统计,得到"红"色修辞幻象群如下:

表一:

青黄	语言1	语言2
序号	修辞单位	出现次数
1	红旗	10
2	战旗	6
3	党的旗帜	1
5	党旗	1
6	五星红旗	1
7	大旗	1
8	旌旗	1

〔1〕 谭学纯、朱玲:《广义修辞学》,合肥:安徽教育出版社,2001年,第203页。

表二：

序号	修辞单位	出现次数
9	朝霞	14
10	红霞	9
11	霞光	3
12	彩霞	3
13	晚霞	2
14	旭日霞光	2
15	云霞	2
16	火红霞光	1
17	霞染	1
18	霞	1
19	彩云	3
20	彩虹	1
21	长虹	1
22	朝阳	6
23	红日	4
24	红太阳	3
25	阳光	3
26	曙光	1
27	骄阳	1
28	太阳	1
29	日	1
30	烈日	1

（续　表）

序号	修辞单位	出现次数
31	日出	1
32	丽日	1

表三：

序号	修辞单位	出现次数
33	烈火	8
34	篝火	7
35	火种	1
36	火苗	1
37	火	1
38	火光	1
39	炉火	1
40	火样的	5
41	似火	1
42	火热	1
43	火一团	1
44	火焰	2
45	烈焰	1
46	火夜	4

表四：

序号	修辞单位	出现次数
47	火红	7

（续　表）

序号	修辞单位	出现次数
48	红色	2
49	鲜红	2
50	红艳艳	1
51	红透	1
52	红	1
53	彤红	1
54	通红	1
55	红布包	6
56	红袖章	4
57	红蕊	1
58	红十字药箱	1
59	映红	4
60	染红	1
61	炼红	1
62	红心	10
63	红花	7
64	红灯	2
65	红墙	2
66	红色江山	1
67	红宝书	1
68	宝书	1
69	英雄花	1

（续　表）

序号	修辞单位	出现次数
70	映山红	1
71	热血	2
72	鲜血	1
73	血花	1
74	英雄血	1
75	染血衣裳	1

由上表可见:75 个修辞单位出现了 188 次。表一是以“旗”为中心语素形成的语义场,选择“红旗”为最常用。表二是以“霞”“太阳”为中心语素形成的语义场,“日”是与“太阳”所指相同的不同能指符号,“朝霞、朝阳”为最常用。事实上,“霞”的光彩也是由于太阳光的照射生成的,而初升的太阳打破黎明的黑暗,光芒万丈,给世界带来新生和希望,所以表二形成了以“太阳”为中心的修辞幻象群。表三是以“火”为中心语素形成的语义场,可以看作是对“太阳”修辞幻象的补充。火与太阳同样具有光和热,给人们带来光明和温暖。表四是以“红”为中心语素形成的语义场,选择“红”的多个义项的意义,从当时的语境看,“宝书、英雄花、映山红”也应是红色,“红宝书”就是例证。至于鲜血的颜色也是红色的,革命是需要流血牺牲的。文中鲜血出现的语境是对旧社会的痛诉,为新社会甘愿抛洒热血一腔,行文的基调仍然是慷慨激昂的。

四个表的共同之处传达了一个非常明晰的信息,那就是“只有红太阳的照耀才能祖国山河一片红”,“红旗”“朝霞”“朝阳”“红太阳”“红灯”“红心”等修辞幻象群得以形成。这些修辞单位幻象的延伸不仅以词的形式出现,也可以凭借相同的句式、段落出现,从而造成整个主流诗歌的雷同感。例如:“永远跟着毛主席,在革命路上咱们并肩朝前迈。”“红太阳为我指方向,雾海云天不迷航。”“手握胶刀望北京,胶园响彻《东方红》”“胸膛内一颗红心向着北京”“大寨红旗在召唤”“身披火红霞光”“朝阳映红新山村”等等只具有时代特点而无自我特点的句子随处可见,这样的句子不仅在这本诗集里出现,在别的公开出版的诗集里也有很多。有的段落也出现了惊人的相似。“批判大旗高高举,反修防修志如钢;革命理论心头照,红色江山万年长!”“霹雳一声震天响,红日东升救星来,参加工农子弟兵,毛主席领导咱开创新世界。旧制度,脚下踩,穷人翻身出苦海,为建设社会主义到边疆啊,要把这山山水水重安排……”“旧社会狗地主逼债狠如豺狼,年三十晚你爷爷饿死在逃荒路上。你爸爸被机器轧断了手臂,资本家扔下几个铜钱就把他赶出厂房……是毛主席把我们救出火坑,是共产党带领我们获得解放。孩子呵,你带着这几个铜钱到边疆去战斗,要把劳动人民苦难史永远铭记心头!”。

据《汉语大字典》,“红”的比喻义十分丰富,分别是鲜血、花、美人的代称,又可指喜庆的事、显达、兴盛、红利等,其中之一为“象征革命或政治觉悟高”,《边》中的“红”的修辞幻象的生成大多以此含义为基础。

诗歌这种特殊的文体,喜欢把色彩的客观美转化为接受主体能感应的冷暖、忧喜等,给色彩以深切的意味,使现实物理空间转化为主体心理空间,把视觉的美扩展到整体感受的综合美,求得质的突变。范晞文在《对床夜语》中说:“老杜多以颜色字置第一字,却引事实来。如‘红入桃花嫩,青归柳叶新’是也。

不如此，则语既弱而气亦馁。”陈望道先生认为色彩的表情性也是修辞研究的内容，他对各种色彩引起的感情反应作了归纳，他认为：红——赤诚、焦躁、勇敢、活动、热烈、危险。这种对“红”色彩的诠释，表明中国人对世界进行关照时的着眼点，“红”色作为一种原型暗藏在中国文化的方方面面。

在主流诗歌文本中，“红”的修辞幻象群的生成并没有产生诗歌色彩所应产生的投射作用。“‘投射’能力是一种主体意念和主体美感色彩信息在作品中凸显出来的能力；是在色彩的刺激下，开启想象与驰骋联想，使色彩更拟人化的能力；是把种种偶然的色彩形状作为诗人语汇的起点，通过创造性色彩的‘等值’而表现出一切、翻译出一切的能力，总之，是色彩上主体积极地、能动地反作用于客体的能力。”〔1〕多数“文革”主流诗歌作者只注重了色彩的物理性，并没有注重抒发色彩中的灵魂，没有把自己的感情投射到色彩中去，没有使色彩具有生命的鲜活魅力。“既然自然和生命有其动人且神秘的色彩，有其深处的脉搏与呼吸，那么，从中以转瞬即逝的歌唱融入犹如火一样上升的心灵的光辉与美，才是我们研究诗歌色彩学的本义，也才驱动诗歌进入真正属于诗性的形态。”〔2〕我们的眼睛和心灵同样渴望着色彩斑斓的世界。

除了“红”的修辞幻象群，主流诗歌文本还生成了“红太阳=毛泽东”的修辞幻象。

对太阳的歌颂是古今诗人永恒的挚爱。例如：

---

〔1〕 杨匡汉：《中国新诗学》，北京：人民出版社，2005年，第100~101页。
〔2〕 杨匡汉：《中国新诗学》，北京：人民出版社，2005年，第102页。

(1)为君持酒劝斜阳，且向花间流晚照。（宋祁《木兰花》）

(2)碧荷生幽泉，朝日艳且鲜。（李白《古风五十九首》其二十六）

(3)光芒万丈，将要出现了哟——新生的太阳。（郭沫若《太阳礼赞》）

(4)让我们从地球出发，飞向太阳！（艾青《光的赞歌》）

由此可见太阳的重新命名也就是修辞幻象的多种形式。谭学纯先生认为修幻象可以是临时生成的也可以是历史生成的。"临时生成的修辞幻象展示修辞结果的丰富性，而历史地生成的修辞幻象展示修辞过程的丰富性。"[1]谭先生以"太阳——六龙/金乌"修辞幻象生成过程为例，说明"作为表层相异的审美设计，在深层体现的是殊途同归的审美创造。崇拜太阳神的华夏民族，曾经分别聚集在龙飞凤(鸟)舞两面图腾旗帜下，但'本是同根生'的文化纽带，还是把他们紧紧地联系在一起。我们从中看到的，是中国古人'同类相感'的观物运思态度"。[2] 修辞幻象的临时生成性决定修辞幻象对话语改造创新的要求，修辞幻象的历史生成性决定修辞幻象也会起着修辞原型的作用。"太阳"修辞幻象的生成有着中国历史文化的投影，展示了国人在审美创造过程中的观物运思哲学态度。

根据谭先生的修辞幻象理论，我们可以很容易地理解"红

[1] 谭学纯、朱玲：《广义修辞学》，合肥：安徽教育出版社，2001年，第191页。

[2] 谭学纯、朱玲：《广义修辞学》，合肥：安徽教育出版社，2001年，第199页。

太阳=毛泽东”修辞幻象生成的历史的缘由。在中国人心中，太阳就是君王的象征。《易传》有“圣王在上，则日光明五色备”的说法，《晋书·天文志》有“日为太阳之精，主生恩德，人君之象也”的言语，俗语的“天无二日”和“国无二君”实际上构成了隐在的喻指关系，这可解释古籍中出现的有“日”语素的词与君王有关，例如：“日轡、日边、日御”等，目的不外乎想增加君权神授的话语权威性。

（五）《西沙之战》修辞论

在对“文革”诗歌修辞品格进行整体的梳理之后，我们选取《西沙之战》[1]作为典型个案进行分析，目的是想对本文所涉及的理论融会贯通，以说明我们对“文革”诗歌修辞品格分析的客观性和学理性。

1.“写什么”：修辞化选择

文艺学家巴赫金认为，“话语”即“说者（作者）、听众（读者）和被议论者或事件（主角）这三者的相互作用的表现和产物。”他又说：任何话语都不是“自给自足”的，而是一种“社会事件”，“它产生于非语言的生活情景中并与它保持着最紧密的联系”。“话语的涵义完全是由它的上下文语境决定的。其实，有多少个使用该话语的语境，它就有多少个意义。”[2]我们把诗歌看做是具有自己特质的一种言说形式，说者的言说不会是空穴来风，必定带有当时的社会言说氛围，事件存在形态和听众的理解都要依赖当时的语境，而语境更是广漠无边的有形和无形历

〔1〕 张永枚：《西沙之战》，北京：人民文学出版社，1974年。

〔2〕 巴赫金：《巴赫金全集》（第二卷），钱中文译，石家庄：河北教育出版社，1998年，第92、83～84、428页。

史的真实形态。诗人在文本生成过程中被那一段历史修辞化了,体现人是修辞化的动物,即使如张永枚这样优秀的诗人也不例外。这种修辞化的过程是不自觉的,带有时代的烙印。

张永枚在当时的政治狂热化的时代,自觉地充当了一段历史的言说者。《西沙之战》由五部分组成:序诗、美丽富饶的西沙、渔民与敌周旋、海战奇观、国旗飘扬在西沙群岛。文本以1973年西沙群岛领土之争为背景,反映军民抗击侵略的事件。全诗线索清晰,情节完整,具有典型的叙事诗的特征;从结构着眼,与样板戏的结构相似,可以说是诗化的四幕剧;全诗表现重大政治题材,抒发政治激情,又具有政治抒情诗的特性。诗人选择了"诗报告"的言说形式。是什么力量促使诗人在当时的文艺氛围下创新呢?

他的身份是诗人同时又是接受江青任务的战士,诗歌是向领导的汇报。结果是领导满意,该诗很快在人民日报发表,并受到当时所有新闻媒体的关注。江青借助诗歌的修辞效果,滥用接受者的崇拜,一路飙升自己的政治地位,俨然以西沙之战的精神领袖自居。

诗人习惯于从政治角度思考的思维定势已经使作者成为时代精神的代言人。选用的语言、结构、对民歌的吸收等手段的运用,无不带有时代的痕迹,他时刻没有忘记自己是战士,竭力宣扬毛主席的英明领导,正义战争必胜和革命的大无畏、乐观主义精神。文本以"阳光"开头,以"东方红"结束,祖国山河一片红的寓意不言而喻。

2."怎么写":修辞化处理

①颂歌+战歌的修辞模式

歌颂祖国:文本开始在美景如画的背景中。

阳光在碧波上一耀一闪，
海风把浪花卷上礁盘。
金子似的沙土，
白玉般的海滩，
珠贝铺满地，
鸟肥积如山；
野海棠，
高撑着翠绿的巨伞，
羊角树，
伸展在石缝路边；
开不败的野花啊！
红白蓝黄千万点，
汲不尽的清泉啊！
甘甜如蜜微带咸，
是祖国妈妈的乳汁，
点滴叫人力量增添……

展现在我们面前的先是远景：金光灿烂的大海，人物和谐的海滩；后是近景：青翠欲滴的树木，五彩缤纷的野花，甘洌清澈的泉水。色、香、味、扑面而来。为什么我们能感受到如此美景，正是因为她是祖国的一部分，是祖国使她物华天宝。"江山如此多娇，引无数英雄尽折腰"，所以，"富饶的西沙群岛！人民爱你，强盗垂涎。"战斗一触即发。

歌颂主席、党：

毛主席，共产党，
救他出苦海，
鱼工当船长；
天安门的青松、红墙，
中南海阳光灿烂，
伟大领袖毛主席，
瞩目天涯，
指点航线，
给我们革命真理的罗盘，
鼓舞着战斗的军民一往无前！

在当时，毛主席 = 党，这样写算是正常。

歌颂“文革”：

文化革命的暴风雨，
使他象战刀又淬火
锋刃加了钢。

按说一位渔民和文化革命的关系不大，但当时这样写不是锦上添花，而是必须，从而体现政治的赤胆忠心。

歌颂江青：

飞渡的乱云，
从容的劲松，
无限的风光，
威峨的庐山。

虽然没写人名，但大家都见过刊登在报纸、杂志、书籍上的江青庐山仙人洞照片，知道毛泽东的题诗“暮色苍茫看劲松/乱云飞渡仍从容/天生一个仙人洞/无限风光在险峰”。诗人不仅崇拜主席，连主席的诗都化入文本中。也许，这也是诗人有意为之的曲笔，为的是引发大家更多联想。

歌颂国旗：

国旗在军号声中飘扬！
英雄们已把各岛的残敌肃清！
国旗在西沙群岛飘扬！
军民举钢枪，欢声如雷霆：
守岛一条心，
建岛一家人。

国旗在飘扬，
豪迈舞东风，
召示我们继续斗争！
一定要解放台湾省！
祖国的每寸土地每滴水，
都必须归还站起来的人民！

国旗在飘扬，
雄伟傲长空，
召示我们继续革命！
批林批孔当闯将，
粉碎敌人复辟梦！

国旗在飘扬！
国旗在飘扬！
国旗下的南海啊！
一层浅绿，
一层深蓝，
一层桔黄，
一层绯红。

歌颂国旗也就是歌颂祖国，与开头形成结构上的呼应，围成一个封闭的圆。

歌颂太阳：

看哪！
太阳出来了！
太阳出来了！
照亮了西沙群岛，
照亮了南海长城。
听哪！
江河湖海，
平原峻岭，
党、政、军、民、学，
东、西、南、北、中，
齐声高唱：
“东方红……”

歌颂太阳就是在歌颂毛泽东。《东方红》是 40 年代在延安产生,60 年代逐渐取得国歌的地位,千万遍的吟唱成了人们生活中不可缺少的仪式,更是在人们的思想中形成一个模式,人们早已习惯歌颂主席就像歌颂太阳一样自然。全诗在美景中结束,调动视觉、听觉、把镜头拉向阔大的海天一色的辉煌里,营造出神话般的氛围。

这首诗几乎会聚了主流诗歌中可以歌颂的一切,诗人让全诗在颂歌中结束,完成了自己的颂歌。这是时代颂歌中的单曲,诗人是众人中的一人,历史在这里掀开一角,我们窥见的是那个时代的赤胆忠心和热血激情。

战歌:

> 听!
> 汽笛声,似哭丧,
> 南越伪军兵舰侵海疆!
>
> 像神出鬼没的游击健儿,
> 和强盗周旋在青纱帐。

战争不仅发生在海上,也曾经发生在陆地。一句比喻,把战争的空间感、时间感都写了出来。作为敌人的形象也是我们熟悉的脸谱化描写。仗还没有打“傀儡军闻声心惊肉跳,一个个腿颤手抖脸焦黄。”而人民“像李玉和高举红灯,屹立在火浪烟波的西沙战场!”多么熟悉的电影镜头,让人忍俊不禁。到了真正开战时,更是敌弱我强,对比鲜明。敌人不仅首先向我战舰开炮点燃侵略战争的凶焰,而且还要“拖刀计”,使出卑鄙伎俩。

我们舰队的自卫反击战是那么的壮丽、英勇。

打！
轰隆隆！
为死难的中越人民报仇冤！

打！
轰隆隆！
保卫我
领海领土领空的不可侵犯权！

打！
阿沙船长指挥渔轮来助战！
巧策应，
将敌舰火力分散，
杀伤它甲板上的兵员！

打！
象越南人民军惩罚卖国贼！
前进！
中越人民的战斗友谊山高海宽。

打！前进！
人民的炮弹如生双眼，
一发发命中敌舰！
直打得：

敌人旗舰起烈火，
指挥失灵联系断！
直打得：
贼船编队乱了套，
各自奔命不相援！
直打得：
舱面敌兵，
翻滚中弹，
那里逃？
大海深渊！

凭借排山倒海的语气，弘扬军民英勇作战的场面，这里有指挥若定的舰长，身先士卒的老船长，奋不顾身的战士和战无不胜的毛泽东思想。“冲上去！以劲松的意志，劲松的勇敢！”海战最终的结果是“炸得它，枪炮哑，桅杆断，百孔千疮飞碎片！”简洁的句式，重复的段落，感叹号的高频使用，宣扬了革命斗志和热情。

②英雄的修辞幻象

文本塑造了立体的英雄修辞幻象，包括个体和集体两种类型的英雄。个体（阿沙老船长、钟海舰长、新战士李阿春、舰政委），集体（人民、战士）。

在文本叙事策略中，英雄出场都是闪光的亮相，如电影里的定格。阿沙老船长的出场：“高大魁梧，岩礁般的坚强；双手叉腰，注视敌情。阿沙老船长，出身苦鱼家，世代浪里闯。渔霸逼税打死了阿爹，阿妈怀他流浪远海上，船泊西沙生下他，取名阿沙记下血泪账。毛主席，共产党，救他出苦海，鱼工当船长；文化革命的暴风雨，使他象战刀又淬火 锋刃加了钢。面对入侵者，阿沙头高昂：英雄的老船长，似南天一柱，藐视那逆水恶浪！”典型的苦大仇深的工农阶级的代表，具有“高大全”的特征，忆苦为的是思甜。

新战士李阿春的出场：“一位黎族新战士，背靠舰壁，枪贴前胸，宽耸的前额，似五指山的岩峰，朗星似的眼睛，注满火焰般的热情，丰润的脸庞，像成熟的咖啡豆一样深红。他的左臂，曾带过红卫兵的袖章，握枪的手，曾挥斥林贼写诗作文，今天，他要用热血写张大字报，悬挂在太平洋的天空：中国的领土决不许侵犯，侵略者玩火必自焚！”革命小将风采毕现。

钟海舰长的出场：“一位年青的舰长，象撑天的椰树迎风站，钢盔下锋锐的目光，似能穿云破雾一射千里远。钟海舰长，出生在湘江畔，韶山冲的阳光雨露，培育了这新中国的青年。曾记得：在那上场屋边，荷花塘畔，他挂上了红领巾；在农民夜校的旧址，伟大领袖战斗过的地方，宣誓加入共青团。海上的风波，舰上的岁月，磨炼了战斗意志，锤打出钢骨铁胆；刻苦的学习，真理的教导，使他光荣加入共产党，心与五洲共苦甜。”“舰长拔出手枪，横目似电穿！指挥台上，钟海挺立，催车赴战，岿然如山！”为了让钟海的形象更高大、完美，文本安排了他有光明的出身，是根正苗红的接班人，毫无瑕疵的英雄。

英雄有一个共同的特点，都是普通人，都是贫苦出身的基层英雄，在自己的岗位上，取得具体的胜利，完成人生的壮举。这和当时社会主义现实主义的美学观念的影响有关，和当时的意识形态的历史是由人民创造的主导观念有关。

普通基层官兵的精神源泉，革命动力来自哪里呢？作者选择了幕前幕后立体英雄的叙事策略。让领袖们稍稍露面，接受者便豁然开朗,普通英雄们的成长离不开党的教诲,领袖精神的指引。虽说是正义的战争,但战争的发展轨迹都被党中央掌控着,革命的历史也在领袖的高瞻远瞩中被描述。不在场的领袖被神化,被普通英雄仰视和崇拜着,他们才是文本歌颂的目的,才是作者塑造的主角。这种远距离仰视的视角,表现在文本中形成固定的修辞模式。《西沙之战》"年青的舰长,此时此刻,思潮汹涌,豪情无限;彩云飘处,仿佛望见:天安门的青松、红墙,中南海阳光灿烂,伟大领袖毛主席,瞩目天涯,指点航线,给我们革命真理的罗盘,鼓舞着战斗的军民一往无前!舰长的视线投向挂历,挂历上一幅壮丽的画卷:……海风过时,仿佛听见,一个响亮的声音,又回响在耳边:把入侵者从西沙赶出去!革命军人,共产党员,要誓死捍卫毛主席的革命路线!啊!军号声烈,战鼓声酣,《歌唱祖国》,响彻云天!挟昆仑,越南海,战士面前无困难!……舰长、政委,及时动员:中国人民不可辱!受迫害的渔民盼支援!我们决不要别人的半分领土,也决不准强盗占我一寸河山!"

如果不是分行写,接受者会想到这是小说中的一幕,戏剧中的一场。多么熟悉的场景,多么亲切的话语,多么昂扬的音乐。在这庄严的氛围里,前台的英雄、普通人民汲取无穷的精神力量,提高觉悟,树立革命的乐观主义信念,成为超常态的人,成为世界的拯救者。人民的利益、祖国的领土、正义的战争、英雄战士、党中央、毛主席等关键词组合成环环相扣的因果链,被各种文体采用,书写着"文革"的叙事。

《西沙之战》因涉及江青的授意写作,文本又歌颂了她的形象,被孙兰先生称为"红都女皇"的赞歌。这也说明,文学叙事本身就和历史叙事相似,都是依靠语言的文本,建筑语言的世界，书写语言中的历史。

③语符形式的修辞特征

《西沙之战》的语言朗朗上口，具有评书的明快节奏，此特点明显地表现在第三部分海战奇观的描写上。段落的重复营造了回环的美感，感叹号的连续使用，句式长短有别，使之铿锵悦耳。因为多个人物的出场，文本选用了对话形式推进情感和事件发展，强调大众化的写作方法，吸收民歌的因素，口语、俚语入诗，对敌人定位时使用的语言就是很好的例证。“恶犬相对骂，叫汪汪。”“活像马戏团的小丑，粉墨登了场。”“匪官兵，像老鼠遭到滚汤浇，胡乱撞齐往舱底钻。那丑恶的南越伪旗，烟熏火燎像只死乌鸦，飘落在狂涛巨澜。”这里有虚词“了”舒缓语气，有生造词“撞齐”。

文本在强调向劳动人民学习语言的理念外，偶尔也露出文人选词造句的痕迹。阿沙老船长没多少文化，却说出“明火执仗的匪帮”这种文乎乎的话。包括前文分析的塑造英雄形象使用的语言都有程式化倾向。千人一腔，假话、套话多，使用宣泄性的语言，把对敌人的恨、对祖国的爱表现得非常极端。

毛主席语录直接入诗，并用黑体字加黑加粗，有意加以强调，如“人不犯我，我不犯人；人若犯我，我必犯人”。有时还掩饰着用，如“以小打大，以弱敌强”。这种语言格式就像男人梳着油光发亮的大辫子是清朝的标志一样，成了“文革”语言的标志。诗歌在审美的道路上迷路了，连优秀的诗人和优秀的诗作也不能幸免。

（六）结语

本文从广义修辞学的角度关注“文革”诗歌的修辞语境、修辞品格和修辞幻象。

“文革”是政治运动,也是话语运动。“文革”诗歌是以毛泽东革命文学观念为指导思想,在单纯政治文化语境下产生的独特文学。最早以红卫兵诗歌登台,最后以“四五”诗歌运动结束,无论是当红的主流文本还是处于边缘的地下诗歌,以至发展到极端,出现了“小靳庄诗歌运动”,共同的特点是全民参与,各类人、各年龄层次的人最大限度地参与了诗歌创作,修辞主体由个体转为集体,并呈现出“诗人非诗人,人人皆诗人”现象,诗歌的个性体验由此而消失,诗坛由此分化为公开和地下两类。

公开诗坛大都选择直白宣泄修辞形式,表达“战歌 + 颂歌”的内容,以满足“文革”修辞整体要求。主流“文革”诗歌提供给读者的基本上是社会政治信息和意识形态理念,它给读者带来的多是政治性的热情宣泄,诗歌创作成了一种政治行为,诗歌作为阶级斗争的工具直接为政治服务,诗歌文本转化为政治文本,典型的“运动修辞”模式使权威言说得以实现。

在“文革”政治修辞语境中,普通人变为诗人,诗人变为政治人。由于片面强调诗的社会教化和集体抒情功能,他们往往关注内容,忽略形式,依赖政治性重大题材,主题先行,从而导致诗歌语言异化。大多公开主流“文革”诗歌没有突出自己的文体特色,除了分行写作这个外在特征外,其余皆混同歌词、日记、社论等其他文体。

“文革”诗歌修辞形式特征为直白宣泄。诗歌文本在句类上多表现为祈使句、感叹句。感叹号的强调,独词句的频繁使用,句子长短形式的结合,排比、重复修辞手法的运用等等都强化了语言宣泄性。诗歌语言通俗易懂,平白如话,有的更是使用人物对话的形式,并让语录直接入诗,形成“文革”诗歌特有的面貌。语言平铺直叙，使诗歌结构呈线形发展，语言只有表层含义无深层内涵，整个文本无多元解释的可能。不过，这其中“文人政治抒情诗”，在体现那个时代语言特色和文化品位的同时，也尽力展示了诗歌该有的韵味与美感。这和“工农兵政治抒情诗”直白的修辞特征有所区别。

本文以郭小川、李瑛的“文革”诗为例来考察“文人政治抒情诗”的修辞特征。郭小川的诗歌修辞模式可以概括为“感物咏志＋政治寄托”，在物象中承载政治理想。李瑛的“文革”诗歌，语言清新自然，物象以小见大，有民歌的风韵。

诗人张永枚在当时狂热年代，创作了长诗《西沙之战》，自觉地充当了一段历史的言说者。作者的政治惯性把自己修辞化为时代精神代言人。《西沙之战》表现出了公开主流诗歌修辞品格与修辞形式特征。

主流“文革”诗歌从一开始就卷进政治旋涡。诗歌的修辞功能张扬了政治，弱化了审美。但在当时的地下诗坛，却涌现出一批具有审美品位的诗歌。除了以牛汉“文革”诗为代表的自由诗形式外，许多边缘化诗人还选择旧体诗修辞方式，出现公木《无题》十首这样的佳作。唐湜独具特色叙事诗的出现，也是值得我们关注的“文革”诗歌修辞现象。他克服了以《王贵与李香香》为代表的谣曲体叙事诗创作模式，扩展了“革命的文艺＋民族风格＋劳动人民喜闻乐见的形式”的叙事诗典范性艺术手法，选择了自己喜欢的十四行体。地下诗坛还造就了艺术成就较高的地下诗歌另一类代表——白洋淀诗歌群落。重要代表作品《三月与末日》的语言具有强烈的宣泄性和感染力。地下诗歌传承古典诗歌艺术形式，借鉴国外诗歌创作技法，诗人们在努力保持自己精神个性的同时，抒发诗的精神，人们在拯救诗歌时也在拯救自己。

“四五”诗歌运动的政治意义和诗歌文本的艺术价值都值得关注，这也说明了其修辞功能具有“文革”诗歌公开文本和地下文本双重特征，具有中间状态的复杂性，张扬了政治，也具有一定审美意味。

“文人政治抒情诗”、地下诗歌、“四五”诗歌中优秀的篇章证明了“文革”有诗歌。

本文尝试着选取修辞幻象作为考察“文革”诗歌的切入点。修辞幻象指的是语言制造的幻觉。“文革”对知青来说有自我和社会的双重压力，共同处境使个人抒情很容易成为大家心声。在交流中，好诗歌就如同经典台词一样，被多人多次地传诵，倾注了真实情感的语言营造了郭路生诗歌中的“游子”修辞幻象。诗人、朗诵者、听众共同陶醉在语言制造的象征性世界里。郭路生和“游子”修辞幻象成为知青诗歌很有意味的个案。这种修辞幻象在知青艰难成长过程中，鼓舞了许多寂寞心灵，使知青们成为永不后悔的一代。

主流诗歌文本营造了“红”的修辞幻象群，选择了“红太阳”这个最典型的修辞单位作为毛泽东和党的象征。这个修辞单位自我延伸，在自我修辞幻象生成的过程中，生成新的类义修辞幻象，以至形成“红”色修辞幻象群。在主流诗歌文本中，“红”色修辞幻象群的生成并没有产生诗歌色彩所应产生的投射作用。因为它们只注重了色彩的物理性，而没有注重抒发色彩中的灵魂，没有把自己的感情投射到色彩中去，没有使色彩具有生命的鲜活魅力，我们眼睛看到的并不是心灵渴望着的富有审美意味的红色世界。

联系当时中国人的生存环境研究“文革”诗歌，这是写作本文的出发点。文章本身就是一种召唤结构,更大的研究空间在等待,直面过去才能勇敢迎接未来,我期待着更坚强的我的生成。

二　徐坤小说:群儒的挽歌

徐坤,奉职于中国社会科学院,当属精英之列。她以笔代枪,从容上阵,戏谑着登上九十年代的文坛。她的作品轰动一时,却不能流行于大众,原因不仅因为她建构了“知识分子写作”系列文本,更在于她御风而行汪洋恣肆的语言。正如王蒙所说:“虽为女流,堪称大‘砍’,虽然年轻,实为老辣,虽为学人,直把学问玩弄于股掌之上,虽为新秀,写起来满不论,抡起来云山雾罩,天昏地暗,如入无人之境。”徐坤的语言升华了对文本的品位,又具有神秘感和想象的空间,文字闪烁的光泽似阳光触角,迷茫了你的眼,又给你温暖。痛苦中蕴含着思索;犀利中流露着无奈;困顿中渴望着流畅;通俗中涂抹着崇高;从容中掺杂着恐惧;正常中塑造着扭曲。一切都是矛盾、困扰,语言的方舟在汹涌的海面上颠簸;思想在子归啼血的典故中洒下点点殷红,躁动不安的灵魂是铺天盖地的一张网,你、我、他都是网中挣扎不息的鱼儿,仓皇而又执著。语言是人类精神的家园,在这袭华丽的衣裳下面,我们将溯本求源,追寻徐坤小说语言的精妙。

(一)耳目一新,国人惊诧

徐坤最擅长的是知识分子的话语表述方式,在层层的剥离审视中,语言的使用游刃有余,呈一泻千里之势。美词丽句被铺张地驾驭,她简直就是一位挥霍无度的帝王。对文字的热爱,是一股起伏跌宕的激流,让她不能不说。而从接受角度来说,阅读也成为痛快淋漓的宣泄。这对习惯于温文尔雅品味的国人来说,惊诧之余,又觉新颖独特。例如:

(1)担心自己会肌肉萎缩。哑然失言的巨大恐惧深深地把他擒住了。林格看见他是那么焦虑急切忧心忡忡地说着,喋喋不休没完没了地说着,捶胸顿足扼腕蹙眉地说着,振聋发聩义愤填膺地说着,小题大做没屁硬挤地说着,看似庖丁解牛实则瞎子摸象地说着,不分时间和场合,人来齐了就开说,把"人文精神"和"终极关怀"挂在唇边上絮絮叨叨念来念去地磨嘴皮子,像是在练着灌口盥口或者洋绕口令Rap,简直是说得比唱得都好听了。(徐坤《游行》)

例(1)中的排比,多角度多侧面地刻画了黑戊博士夸夸其谈沽名钓誉的特征。唯恐天下人不知,唯恐天下人不敬的委琐心理,通过几句话,一气呵成。针砭辛辣,让人拍手称快。她这种如打开的自来水样流淌的话语,随处可见。有时并非使用排比句式,依仗不同的动词的使用,也能造成这种奔放文气。例如:

(2)一星期之内亮几次相,搞几次演讲,发几篇文章,撅起尾巴做几次秀来摇几摇,拿着旗杆晃几晃,才能让观众看着既解闷儿又过瘾,回味深长心里老是在挂想。[2]

(3)牧童骑在猪身上胸有朝阳
　　屋檐下的死猫摔出了瓦砾的碎响
　　绿色的渠水浇灌着

无色透明的稻秧
麦子像菊花一样散发着
隐忍的幽香。(徐坤《先锋》)

艺术的神圣,瞬间就消失了,“亮、搞、发、做、晃”等动词的使用,如此随便,又如此犀利,浮躁的人物形象尽显。例(3)中看似荒诞的文字,揭示了傻旦即撒旦、鸡皮、鸭皮、屁特等所谓的艺术家的实质,他们高呼着“孔子——”“老子——”“耶稣——”“释迦牟尼——”闪亮登场,没基本功算什么,不会画算什么,只要古今大战,中西合璧,乱七八糟的前卫,先锋就可以成立“废墟画派了”。于是,空框,烂泥,浊尿,牛身人面图,羊毛长在猪身上一并存在,国内艺术与国外线路终于完美接轨。“风啊风啊始终都在领航/思想已在画布上彻底流亡”,[1]价值连城,荣获金奖的画框,最终成了搁置洗衣机和电冰箱的托架,这无疑是最大的反讽。

徐坤的话语紧扣时代脉搏,借助各种表达方式,反映当下的人生百态。例如:

(4)这些报道语言她早已谙熟了,熟得像电脑软件,平时储存在一张盘里,需要的时候,插进去,启动,便能检索出她所要使用的。(徐坤《游行》)

(5)这一年仿佛已经进入女性主义的牛市了。她们的性别成了一种应时的股票,被明眼的男人们蜂起而爆炒。(徐坤《从此越来越明亮》)

---

〔1〕 徐坤:《先锋》,《遭遇爱情》,武汉:长江文艺出版社,1997年,第39页。

例(4)以"电脑软件"喻熟知的报道语言,把电脑术语移用到思想领域,充分体现了电脑知识普及的信息时代特征。例(5)以"牛市"喻宣传女性主义热潮,以"股票"喻性别,把经济领域的词用到意识形态中,反映了经济体制改革以来,物质渐渐取得对人精神统治。由这些语汇,可以了解当代的生存状态及人们观念的变化。正如刘勰在《文心雕龙·时序》中说:"时运交移,质文代变"。

徐坤作为文化圈中的一员,在国门洞开的今天,熟练地掌握一门外语已非难事。在她的语流中,英语不只起补充说明作用,而是直接表述思想。例如:

(6)他们却在心里牢牢记着自己真正的名字是"scholar",属于学者或是书生那一类,翻译成大众化的现代汉语后才有了茹毛饮血的土腥味。(徐坤《斯人》)

(7)在大学城里走的是一条 poem-pop-rock(诗—流行歌曲—摇滚)的亦雅亦俗半雅不俗非雅非俗的光荣与梦想的路径。(徐坤《斯人》)

(8)"What's the matter? 你怎么了?"乔傻瞪着眼睛。
"Joe,you son of bitch!"(乔,你这狗娘养的)
诗人平静地解释。(徐坤《斯人》)

例(6)(7)(8)中的英文是首要的表现形式,汉语做了英文的补充,不仅如此,徐坤还借助于大小、粗细不同的字体,诉诸读者以视觉的刺激与关注。例如:

(9)屏幕上“诗”就显现为如下一个公式：

诗＝寺＋言

言＋寺＝诗

也就是说，“诗”原来是寺中人所言，寺中人言称“诗”。

（徐坤《斯人》）

例(9)不仅字体粗黑，而且还使用了曲释的修辞格，故意对语义作歪曲解释，以达到荒诞的效果。徐坤还喜欢采用直义格的形式，对词语进行望文生义，让人忍俊不禁。例如：

(10)托福，托福

托你的福托他的福我们究竟

托谁的福。（徐坤《斯人》）

神圣严肃的考试被任意地调侃成拙劣的滑稽戏，昭示出国深造幌子下的媚外心理，趋之若鹜国人的自卑。文字大胆尖刻，让温和的国人紧张不安，惊讶于他的坦荡无忌，“托福，托福，脱离幸福，也脱离痛苦/脱离亲朋，也脱离故土”[1]。

(二)洞若观火，明察秋毫

雪莱说：“诗使它能触及的一切变形。”语言的叙述方式是建立在认知的基础上，反过来说，认知的特殊感觉又促进了语言形式的变异。徐坤的语言是实验性的，明显地背离了以往文学叙述模式，笔走龙蛇，神行八荒，逼迫阅读者产生联想，满足阅读

---

〔1〕 徐坤：《斯人》，《中国作家》1993年第4期。

期待。徐坤的文本主要描写意识，涉及人类心灵的隐秘。这就要求她的语言要极具认知性，使语言成为体现意识的符号。例如：

(11)“仰慕它，就像仰慕一朵花？
仰慕它吧，就像仰慕一朵花。
仰慕它呵，就像仰慕一朵花！”[13]
(12)“颠覆它，就像颠覆一朵花。”[14]
(13)“包装它，就像包装一朵花？
包扎它，就像包扎一朵花！”(徐坤《游行》)

例(11)(12)(13)中出现的“花”是贯穿《游行》这部中篇小说中一个重要的隐喻。什么是隐喻呢？斯蒂芬·厄尔曼在《法语小说中的风格》中说：“隐喻的一个主要特征是在本质和媒质之间必须要有某种距离。它们的相似性必须要伴有一种不相称感；它们必须属于不同的思想领域。”这段话暗示了语言具有置换的可能性，对相似性的感受，是产生隐喻的媒介。“花”与“女人”似乎有种天然的亲近，花的被仰慕到被颠覆的过程，与林格的始爱终弃的结局有相似性的感受。林格对“诗”“对话”“歌”的爱情体验过程，也是通过花的三种状态暗示的。语言在对男性文化进行破译的同时，显示女性在男性主权化世界里心灵震颤和性格裂变。单一表面的语言形式暗含许多种深意，语言也充分体现多功能性，充当了各种信息的载体，这样一来，语言的认知功能使单一有限的叙述观点和叙事结构得到补偿。

(三)鬼斧神工，以丑为美

批评家林舟在《生命的追怀》中说：“在当下的文化情境中，

性作为叙事语码,似乎成了个人化故事叙述的最后的停泊地和竞技场,欲望化叙事法则正以空前的无羁与活跃,生成着关于人的存在的表象描摹和经验传达。”

徐坤对性的描写,偏离情节而转向环境气氛,偏离人物而转向时空背景,丰富内涵的文字,使极不相容的两种事物水乳交融。例如:

(14)“他腰间悬挂着一只尖锐无比似乎能够荡涤一切的巨笔,能够肆意挥洒涂抹出白露琼浆花言巧语柔情蜜意。”(徐坤《游行》)

正如陈望道先生所说:“语言文字的美丑是题旨情境决定的,并非语言文字本身有什么美丑存在。”例(14)运用双关手法,为的是揭示黑戊生活上的放荡与治学上的浮夸。丑的内容,却因文字使用的恰如其分,展示了美的形式。王国维说:“一切景语皆情语也。”说的是审美主体在认识客观物境的同时,掺入了主观情绪,从而使客观表象转化为一种意象。身为精英的徐坤,却以反精英面目出现,在文本中,大量丑态百出的意象栩栩如生地被表述出来,达到艺术形式的美。例如:

(15)一双双49码大脚都变成了敏感通红长着无数欲望黏膜的小舌头,正一口一口的把肿得发胀的票子哗哗哗地从球脸上往下舔。(徐坤《谁给你传球》)

(16)思想者被自由自在的鸟粪淹绿了。(徐坤《鸟粪》)

足球职业化,足球不再是单纯的体育竞技项目,带有很大的商品性。例(15)的比拟,生动形象地揭示了这种恶俗心态。力与美的搏击,全都被斤斤计较的商业算计给颠覆了。例(16)中则运用拈连的手法,把鸟粪的绿色顺势用到思想者的身上,展示着思想遭羞辱,阉割,电击,狗尿侵袭后的凄艳冰冷。徐坤的文本中很少有美轮美奂的美的意象描写,在对丑的意象的塑造的同时,力求达到丑到极处就是美的境界。

詹姆斯·拉姆齐说:"任何事物都不会单纯如一。"这使语言的多义性成为可能。徐坤的话语从常规中分离出来,暗示了自由、超越和反抗。正如维特根斯坦所说:"我们正在与语言搏斗。我们已卷入与语言的搏斗中。"

三 网络小说:众语喧哗与文体亲和

网络作为生活中获取信息的重要途径已被广泛的接受和使用,以网络为手段,以敲击键盘的"嗒嗒",代替笔尖划过的"沙沙",在超越时空的虚幻的世界里,书写者以一种"不要问我从哪里来"的姿态,倾诉着"流浪远方"的孤寂心灵。在世纪末,他们坚守的是无拘无束的自由,崇尚的是个性的张扬,叙述的是情爱永恒的话题,演绎的是年轻人鲜活的生命。

创作主体以一种无性别、无身份、无年龄状态活跃在网络上,伴着光与电,让人惊叹的同时感到无限的恍惚,他们是传统意义上的作家吗?痞子蔡凭《第一次的亲密接触》独领风骚,"知名度像一股热浪在网络上延烧开来"[1]而他本人却是普通

---

〔1〕 蔡智恒:《第一次亲密接触》,北京:知识出版社,1999年,第215页。

的成大水利系学生；蓝冰借《相约九九》成为“网易首届网络文学奖”小说金奖的得主，而他本身是书店的职员；宁财神的专业是国际金融；花过雨学的是涉外会计；邢育森是北邮的研究生，喜欢为实际的网络建设尽力，无意文坛厮混；安妮宝贝职业经历金融、编辑、广告；安文初写于1999年6月，时日尚短；挪威森林刚满20，初涉编剧艺术；何从广告设计出身；只有李寻欢，有过从文的经历。他们的写作没有专业的打磨，只是一种自由自在的宣泄，热情与真实是最大的推动力。“网上发表只是为了借助于网络的翅膀和轮子，在茫茫人海中寻觅稀少的回音。不以发表后的荣辱为目的，也就少了许多功利的欲求。文体对于网上写作者来说，从来不是一个难题，它不需要像什么或是什么，那仅仅是自己想要说的就够了。”[1]

在网上戏波踏浪的创作主体，凭着一颗本真的心，说着想说的话，而点击回访的又是谁呢？翻开痞子蔡的留言板，看到的大多是学生的回访，绿 MIDORI、王士峰、蓉儿……只有少数演艺业人士：CINDY、山水千秋。资讯业：Chieh。他们也是出语轻薄如少年：“爱死你了，怎么才能同你一般呢？”http:// meet99.126.com 的留言簿中阿伦的留言很有代表性。

当你有勇气
将伤心记录酿成文字的时候
而我却正经历着文字里的一切
不是快乐

---

〔1〕 张抗抗：《为了伤痛的心灵》，蓝冰：《相约九九》，北京：知识出版社，2000年，第5页。

而是痛苦
不同的地点
不同的时间
相同的事
相同的感觉……

（蓝冰《相约九九》）

忧伤的爱情，年少的故事，强烈的认同感，呈现一颗颗赤子之心。接受主体与创作主体是年纪相仿的群体，他们率意为之，以自己的经历和喜好与文本应和。创作主体拥有充分话语权的同时，接受主体也享有充分的选择权。在平等沟通进程中，小说的创作呈现互动的状态。创作主体是有话才说的自由式的书写状态，而接受群体非常适应这种短小精悍、不乏娱乐性的精神快餐。无论写者还是读者都蔑视板起脸孔训人的叙述话语，于是众语喧哗与文体亲合的表达方式成为网络小说的首选。

众语喧哗可以从多个角度理解，我们在这里主要从语言的表现形式角度分析，认为是书面语与口语的融合；从语言的来源看，是外来语、流行语、符号直接运用到文本的叙述中。文体亲合指的是突破小说文体的局限，把信、日记、诗歌等文体直接应用到文本中，实现跨文体行动，使之更符合创作主体的随意自在的写作状态。

网络小说以屏幕的直观式，以“屏面语”的形式，表达了口语的内容。以独白与对话的方式，演绎出一段段凄美的故事。何从的《非常假期》，开头以第三人称的方式拉开序幕，如电影的旁白，介绍男女主人公面包与黑天鹅（黛）。A 面，就是我们通常理解的第一章，以 track-1 始，track-5 终，以第一人称自叙，犹如黛的日记被打开，上面记录着私人化的情感。B 面形式同 A 面，只不过主角是面包。全文淡化情节，即使后来谈到的巫婆与晶，也只不过是个符号而已。文字宣泄的只是一种情绪，全文由对话与独白组成，书面语与口语合二为一，无法区分。这种表达方式在他的另一篇小说《活得像电影一样》也得到体现。

与专业作家相比，创作主体语言的使用没有固定的模式，方言使用减少，但外来语、流行语、符号等使用频现。这体现了信息化时代的特点。外来语很少翻译，直接使用。外文多为英语，这与英语的普及与提高有关。有时顺手拈来，并非刻意地装蒜。

(1)"A 片也者… American 片是也…"

(2)"你们算是'Beauty and Beast'…现实生活版的美女野兽…"

"我是 Beast…那你呢？…

"我比你少一个 a…所以我是 Best…"

(3)" Rose, listen to me… listen…

Winning that ticket was the best thing

That ever happened to me…

It brought me to you… And I'm thankful

Rose… I'm thankful…"(痞子蔡《第二次亲密接触》)

(4)"He is not my friend , but he is with me, like a shadow with a foot that falls"(安妮宝贝《呼吸》)

(5) god be thanked, the meanest of his creatures boast two soal-sides

One to face the world with

One to show a woman when he loves her

感谢上帝,他的最卑微的仆人
也有两面的灵魂
一面对着世人
一面对着他所爱的女人(恩雅、李寻欢《飞天霓裳》)

(1)这样的专有名词用英文直接表达,在网络小说中随处可见。(2)是日常交谈话语,用英文开玩笑。(3)是原文的直接引用,在文中出现两次,无任何中文注释。有种大家都知道的、无须多言的味道。(4)如题记,引出正文。(5)比较传统,有英文有译文。这些英语运用,大多是创作,并不是引用,有别于以往的情形。

符号直接介人,是网络这特定媒介的产物。

(6)我和她身高的差异约 =20 * tan20 度 =7.3。

(7)例如笑脸符号就是:)、∧ - ∧、: p、∧ O ∧、: ~等等。

(8)你若送来半形的:),我仿佛就能看见你微微扬起的嘴角;你若送来全形的:),我仿佛就能看见你满是笑意的眼神。

(9)我太幸福了! 我 i〉i 我 i〉i〉。(安文《相当完美》)

有的符号是大家都在通用的,如(7);有的则需加注释,属自己独创的专利,目的是增强幽默感,如(6);有的直接进入表达,代替文字,如(8)、(9);彼此看不见,又真实地感觉到对方的存在,符号是更形象的交流,具有文字不可比的优势,许多网络小说都在使用。“…”不是省略号,而是回车键形成的空白,意犹未尽的间歇。

创作主体与接受主体思想都很前卫，流行语的使用更是家常。加之网络小说的语言淡化语法结构，短句多，省略句多，简练、通俗。有时为了调动现场气氛，用语新奇大胆，花样层出不穷。

(10)老皮从人间蒸发了。(宁对神《三三得九》)

(11)像吸血鬼的爱情。棺材的按揭期限仿佛遥遥无期。(何从《非常假期》)

(12)爱情有风险，入市需谨慎。我倒还确实是在持币观望呢。(李寻欢《一线情缘》)

“蒸发”、“按揭”、“入市”、“持币观望”具有鲜明的时代感，至于流行语“登陆”、“灌水”、“发帖”、“ E-mail”、“泡网”、“冲浪”、“美眉”、“恐龙”等不胜枚举。也可以这么说，想收集流行语，看网络小说吧，这些是年轻一代最喜欢的字眼。

网络小说引进除小说外的他种文体，尝试着跨文体的创作。小说的内容，以日记的体裁来负载，这种手法，在《第一次的亲密接触》中发挥得更加极致。轻舞飞扬写给痞子蔡的信，也就是自己的日记，占 30 页的篇幅，是全文最打动人的部分，此时的小说是信与日记二合一的文本。挪威森林的《上个星期》，从星期一始，到星期日终，也是以日记负载小说内容。安妮宝贝《暖暖》采用的是“月记”的形式，自 1999 年 3 月始，每月一记，1999 年 12 月结束。只有 11 月空缺。这种信、日记、小说三位一体的形式，网络小说经常使用。除此之外，安文的《真实爱情》中直接用报告 1、报告 2、报告 3、报告 4 构成小说中重要的部分，是公文体与小说体的结合。

电脑的书写状态，开头齐平，长短句错综，一句一行的表述，很像大家熟悉的诗的形式。这种省掉排版的格式，不仅在网上被大家习惯接受，就是直接下载形成的作品，也堂而皇之登上货架，置于人们案头。年青的生命为诗而歌唱，仅这种诗的形式，本身就激动着作者与读者，更别说文本中还经常出现完整的诗了。如《第一次亲密接触》以诗开头，以诗结尾，文本就是诗与小说的二合一，从形式到内容，完全迎合了接受群体的口味。

我轻轻的舞着，在静谧的天堂之中
天使们投射过来异样的眼神。
诧异也好，欣赏也罢，
并不曾使我的舞步凌乱。
因为令我飞扬的，不是天使们的目光
而是我的青蛙王子。

诗结束了，文本结束了，不能结束的是心情。痞子蔡也多情起来，亲密的姊妹篇泛滥。其他如恩雅、李寻欢《飞天霓裳》，何从《神之右眼》以诗点题，给文本增色不少。可见诗的形式是年轻人的宠物。

这些创新的表现手法体现了创作主体与接受主体互动情景，通讯手段的交流只不过比传统的信的载体速度快，但本质都是交流的形式，这点相同。日记是最好的反思载体，故许多人选用它。以文字为载体的对话叙述形式，就是对现实口语内容的记录。这体现了以我为中心的创作，消解崇高感的大主题，我想说，我想看，为的是感动，为的是娱乐。

网络小说,作为网络文学中最常见,影响最大的一种文学形式,以网民为对象,以书的形式问世后,又扩大阅读对象,是种新兴的文学样式。至于有人担心会产生虚假的社会化,导致认知结构不尽完善的接受者产生与社会生活相偏离的趋向,这不能全怪网络小说,这是由于艺术的非直接现实性的特点决定的。因此心理学家告诫人们"对于正在发展的个人来说,现实中不存在的群体不能代替与周围环境的全部联系和接触,对于这个人的动机价值范畴和谐正常的形成来说,这些联系和接触是必不可少的"〔1〕。接受群体调整自己的情绪,提高免疫力才是根本。

王国维曾说:"盖文体通行既久,染指遂多,自成陈套,豪杰之士亦难于中自出新意,故往往循而作也体,以发表其思想感情。一切文体所以始盛终衰者,皆由于此。"〔2〕当旧有的语言模式已经妨碍了我们叙述生存状态时,就必然要创新。网络小说对语言、文体的大胆尝试、精神快餐式的创作,让我们耳目一新,有时也觉得不适应。有人激烈地视之为垃圾,对其进行严厉地批评。作为一种存在,总有存在的理由,不管个人喜不喜欢。让我们的关注,成为推进网络小说健康发展的动力;让我们的善意,促使人们雕琢出晶莹剔透的美玉。

---

〔1〕 A. B. 彼得罗夫斯基等:《集体的社会心理学》,卢盛忠、龚浩然、张世臣译,北京:人民教育出版社,1986 年,第 59 页。

〔2〕 王国维:《人间词话》,滕成惠校注,济南:齐鲁书社,1981 年,第 104 页。

四 “课桌文学”:独语和对话

课桌文学以课桌这种特殊的材料为载体,抒发着莘莘学子的七情六欲,自从有了在课桌前的苦读,或多或少就有了些许轻吟低唱。年年岁岁书相似,岁岁年年人不同,绵延不断的是无尽的幽思,信手涂鸦的话语中,流露着无奈、彳亍、相思,愤慨、调侃的潇洒背后,是为伊消得人憔悴的孤独。微黄的汗青无法传递那沉重的叹息,斑驳的桌面却可以诉说“我们的精神家园”。

本文将以谭学纯先生的修辞功能三层面学说:修辞技巧、修辞诗学、修辞哲学角度[1],对课桌文学的修辞建构作一简要的阐释。

课桌文学散见于桌面的角角落落,以暗流的方式,萦绕在学生之间,创作的主体与阅读的受众都是学生,教师只是驿站里偶尔的过客,属于课间或监考时打发无聊的看者。这种单纯的氛围,导致了无需属名,具有私密式、即兴式的书写特征,既可以是瞬间、零散的思维碎片,又可以是痛快无忌地心灵敞开;既是洗去铅华,直面自我的独语式话语,又是穿越时空,真情流露的聊天式闲谈;风花雪月的美文早已过时,直露告白的宣泄堂而皇之地粉墨登场。例:

(1)真是神龙见首不见尾。

(2)大一彷徨,大二呐喊,大三伤逝,大四朝花夕拾。

---

〔1〕 谭学纯、朱玲:《广义修辞学》,合肥:安徽教育出版社,2001年,第2~3页。

(3)毕业了：捧着一颗心来，不留半根草去！呜呼，走吧！

(4)“贝多芬”“研究生”“九三学社”“卧谈会”

(5)大一姓篮球，大家抢着投；大二姓排球，来了才去接；大三姓躲避球，能躲尽量躲；大四姓足球大家踢着走。

这些随手写下的语句，建构了一种属于大学生课桌文学的修辞话语。有的是自觉的话语建构，如(1)。真实情况是学校为鼓励学生进行大量社会实践活动，对社团采取宽松政策，因此，新学期开始，各社团呈现繁花似锦的气象，甚是好看。然而，随着课业渐紧，社团活动日渐枯萎，故使社员们发出如此哀叹。这句话超越字面义，潜在所指被悬搁，整句话产生了新的语义接受，在特定语言结构中，实在所指被激活，说者完成对话语的语义重构。这是一种自觉的，有意识的修辞建构行为。有的时候则是不自觉的话语建构，如(2)，借名人之口，说自己故事，话语中的“彷徨”、“呐喊”、“伤逝”、“朝花夕拾”，既可指鲁迅著作名称，又可直接从字面义理解。大一和彷徨构成一般的陈述语气，在其出现之际，则产生了极强的修辞效果。它把句法平面原本繁琐的主谓句，转换成语用平面简短明快的主题和述题。有时则是对现成话语进行语义重构，如(3)中“草”，既可指“事”又可指“芳草——姑娘”。(4)中“贝多芬”形容那些背后看起来长发飘飘娇媚动人而正面却令人失望的女生；“烟酒生”特指整日以烟为伴以酒为友的哥们；“九三学社”指早上能昏睡到九点钟，下午三点钟方才有人刚从被窝里爬起来的宿舍；“卧谈会”指每次大家为一些事情争论不休，不得不躺在硬板床上开会至深夜。大学生赋予这些话语以新意，使接受者在意想不到之中受到震动,通过扩大语义距离制造出了更宽阔的语用距离,在语言陌生化的同时,拉长审美过程,达到良好的修辞建构效果。

谭学纯说:“修辞话语,是在一个层面的不合理向另一个层面的合理的转化中完成建构的,表现为构词不合理转化为修辞合理。”[1]例(5)对此作了很好的注释。它是一种戏拟,也是一种解构,且赋予了幽默意味。篮球(排球、足球)是固定的话语结构,作为本体,大学生以一个相对固定的结构框架,重建“躲避球”。现实生活中无此类球,属生造词,不合理,但如果从修辞考虑则属仿词格,生动形象地调侃了“追女生要趁早”的心态。

随着互联网的使用,许多人已经不满足小范围内的资源独享或家庭作坊式的书写,勇敢地在网上发布长篇大论式的“课桌文学”,虽然载体已经变成看不见的网,但内容和品味却一脉相承,唯一不同的是只言片语上升为文本,以文学的形式诉说着校园情绪,你、我是网中鲜活乱蹦的鱼,只是彼此不知姓名。例如:

(6)话说女生十回头
XX 女生一回头,倾倒整个男生楼;
XX 女生二回头,路上汽车乱碰头
(7) 逃课的理由
孟子:因为妈妈喊我去搬家!
轻舞飞扬:我轻轻的逃着,在拥挤的人群中,你投射过来异样的眼神。

〔1〕 谭学纯、朱玲:《广义修辞学》,合肥:安徽教育出版社,2001 年,第 39 页。

网易：网聚逃课者的力量！

高尔基：逃课是学生进步的阶梯！

(8) 模范情书

我是你闲置桌前的那个键盘，我是你初次上网时墙上的钟，我是你深夜注视的那个屏幕，我是你清晨蒙上的楚楚盖头。

我要你打开你的信箱，我要你牵你的猫在网际徜徉，我要你注视我的目光，然后默默地告诉我断线的忧伤。

这城市已摊开它拥挤的带宽，我怎么能找到你等我的地方，像每个恋爱的虫子一样，在聊天室里，在Email里寂寞成长。

(9)各专业学生的最佳前途

计算机　太平洋骗子(按：太平洋乃计算机城)

环境　通下水道的

中文　此处删去2500字

(10)蝶恋花· 梦遗

今日不幸失恋，傍晚无法入眠。A片脑中忽现，半夜突起，留下精液一片。

结构主义语言学的先驱索绪尔把语言看作符号系统时，结构主义文学理论的早期代表——俄国的形式主义者们则把文学看做人类用以艺术地把握世界的一个符号系统，“一方面，文学体现人和世界的审美关系，使世界按照人审美经验，被重新设计为修辞化的图像。另一方面，文学作为艺术的一个下位类型，是人类情感的符号形式，文学所反映的现实，是人化的自然转换成了修辞化的自然”。[1] 语言和文学通过修辞建构体现人与世界的审美关系。如(6),无论是褒还是贬,都是夸张的修辞化的,并不能当真,更不能说书写此文本的人,品德多么恶俗等等,这只是以押韵的庄严形式,颠覆了信口开河的状态,调侃了“窈窕淑女”的形象,缓解了“正经”的压力,给走在金光大道的学生们片刻观赏路边野花的恶作剧式的快感。

托多罗夫在文学领域提出:“叙事的时间是一种线性时间,而故事发生的时间是立体的。……有必要截断事件在时间上的自然连续,用歪曲时间来达到文本建构的美学目的。”[2] 如(7),文本汇集了古今中外男女老少,现实、虚构的人物的语言,甚至名牌产品的广告语,目的是想打破文学表达中的语言之链,从文学的审美功能出发,以一个话题为中心,向四周立体辐射,从而进行审美自由的尝试。索绪尔认为语言各项元素之间的关系在两个不同的范围内展开,它们分别属于句段关系和联想关系。“句段关系是在现场的;(in praesentia):它以两个或几个在现实的系列中出现的要素为基础。相反,联想关系却把不在现场的(in absentia)要素联合成潜在的记忆系列。”[3] 这种思想被雅克布逊成功地移植进文学理论,衍化出著名的诗学原理:“诗意功能是把等价原则从选择轴投射到组合轴。”[4] 这里说的选择轴和组合轴,分别相当于索绪尔的联想和句段关系。以(8)

---

〔1〕 谭学纯、朱玲:《广义修辞学》,合肥:安徽教育出版社,2001 年,第 51 页。

〔2〕 R·巴尔特:《叙事作品分析导论》,张裕禾译,《美学文艺学方法论》(下),北京:文化艺术出版社,1985 年,第 535 页。

〔3〕 索绪尔:《普通语言学教程》,高名凯译,北京:商务印书馆,2001 年,第 171 页。

〔4〕 谭学纯、朱玲:《广义修辞学》,合肥:安徽教育出版社,2001 年,第 56 页。

为例，情书的文本把最具有时代特征，最能被大学生接受的语言单位提取出来，“键盘、屏幕、楚楚盖头、信箱、目光、宽带、聊天室、E - mail、恋爱的虫子……”投射到组合轴上时候，连在一起，形成具有审美意味的文本，实现阅读时的共鸣，达到诗意功能的审美效果。

其余如：戏说大学、陋室铭、大学女生防追手册、俘获 MM 大法之卑鄙篇——特别送给光棍朋友李少游、花花男生十大准则等，分别以“戏说”“卑鄙篇”“准则”“手册”“陋室铭”等文本形式，建构一个叙述形式和思想意义全新的文本，犹如在“思想品德修养”的大树上抽出的新枝，在对正经颠覆的同时，建构了“非主流”学生味青春躁动式的文本。

修辞话语无论是囚牢，还是家园，一旦被主体接受，就会参与主体的自我建构。人们在接受一种修辞话语的时候，也接受了一种价值判断。

随着就业压力的增强，自我提高迫在眉睫，于是考研，考托既无奈又是明智的选择；(9)以一种新的文本方式，建构了新一代大学生的人格，改写以前的“红孩子”形象，更现实；“快乐男生”则勾画了一幅自得其乐，消解崇高返璞归真，价值观念多元化的新的修辞典型，即真实又可爱的形象。至于“天涯何处无芳草”“校园里最妩媚的 GG”等大胆暴露，少了含情脉脉，美辞丽句，多了“性”的直接表述。“性”作为一种叙事语码，更明确地反映出大学生青春萌动期性意识的觉醒，如(10)拿掉了羞羞答答的盖头，暴露出了生理上的真实状态，这绝非道德沦丧，只是一种宣泄方式罢了。修辞话语既介入了人的现实生存状态，也介入了人的审美生存状态，参与了人的精神建构。

这些只言片语或者以文本的形式建构的大学生精神世界只

是在理想与事业、纯洁与崇高的压力下伸展出的些许阴暗的小芽,作为一种宣泄方式,无忌地释放着不满、无聊、焦躁、嫉妒、失恋、性冲动等最私人化的情绪,这只是冰川一角,也许仅是瞬间,并不能损伤大学生朝气蓬勃,充满理想的整体形象。这种不受时空限制的独语式的书写形式,滋生了隐秘的内容,透过这扇小小的窗口,我们看到了春色满园下的枯枝残叶,千万别轻视了落红的片片心意,化作春泥是她生命的追寻。这种稍加放纵的宣泄,排除了凄风苦雨,留下的是碧海蓝天。

遥想当年文人骚客酒足饭饱之后,笔走龙蛇,雪白的墙壁顿时风景一片,引来无数惊叹,这是何等的爽快与惬意!可如今钢筋水泥冷酷无情,玻璃窗户将阳光分割得七零八落,即使在校园里,也寻找不到一片任人挥洒的白墙,只有课桌;甚至夹在桌缝中的字条,课桌的延续者——纸;看不见的网络;才是我们心中最亲切的召唤。徜徉在这种温暖的朋友式的独语和交谈的氛围中,朴实,自然,塑造的是生命的另一种本真。

第四章　修辞问题思考与探索

思索消极修辞问题，发掘“秀色可餐”生成的原初语境，探寻画论语境中“远”的语义场，对固定格式“失之……”与“有失……”进行比较，追问一个夸张经典的生成动因。以上尝试，力图走上修辞学交叉学科性质与跨学科视野相结合的研究路径，呼应广义修辞学的学术召唤。

一　对消极修辞的几点思考

消极修辞是陈望道先生的巨著《修辞学发凡》（以下简称《发凡》）所建立的两大分野理论体系之一，它既指一种修辞现象，又指一种修辞手法。在《发凡》中，陈先生对两大分野之一的积极修辞，特别是其中的辞格，从方法、功能、结构等方面作了深入细致的研究，而对另一分野消极修辞只作了概括的论述。《发凡》总结消极修辞总纲为明白，在内容上要做到意义明确、伦次通顺，在形式上要做到词句平匀、安排稳密。显然在消极修辞方面，《发凡》只是从“要求”的角度提出了问题，没有像对积极修辞那样从方法、功能、结构等方面做进一步的探讨，从而在学科源头上留下了修辞方式研究不平衡的遗憾。《发凡》以后，两大分野理论体系对修辞研究和修辞教学都产生了极其广泛深远的影响，只是几十年来修辞学研究厚爱积极修辞，忽视、冷淡了消极修辞，“讲积极修辞，尤其是讲辞格的多如雨后春笋，而讲消极修辞的则寥若晨星”[1]，两大分野研究的不平衡进一步加剧。可喜的是二十世纪八十年代始吴士文先生从继承与完善《发凡》消极修辞理论出发，提出了消极修辞体系的新构想，以“辞规”与“辞风”这两个核心概念作为消极修辞的下位层次与积极修辞的“辞格”和“辞趣”对举，为我们研究消极修辞指明了方向与途径。回顾并不遥远的修辞研究的过去，我们会发现上个世纪八十年代后期到九十年代初期，消极修辞研究者们在吴士文先生的带领和组织下，集体攻关，曾“形成了修辞学一道亮丽的风景线”[2]。不过，随着吴士文先生的逝世，这道亮丽的风景线已悄然消失。然而值得庆幸的是修辞学界仍有部分同仁在继续着陈望道、吴士文等先生所未竟的消极修辞的研究事业，因为他们，消极修辞的研究终究没有沉寂。2002 年 3 月中国文史出版社出版了胡习之先生的《辞规的理论与实践——二十世纪后期的汉语消极修辞学》，为消极修辞研究的平静水面又荡起了一阵涟漪。胡习之先生在该书“结语”中写下了这样一段文字：“消极修辞是修辞的半边天，然而它缺少生动、形象的艺术魅力，人们对之过于冷淡，加上以往的研究角度与方向都有偏差，因此消极修辞一直得不到青睐。吴士文先生的辞规理论的提出使消极修辞的命运有了些许改变。我们觉得应该有更多的人来关注辞规理论，应该有更多的人来研究常规的修辞方法，消

〔1〕 潘庆云：《探索辞规体系，掌握修辞世界》，《营口师专学报》1988 年第 2 期。

〔2〕 袁晖：《二十世纪的汉语修辞学》，太原：书海出版社，2000 年。

极修辞应该有更加美好的明天!”[1]有感于这段饱含学术深情的话语,我们对消极修辞发表我们的一些看法,企望以此为消极修辞的理论建设尽绵薄之力,尽管这些看法未必成熟。

(一)修辞学研究的语用学转向再次证明:修辞学包括消极修辞

对消极修辞是否为修辞学研究的对象,一直存在分歧。但最近一二十年来的消极修辞研究事实已经有力地证明了消极修辞是修辞学的研究对象。胡习之先生在《辞规的理论与实践》一书中从语辞使用的三境界、修辞的本质、言语现象的多面性、独特的研究内容与角度等方面论证了消极修辞是一种客观存在,修辞学应该研究消极修辞。在此我们想从我国修辞学研究的语用学转向这个角度来说明消极修辞是修辞学的研究对象,修辞学应该研究消极修辞。

胡范铸先生认为“20 世纪的中国修辞学,从辞格研究起步,直到同义结构的讨论,其中自有种种变化,但在总体上,遵循的基本上还是同一个研究范式,这就是:语言的艺术化的技巧及其选择”。[2] 我们赞同胡先生的这个认识并且认为 20 世纪中国修辞学忽视、冷淡,甚至否定消极修辞与这种研究范式紧密相关,或者说正是这种研究范式才导致了某些人对消极修辞作为修辞学研究对象的否定。但是这种研究范式弊端甚多,比如,“在这里,修辞学通常只是若干特别的词句组织方式的集合,而不是对语言活动的全部过程的考察。在这里,修辞学常常表现

〔1〕 胡习之:《辞规的理论与实践》,北京:中国文史出版社,2002 年。
〔2〕 胡范铸:《从“修辞技巧”到“言语行为”》,《修辞学习》2003 年第 1 期。

为一个个‘辞格’的随意性拼凑”。[1]

语言艺术化的技巧及其选择这种传统的研究范式不能阐释人们言语活动的全部,甚至主要部分,因而一些学者正寻找、探索新的研究范式。这就是在语用学影响之下所形成的言语行为范式。稍微留心一下我们便不难发现对修辞的认识正悄悄而又相当迅速地发生着一些变化,比如陈汝东先生认为“修辞就是人们依据具体的言语环境,有意识、有目的地组织建构话语和理解话语,以取得理想的交际效果的一种言语交际行为”。[2] 可以说言语行为就是修辞行为,或者说修辞行为就是言语行为,这种认识正得到越来越多的人的赞同。在这种“言语行为”研究范式之下,探讨一种言语行为何以能够实现交际意图、交际目的应是修辞学的核心问题。依据修辞就是言语行为的认识,显然修辞不就是积极修辞,它还应有相对的另一半内容,即消极修辞,因为人们的言语行为有生动形象等的追求与表现,也有明晰晓畅等的追求与表现。人们为了实现某种交际意图和交际目的,组织建构话语,有时自然侧重文采上的修饰,有时则只是质朴地调整语辞。这其中正显示了修辞的两大分野的差异。当然,在修辞研究的语用学转向的背景之下,依据言语行为的修辞研究范式,修辞学(包括积极修辞和消极修辞)的研究方法、研究方式、表述方式等等,都会发生很大的变化,但无论有怎样的变化,修辞现象的两极对立(积极修辞和消极修辞)却是万变不离其宗的,是永存的。

---

〔1〕 胡范铸:《从“修辞技巧”到“言语行为”》,《修辞学习》2003年第1期。

〔2〕 陈汝东:《社会心理修辞学导论》,北京:北京大学出版社,1999年。

(二)消极修辞也有一定的艺术魅力

胡习之先生的《辞规的理论与实践》一书贯串着一个基本的思想,即积极修辞具有或强或弱的艺术魅力,或曰感染力,相对的消极修辞则毫无艺术魅力可言。他在讨论辞格与辞规的区别时说:“我们认为辞格与辞规最重要的区别在于是否有魅力可言。辞格属于积极修辞,它具有形象生动的特点,不管是什么样的辞格,它都具有或强或弱的艺术魅力或曰感染力。而辞规属于消极修辞,它只是以事示人,以理服人,不以形象感人,不以情感动人,它只求表达得清楚明白、准确恰当、通顺晓畅、平易简洁,因而辞规丝毫无魅力可言。”[1]这段话虽然说的是辞格与辞规的区别,但因为辞格与辞规是积极修辞与消极修辞的核心,所以也可认为说的是积极修辞与消极修辞的差异。不过我们认为说消极修辞“丝毫无魅力可言”不太准确,有些绝对化了。

我们认为消极修辞也有一定的艺术魅力。一般都认为积极修辞表现出来的特色是华丽的、奇特的,消极修辞表现出来的特色是平易的、质朴的。从美学角度而言,华丽、奇特是一种美,它们能唤起人们的美感,具有动人的艺术魅力;平易质朴也是一种美,也具备一定的艺术魅力,只是不如华丽、奇特之美浓烈而已。如果说消极修辞毫无魅力(或曰艺术魅力)可言,那么何以解释很多全用消极修辞或绝大多数用消极修辞写成的文章能够打动人、感染人?朱自清先生的《荷塘月色》是多种积极修辞手法成功运用的典范。文章大量采用比喻、比拟、通感、叠音等方法,描绘出一幅幅生动迷人的画面,而且移情入景、缘情写景,使景色

---

〔1〕 胡习之:《辞规的理论与实践》,北京:中国文史出版社,2002年。

散发出静谧淡泊、超尘脱俗的气氛，展示出柔美的荷香月色，给人以语言艺术的美的享受，散发出动人的艺术魅力。而朱自清先生的另一篇名作《背影》则主要运用消极修辞手法，无华赡的文字，叙述的又是普普通通的生活琐事，然而却具有极大的感动力，震撼着读者的心灵。这种艺术效果的取得其原因当然首推情感的真挚，其次便是消极修辞手法的运用。作者在《关于散文写作》中曾有过这样的自述："我写《背影》，就因为文中所引的父亲的来信里的那句话。当时读了父亲的信，真的泪如泉涌。我父亲待我的许多好处，特别是《背影》里所叙的那一回，想起来跟在眼前一般无二。"朱自清先生正是怀揣着对父爱深刻理解的一片真情来写《背影》的，因而能深深地感染读者。这里我们还需要关注的是作者所用的语言不是华丽浓烈的，而是质朴淡雅的。我们觉得正是消极修辞手法与真挚情感的完美结合才使得《背影》成为墨淡情浓的佳作，给人们留下了无穷韵味。而这无穷韵味的存在难道没体现出消极修辞的魅力？

吴士文先生认为某些消极修辞方式也具有一定的艺术魅力。他曾举过以下一组实例加以论证：

(1)荔枝呈心脏形、卵圆形或圆形，通常蒂部大，顶端稍小。蒂部周围微微突起，称为果肩；有的一边高，一边低。

没用辞格，就把荔枝的形体描绘出来。姚汉铭称这种辞规为"出示形态"。谁也不会说它不给人形象感。

(2)我国的建筑，从古代的宫殿到近代的一般住房，绝大部分是对称的，左边怎么样，右边也怎么样。苏州园林可绝不讲究对称，好像故意避免似的。东边有了一个亭子或者一道回廊，西边绝不会来一个同样的亭子或者一道同样的回廊。

没用辞格，就把两种建筑形式表述出来。王晓平、孙洪文、孙永麟称这种辞规为“比较”。谁也不会说它不给人以鲜明感。

(3)婶子，你思摸错了！比方说吧，有这么两个媳妇，一个是娘家陪送的四橱八箱，三铺六盖，可是她本人不会生产；一个呢，没有东西，光带了只能做活的手，你挑哪一个？

没用辞格，一举例，那位“婶子”不能不挑后一个。吴士文称这种辞规为“例解”。谁也不会说它不给人有力感。

(4)他的注重语言绝不是堆砌辞藻，无论它是词汇和句式的选择，原则似乎只有两条：一是准确，二是自然。特别值得注意的是自然一点。因为要求自然，他的散文基本上总是用的通常说话的口气，用词造句都十分接近口语，有些甚至是在别人文章里很少见到的纯口语。

没用辞格，强调了用语的自然。李玉言称这种辞规为“列举单承”。谁也不能说它不给人突出感。[1]

吴士文先生在此所说的形象感、鲜明感、有力感和突出感正是积极修辞通常所具有的艺术魅力，而这些，消极修辞也并非与它们绝然无缘。

不过，话说回来，消极修辞（准确地说应是某些消极修辞方式）也具有一定的艺术魅力，但这种艺术魅力并非完全等同于积极修辞。积极修辞的形象、生动、鲜明、突出、有力等艺术魅力

---

〔1〕 吴士文：《应该继承和完善“两大分野”的修辞学说》，《华东师大学报》1993年第6期。

浓厚,而消极修辞的则相当淡薄。积极修辞的艺术魅力能给人带来审美新奇感和审美惊奇感,消极修辞因为常见、常用,不可能形成审美新奇和审美惊奇。消极修辞平易、质朴,当它以朴实、本色之美与真挚情感相结合时也能产生巨大的艺术感染力。

(三)"辞风"与"形风"

"辞风"是吴士文先生对修辞方式系列化设想中的一个重要术语。积极修辞包含有辞格和辞趣,与之对立的消极修辞如果只有一个辞规,则缺乏系统、全面性。吴先生认为"辞规"可以和"辞格"对应,"辞风"可以和"辞趣"对应。消极修辞有了辞规、辞风,整个修辞方式就能系列化起来了。吴先生认为辞风就是消极修辞中除"辞规"之外,"纯属辞的外形的修辞问题"的那部分,如音节对称、字形清楚、标点正确等[1]。胡习之先生不完全赞同吴士文先生的观点。他认为语辞的运用有意、音、形三个方面,因而辞趣有意趣、音趣、形趣三种。与之相对应,辞风也应该有意、音、形方面的问题,也应该有意风、音风、形风三类。他认为如果将辞风限定在音、形两个方面,大量的消极修辞现象不好解释,比如那些不属于辞的音、形方面,而又没有明显的规律性或模式化的消极修辞该如何归类呢?

我们基本同意胡习之先生的看法,但对他关于辞风内容的设想稍作调整。他"设想辞风的内容包括:意风、音风、形风,此外还有标点的正确性问题"。[2] 我们认为将标点问题归入形风更合适,这样辞风的内容只包括意风、音风和形风。此处我们对形风略作探讨。我们认为常规的语辞形体及标点符号所表现出

〔1〕 吴士文:《修辞格论析》,上海:上海教育出版社,1986 年。
〔2〕 胡习之:《辞规的理论与实践》,北京:中国文史出版社,2002 年。

的消极修辞色彩便是形风。形风作为消极修辞方式的下位层次，主要包括以下一些内容：字形规范、字体适宜、字号适当、序号一致、标号适度、点号清晰等。这里以“字体适宜”为例作一说明。

字体是文字符号的体式，是同一种文字的各种不同形体。字体的差异包括很多方面，如笔画的粗细，弯直的形状特征，字的整体形态，构字成分的组合、安排，等等。字体的差异往往造成其运用上的差异。我们说“字体适宜”，是指汉语书面表达中，汉字印刷体的选择有利于清楚明白地表达思想情感。汉字印刷体有很多字体，最常见的有宋体、楷体、黑体等。不同的字体其表达作用也不完全一样，如宋体笔画横细竖粗，结构方正严谨，是最通用的印刷体；楷体近于手写楷书，比仿宋体丰满，多数用来印刷通俗读物、小学课本、儿童读物，文章中的例文也常用楷体；黑体笔画都粗，浓黑醒目，一般表示着重时用，经常用于排标题文字。字体的运用涉及到思想情感表达的清楚与否、明晰与否，这便进入了消极修辞的领地。对比下面两段引文我们会明白“字体适宜”的确为消极修辞方式——辞风的表现形式之一：

[例1]由于文字系统的不同……张德彝在航海途中也有这样的想法：

> 驺子以天地包含之广，不只中华一州，惟未详其名耳。如欧罗巴……则无须按洋字还音而呼之矣。

这当然是非常幼稚，但确实反映了中国人对西洋地名的态度。(《修辞学习》2003.1)

[例2]因为此文迄今为止所有的张恨水文集或研究资料都漏收,也是所有研究或回忆张恨水的著作从未提到的,其珍贵的研究价值显而易见,故不妨照录如下:

前丹翁说"为什么新诗都做不好",小子敢大胆答应一句,我说纯粹的新诗决做不好。这话怎么说呢?可以分作三层解释:

> (一)纯粹的新诗第一就是"不讲究韵脚",嚼在嘴里硬邦邦的,干燥燥的,不能引起读的人一种趣味。……
>
> 《纯粹新诗决做不好》一文表明,张恨水在五四新文学运动之初,对方兴未艾的白话新诗,是大不以为然的。……就像刘半农、张天翼等新文学作家曾经从鸳鸯蝴蝶派里走出来一样,我们没有必要为之讳言。(《羊城晚报》2002.3.9)

[例1]"驺子……之矣"这段文字为张德彝在航海途中的想法,用楷体,其余作者的评述文字用宋体,字体选择适宜,有利于思想的表达。[例2]字体选择却有不合适之处:第一,"前丹翁……三层解释"为所引张恨水《纯粹新诗决做不好》一文的开头,本应用楷体,却用了宋体,这样与作者评述文字的字体相同,模糊了引用文字与评述文字的界限。第二,"《纯粹新诗决做不好》一文表明……讳言"不属于引文中的内容,而是这篇《张恨水反对白话诗的佚文》一文的结尾,是作者的评述文字,本应用宋体,却用了楷体,也模糊了引用文字与评述文字的界限。[例1]与[例2]说明字体的选择有修辞问题,这种修辞问题让消极修辞的形风来管最合适。

二 “秀色可餐”发生语境溯源

翻开厚重的字典,拉开历史的帷幕,一位位明眸皓齿的姑娘粉墨登场:“狡童媛女,相与同游”(曹植《芙蓉赋》);“蛾眉憔悴没胡沙”(李白《王昭君》);“君看西王母,芙蓉千载颜”(储光羲《田家杂诗》);“冲冠一怒为红颜”(吴伟业《圆圆曲》);“红袖拥门持烛炬”(韩偓《边上看猎赠元戎》)。姑娘们风情万种地活跃在诗歌中,生存在各种名字的称呼下,她们还可以被称为“娥”“姬”“姝”,“姝丽”“姝女”“姹女”“婵娟”“嫦娥”“素娥”“娥眉”“国色”“花枝”“佳丽”“佳人”“娇娘、娇娃”“娇容、妍容”“绝色”“丽人、玉女、玉人”“莲女、莲娃、吴姬、吴娘”“罗敷”“曼姬”“西施、西子”“天人、天仙、仙女、仙子”“解花语”“国色天香、天香国色”“绝代佳人”“群芳之冠”“温香艳玉”“小家碧玉”[1]等等。她们形成一个语言符号系统,能指不同,所指相同,都指向“美女”。面对她们的衣香鬓影,我们最容易想到的词是“秀色可餐”。对于“秀色可餐”的含义,国内权威词典分别解释为:

> 秀色可餐:美好的容色使人忘掉饥饿。形容女子容貌非常美丽,语本《文选·陆机〈日出东南隅行〉》“鲜肤一何润,秀色若可餐。”《镜花缘》第六十六回:“武后闪目细细观看,只见个个花能蕴藉,玉有精神……古人云:‘秀色可餐’。观之真可忘饥,越看越爱,心中着实欢喜。”《唐史演

〔1〕 陈玄荣等主编:《类语大辞典》,厦门:鹭江出版社,2002年。

义》第十四回："……况看他淡妆浅抹，秀色可餐，一种哀艳态度，真是有笔难描。"有时也指山林、花木非常幽美。宋·王明清《挥麈后录》卷二引李质《艮岳赋》："森峨峨之太华，若秀色可餐。"[1]

秀色可餐：秀丽的姿色使人见而忘饥，形容姿色非常秀丽。[2]

秀色可餐：极赞妇女容色之美。也用以形容山川秀丽。宋辛弃疾《稼轩词二·临江仙·探梅》："剩向青山餐秀色，为渠着句清新。"[3]

通过对比，我们得出结论，秀色可餐不仅用来赞叹美女，还可用来赞叹自然景观，但从语用倾向性来看，使用时倾向于选择前者语义。在古人的语境中，为何生成"秀色可餐"而不是"秀色可视""秀色可闻""秀色可触"等其他的格式呢，选择"餐"作比的理据是什么呢？本文试图从两个方面探究原因。

（一）"秀""色"的界定

《说文解字》说："色，颜气也。"段注云，心达于气，气达于眉间，是之谓色；孔广居《说文疑疑》从"色"字的篆文和甲骨文的形状来判断认为它表示把人放在膝上，其本义是"女色"；马叙伦《说文解字六书疏证》认为其字形是人在人上，表示男女性器官相合的甲骨文的异体，其本义是"男女交媾"。

---

〔1〕 湖北大学古籍研究所编：《汉语成语大词典》，北京：中华书局，2002 年。

〔2〕 朱瑞玟编著：《成语探源辞典》，北京：首都师范大学出版社，1996 年。

〔3〕 广东、广西、湖南、河南辞源修订组、商务印书馆编辑部编：《辞源》，北京：商务印书馆，1982 年。

在以上的观点中，我们赞同把“色”的本义解释成“男女交媾”，从而引申为“性欲”，后来又引申为“女”。至于《长恨歌》中的“汉皇重色思倾国”中的“色”，则指女性特有的性的魅力。中国古代的美女不仅是樱桃口、小蛮腰、发如漆、齿如贝、肤如脂还包括舒徐幽雅、柔情宽容的举止等，这些在《诗经》《战国策》《文选》中皆有描述。这说明女性的美不仅是视觉的还包括触觉的感受性，一般所谓“目欲视好色”，不仅有视觉的憧憬更潜藏着性接触的欲望，正如《上林赋》中所言“色受，魂与，心愉于侧”。再者，从汉字符号系统看，从《说文解字·女部》可知，许多表现女性容颜表情、动作姿态的字都包含有“女”字旁，如：“妩、媚、姝、姣、婉”等等，特别是“好”字。《说文解字·女部》：“好，美也。从女子。”段玉裁注：“好，本谓女子（美），引申为凡美之称。”《〈说文解字注〉笺》：“戴氏侗曰：妙、好、微、妩之属，皆从女。人情所悦，莫甚于女也。”“好”字在《说文》女部。除了“好”字外，《说文解字·女部》中表示女子貌美的字还有二十个。例如：经：“经，长好也。”姣：“姣，好也。”段玉裁注：“姣谓容体壮大之好也。”姝：“姝，好也。”妩：“妩，媚也。”段玉裁注：“李善引《埤仓》曰：‘妩媚，悦也。’”媚：“媚，说也。”媄；“媄，色好也。从女美，美亦声。”“好”在古籍中也常直接用于美。“秦王曰：‘善’。因以文绣千匹，好女百人，遗义渠君。”（《战国策·秦策二》）；“平王二年，使费无忌如秦为太子建取妇，妇好，来，未至，无忌先归，说平王曰：‘秦女好，可自取，为太子更求’”（《史记·楚世家》）；“曼颊皓齿，形夸骨佳，不待脂粉芳泽而性可说者，西施、阳文也。”高诱注：“西施、阳文，古之好女。”（《淮南子·修务训》）。

关于“秀”，《说文解字》说：“秀，茂；茂，实也。不荣而实谓之秀”。《管子·水地》有“草木养长，五谷蕃实秀大”。秀与“茂、实、长、大”的本义相通，使万物内部充实，具有了强大的生命力，所以说“秀”的东西都可得到美称。《世说新语·言语》有“不徒东南之美，实为海内之秀”，这里是“美”“秀”互文。在“秀色可餐”这个词中，秀色指的是妇女容色之美，由视觉引起的美的感受要由表味觉的“可餐”来验证，这暗含了中国古人对美的认知轨迹。在他们的心中，何为“美”呢？

阐释古人美意识的代表性观点有以下几家：

许慎《说文解字》认为“美”是会意字，徐铉注：“羊大则美”，强调“美”来自味觉的感受；马叙伦《说文解字六书疏证》认为“美”是形声字，“羊”为声符，“大”为义符，从大犹从女，“美”即女之色好；于省吾先生指出：“盖字的初文，象人戴一双羊角而侧立形，美字的初文象人戴两双羊角而正立形，其后则简化为戴一双羊角或鹿角”；[1]萧兵《楚辞审美观琐记》认为象形字“美”表示戴着羊皮或羊头饰的祭司或酋长形象；陈良运先生在考察了上古典籍中“美”的使用后，对“羊”和“大”的含义提出新的见解：“羊”因柔顺被归于阴性之属，为女性之征；“大”因雄张被归于阳性之属，为男性之征，因而，“美”意为男女交合，“美”字初构之义，生发于男女交感之美；[2]朱玲先生认为：表意符号“美”的意符兼声符“羊”，是母系社会的图腾，作为古老的母性符号；“大”，为男性符号。“羊大”合体，一方面，是人类最自然的行为—生殖崇拜在汉字中的显现，另一方面，它也是特定

[1] 于省吾：《释羌、笱、敬、美》，《吉林大学社会科学学报》1963年第1期。
[2] 陈良运：《“美”起源于“味觉”辩证》，《文艺研究》2002年第4期。

时期华夏民族的婚姻习俗在汉字中的凝聚。[1]

以上各家各述其理,但都以《说文解字》的注释作为论说的起点,《说文解字·羊部》"美,甘也,从羊从大,羊在六畜主给膳也。"徐铉校《说文解字》:"羊大则美,故从大"。关于"甘"字,《说文解字·甘部》说是"从口含一",其意是"美"。《释名》有:"甘,含也,人所含也"(《释言语》);又解释"含"字说:"含,合也,合口停之也"(《释饮食》)。这里的"甘",并非我们认为五味(甘、辛、酸、苦、咸)中的一味,表示"甜"的味,而是说"甘"适合人们的口味。"美"的构字部件"羊大",指"肥胖的羊"的肉味是"甘"的,这表达了古代人们味觉的审美感受,《说文解字》里"甘"的本义训"美"。在《说文解字》以外的文献中,谈到饮食的味道,"美"字也常常在"甘"的意义上使用。此外,"甘"的本字"香",也训"美"。"旨、甜"等这类从"甘"或从"舌"的字,也都以"美"训。再者,依据《说文解字》,"味"字"从口,未声",其意是"滋味",其声段注为"无沸切"。而所谓"未"的本义,《说文解字》的解释是"味也,六月滋味也",其声同"味"。不仅如此,而且"味"、"未"与"美"还有双声的关系。根据这些事实,我们可以推知,在古代,读"无沸切"的字,其义一般是表示饮食的滋味,而所谓"滋味"又是从口含食物之意引申而来的,故"美"属于表示味觉感受性的文字。放到文字的符号系统中看,"美"字已经从表达肥羊肉"甘"这原本、特殊的意义中解放出来,带有了普遍性,只要某种饮食的味"甘",皆可用"美"字表达。

---

〔1〕 朱玲:《双重阐释:汉字"美"和中国人的美意识》,《福建师范大学学报》2003年第2期。

另外,李泽厚先生虽然肯定萧兵先生的羊人为美说,但他又说:"在比较纯粹意义上的'美'的含义,已脱离了图腾巫术,而同味觉的快感相连了。……'美'是味道好吃的意思,'美'与'甘'是一回事。《说文解字》释'甘'云:'甘,美也,从口含一。'虽然这是汉人的说法,但保存了起源很古的以味为美的观念。……上述字源学的考证说明,在中国,'美'这个字也是同味觉的快感联系在一起的"。[1]

我们还可以从修辞学的角度说这些都属于"通感"现象,古人造字取象具有"异官同根"的特性,味觉应该是古代审美意识起源之一。"美"字从羊,表示食美,并不是孤立的文字的现象。《说文解字·丑部》释"羞"为:"羞;进献也。从羊丑,羊,所进也;从丑,丑亦声。""羹",段玉裁注:"凡从羔者,羔犹美也。"《说文解字》释"羡"为:"贪欲也。"清·孔广居《说文疑疑》:"会垂羊肉之意。"除了《说文解字》认为"美"字的原始意义是表示食美外,在古文献中,也多有此种意义的用例。如:公孙丑问曰:"脍炙与羊枣孰美?"(《孟子·尽心下》);"夫香美脆味,厚酒肥肉,甘口而疾形。"(《韩非子·扬权》);"肉之美者,猩猩之唇,貛貛之炙……鱼之美者,洞庭之鱄,东海之鲕。"(《吕氏春秋·本味》);"君子远赏荧之色。……绝恬美之味。"(《新语·辅政》);"秦破,为布衣,贫,种瓜长安城东,瓜美,故世谓'东陵瓜'。"(《汉书·萧何曹参传》)。

我们不厌其详地引证,目的是说明,"秀"、"色"皆与"美"有关,皆于"味"相连,这体现中国古人审美意识,"食"与"色"

[1] 李泽厚等主编:《中国美学史·第一卷》,北京:中国社会科学出版社,1984年,第79~80页。

并称，是人生最重要的欲望，所以《孟子·告子上》："告子曰，食、色，性也。"注云，言人之甘食悦色者即性也。《礼记·礼运》："饮食、男女，人之大欲存焉。"从某种意义上说，秀色可餐是饮食男女的含蓄表达，艺术化地表达了人类生命的愉悦。但古人并没有停留在感官的味觉享受上，而是把"味"升华，形成独特的"味"的哲学。

（二）"美"与"味"的修辞观照

《史记·郦生陆贾列传》"民以食为天"。《尚书·洪范》："八政：一曰食……"把食放在施政的第一位，食是生存的保证。即使后来出现"衣食住行"，把衣放在食的前面，这也只是说明了人们在重视"食"的同时，关注到了"衣"，是从取暖而决非审美的角度补充了生存的必要条件。后来出现的"温饱思淫欲"的话语，表达出了生命快感的宣泄方式，以至"饮食男女"活画了天下人的本质。从某种意义上说两性的关系史就是人类自身的发展史，人们正是在"吃"的前提下活着，然后才会想着"种"的延续，才会激发他们探究身外世界的欲望。

从字源学的角度说，《说文解字·旨部》："旨，美也，从甘匕声。"而"美"所属的古音脂部的"脂"字，从"旨"得声，"旨""美"同部叠韵，可互训。"旨"字从甘，广泛运用于饮食的品评上。而"尝"字又是由"旨"构成的，《说文解字·旨部》："尝，口味之也，从旨尚声。"《毛传》："春曰祠，夏曰论，秋曰尝，冬曰烝。""由于我们这个民族'味'的感受性与'美'字的字源直接发生联系，因此，一些复杂的情感体验，难落言诠，也每每以这种'口腹滋味'来传达。"[1]正如钱钟书《诗·汝坟》"未见君子,惄如调饥"《笺》:"'调'、朝也。……如朝饥之思食。"按以饮食喻男女,以甘喻匹,犹巴尔扎克谓爱情与饥饿类似也。《楚辞·天问》言禹通于涂山女云:"闵妃匹合,其身是继,胡维嗜不同味,而快朝饱?";以"快朝饱"喻"匹合",正如以"朝饥"喻"未见"之"惄"。曹植《洛神赋》"华容婀娜,令我忘餐";沈约《六忆诗》"忆来时……相看常不足,相见乃忘饥";马令《南唐书·女宪传》载李后主作《昭惠周后诔》"实曰能容,壮心是醉;信美堪餐,朝饥是慰";小说中常云"秀色可餐","恨不能一口水吞了他",均此意也。西方诗文中亦为常言;费尔巴哈始稍加以理,危坐庄论"爱情乃心与口之啖噬",欲探析义蕴,而实未能远逾词人之舞文弄笔耳。[2]

随着"味"的内涵的丰富,后来"味"就跨越味觉,凭借通感的理论,扩大自己涉及的范围。古人思维常"近取诸物"表示抽象事物,"把这个为'原始'思维所特有的支配这些表象的关联和前关联的原则,叫做'互渗律'"[3]。中国古人根据互渗律的原则,把"味"扩大到别的艺术领域,甚至抽象为一种"味"的哲学。特别是在中国文学批评中,"味"是一个重要的概念,韵味说为人们打开一扇不同于儒家诗学的诗歌阐释之门。

《礼记·乐记》"清庙之瑟,朱弦而疏越,一唱而三叹,有遗音者矣。大飨之礼,尚玄酒而俎腥雨,大羹不和,有遗味者矣。

---

[1] 藏克和:《汉语文字与审美心理》,上海:学林出版社,1990 年,第 66 ~ 67 页。

[2] 钱钟书:《管锥编·第一册》,北京:中华书局 1979 年,第 73 ~ 74 页。

[3] 列维·布留尔:《原始思维》,丁由译,北京:商务印书馆,1986 年,第 69 页。

是故先王之制礼乐，非以极口腹耳目之欲，也将以教民平好恶，而反大道之正也。”《论语·述而》：“子在齐闻韶，三月不知肉味，曰：‘不图为乐之至于斯也。’”这里把“味”与音乐的审美，教化联系在一起，是审美愉悦优于感官快感思想的萌芽。《老子》说：“执大象，天下往。往而不害，安平太。乐与饵，过客止。道之出口，淡乎其无味，视之不足见，听之不足闻，用之不足既。”（《第三十五章》）；“为无为，事无事，味无味。”（《第六十三章》）。这里的“味”为的是说明“道”是无形的，如宇宙中的气脉，滋生万物的“真”“善”，无味才是有意味，正如陶诗所言“此中有真意，欲辨已忘言”。人在对自然的感悟中与天相通，与道相连，体现中国人“天人合一”的哲学观。人在个体对道的体悟中，缩短对大“美”渴望的旅程。

正式以“味”喻文的是王充。《论衡·自记》“大羹必有淡味，至宝必有瑕秽，大简必有大好，良工必有不巧。然则辩言必有所屈，通文犹有所黜”。这段话辩证地论述了“大巧若拙”“大智若愚”的状态。

时至魏晋，人们更强调人对自我的关照，以及行文的自由。追求的是“四散的羊群如白云飘向远方”的状态，把规范、束缚尽量减少，诗更纯粹地成为诗本身，“缘情说”受青睐，“味”更是被更多人提及。陆机《文赋》“或清虚以婉约，每除烦而去滥，阙大羹之遗味，同朱絃之清汜。虽一唱而三叹，固既雅而不艳”。他以大羹，朱絃作比，强调为文必须“文质相半，雅艳相资”。传承了孔子的观点，宣扬了儒家思想。

刘勰在《文心雕龙》强调了“味”的概念：“及班固述《汉》……儒雅彬彬，信有遗味。”（《史记》）“是以声画妍蚩，寄在吟咏，吟咏滋味，流于字句。”（《声律》）“若统绪失宗，辞味必乱；义脉不流，则偏枯文体。”（《附会》）“道味相附，悬绪自接。如乐之和，心声克协。”（《附会》）“是以四序纷回，而入兴贵闲；物色虽繁，而析辞尚简：使味飘飘而轻举，情晔晔而更新。”（《物色》）“若夫善弈之文，则术有恒数……数逢其极，机入其巧，则义味腾跃而生，辞气丛杂而至。”（《总术》）“深文隐蔚，余味曲包。”（《隐秀》）从符号学的角度说，刘勰以“味”为构词语素，再生“遗味”“滋味”“辞味”“道味”“义味”“余味”等合成词，形成一个以“味”为核心的语义场，不管其中各“味”的差别有多大，但在“味”的笼罩下，个个词相互补充地传达了刘勰的文学观。

在“味”深邃思想的滋养下，钟嵘的“滋味说”成了他诗论的核心。“夫四言……每苦文繁而意少，故世罕习焉。五言居文词之要，是众作之有滋味者也。”五言诗在理论上被认可，“滋味”更是有滋有味地滋养着唐人诗的精神，无味则不成诗了，“池塘生春草”成了“意在言外”的代表。无论从诗理，还是人们的心灵，都处于“千呼万唤”的状态中，他们期待着有人能抒发自己的心声。此时，司空图带着他的“韵味说”隆重登台。在《与李生论诗书》中他写道：“近而不浮，远而不尽，然后可言韵外之致耳。”“今足下之诗，时辈固有难色，倘复以全美为工，即知味外之旨矣。”他以文人特有的气质界定了诗歌的审美特征，从理论上消解儒家功利性诗学的根基。“诗味说”“滋味说”“韵味说”以质的飞跃，完成了“味”的理论嬗变。从有限的物象扩大到无限的道，从“有限的味”深入到“味外之味”，以个体的生命感悟宇宙的律动，在对“味”理论的深化中在“意与境偕”的状态里，人文精神如面旗帜高高飘扬。

以致后来，“味”成了中华民族审美心理的一个修辞符号，并以“味”为语素，形成自己的符号系统。

舌头能感觉的物质特性：味道、味觉、味蕾、味精、味素、滋味、口味、涩味、膻味、腥味、甜味、酸味、苦味、辣味、咸味、醋味、馊味、鲜味、药味、风味、尝味、调味、走味、无味、寡味、入味、回味、风味菜、调味品、怪味豆、味道鲜、味觉苦、滋味美、回味好、食物走味、口中无味、味同嚼蜡、味如鸡肋、津津有味、清汤寡味、珍馐美味、山珍海味、食不甘味；

鼻子能感觉的物质特性：气味、香味、臭味、霉味、异味、怪味、烟味、药味；

诱人的抽象的事物特征：美味、体味、玩味、寻味、吟味、余味、意味、趣味、兴味、情味、况味、韵味、乏味、索然无味、饶有趣味、颇有情味、把玩品味、意味深长、韵味无穷、兴味正浓、气味相投、余味犹存、语言乏味、个中况味。

"皮克特试图借鉴古生物学的研究思路，把语言当做一种自远古保留下来的活化石，从这些活化石中去考察早已绝迹了的上古人类的社会，生活和思想。"〔1〕文字的产生，即是文明史的开端，我们从文字角度探究了"秀""色""美"与"味"的关系，并非是在古人考证的基础上画蛇添足，而是想把语言这个"古生物化石"作动态的分析研究，从而发现语言在使用上古今一脉相承的深层原因。在当下的语境中，"秀色可餐"以下的用法似乎具有普遍性。唐敏在《屋檐水滴》中写到："爱君芙蓉婵娟之艳色，若可餐兮难再得。李白说'你这样娇艳的美人啊，如果把你吃掉了，怕是再也找不到第二个同样的美人了。'"〔2〕作者

〔1〕 叶舒宪：《中国神话哲学》，北京：中国社会科学出版社，1997 年，第 301 页。

〔2〕 唐敏：《屋檐水滴》，上海：上海书店出版社，1998 年，第 110 页。

有意的曲解秀色可餐的本义,表现了一种大众化的思维,许多人就是这样望文生义运用“秀色可餐”的。其实这里面暗含了男性叙述话语的视角,这个美词经常由男性之口说出,这其中的暧昧似乎都是由“餐”引起的,而作为接受者的女性则更愿选择“秀外慧中”。在当今“食无忧”的生活里,人们似乎更易想到的是“温饱”后面的“淫欲”,哪怕只是图一时之快的“意淫”。穿越时间的隧道,“秀色可餐”的理性义没变,附加义却更丰富,由完完全全的褒义词演变到如今略带“色”彩,体现语境对词的生成和使用的影响,这都与中国人的“味”的哲学相关联,是国人对“美”修辞关照具象化的反映。

三　画论语境中“远”的语义场探析

谁沉冥到,
那无边无际的“深”
将热爱着
这最生动的“生”

德国诗人侯德林的这两句诗,猛然让我省悟到:要想探求山水画语境中“远”的语义场内涵,怎能不去了解山水画的技法,不去体会中国人在山水画里所表现的心灵呢?不知道中国哲学就是“生命本身”对“道”的节奏的体悟,怎能去谈这博大而又优游的“远”呢?

(一)郭熙的“三远”语义场与山水画的透视

中国画重视“远”的地位,在东晋时就初露端倪。北宋的郭熙正是在前人的基础上，建立了自己系统的“远”的语义场和绘画创作观。他说：

山有三远，自山下而仰山颠，谓之高远；自山前而窥山后，谓之深远；自近山而望远山，谓之平远。高远之色清明，深远之色重晦；平远之色，有明有晦。高远之势突兀，深远之意重叠，平远之意冲融，而缥缥缈缈。其人物之在三远也，高远者明瞭，深远者细碎，平远者冲淡。明瞭者不短，细碎者不长，冲淡者不大，此三远也。[1]

郭熙的“三远”法，侧重于透视，实际上是采取数层视点构成节奏化的空间。面对山景，“仰山巅，窥山后，望远山。”我们的视线是流动的，转折的，由高转深，由深转近，再横向平远。用附仰往还的视线，抚摩它，眷恋它。画家的眼睛不是从固定角度集中在一个透视的焦点，而是飘瞥上下四方，一目千里。

这种心灵之眼的关照，笼罩全景，从全体安排画面的部分，暗合了沈括的观点。沈括讥评大画家李成“仰画飞檐”的透视方法时，曾提出“以大观小之法”。他说：

大都山水之法，盖以大观小，如人观假山耳。若同真山之法，以下望上，只合见一重山，岂可重重悉见，兼不应见溪谷间事，又如屋舍，亦不应见中庭及巷中事，若人在东立则山西便合是远境，人在西立，则山东却合是远境。似此，如

---

〔1〕 郭熙：《林泉高致·山川训》，沈子丞：《历代论画名著汇编》，北京：文物出版社，1982年，第71页。

何成画？李君盖不知以大观小之法，其间折高、折远，自有妙理，岂在掀屋角也？[1]

中国人山水画的构图是“以大观小”。“大”指人的视觉范围，是统观，远观；“小”是指客观物象。由大观小，即如背负青天朝下看，以心灵之野笼罩大地。在转瞬之间，使丘壑变化尽在目前。以大观小法不必遵循科学透视原理，可以从不同角度去观察对象，因而视野宽广，群峰屏立，山势嵯峨，把自然景物放置在中景状态中，用形象的重复和延续来形成画面的统一性，然后把全部景物组成一幅气韵生动，节奏和谐的艺术画面。这种构图服从艺术创作的规律，而不服从科学的透视法原理。

中国画家并非不知道透视法，早在宗炳就提出“张绡素以远映”的观点。他说：

张绡素以远映，则崐阆之形可围于方寸之内，竖划三寸，当千切之高，横墨数尺，体百里之远。”

去之稍阔，则其见弥小。[2]

他表述了对绘画透视原理的看法，早于西洋一千多年。不同的是宗炳表述的关键在于远映，就是远远地取景。只有推得远，才能看得广。人的视角扩大了，才能看到整个山的面貌。

“以大观小”为不定点透视的鸟瞰法，意味着画者用高视点

---

〔1〕 沈括：《梦溪笔谈》，长沙：岳麓书社，1998年，第136页。

〔2〕 宗炳：《画山水序》，沈子丞：《历代论画名著汇编》，北京：文物出版社，1982年，第14～15页。

来看景物。而宗炳突出一个远字，只有远视有限画面，才能展现无限广阔的空间，即使不站在高点，也能体现“以大观小”表现方法的范围。宗炳提出的远映法，应该说在山水画中是至关重要的。

但中国画家从总体说，并未采用科学透视法，并且始终尽可能躲避它。为什么会产生这种现象呢？王微说：

> 古人之作画也，非以案城域，辩方州，标镇阜，划浸流，本乎形者融，灵而变动者心也。灵无所见，故所托不动，目有所极，故所见不周。于是乎一管之笔，拟太虚之体，以判躯之状，尽寸眸之明。[1]

在这段话里，王微反对绘画是写实和实用的。强调的是以“一管之笔，拟太虚之体”。绘画凭借不动的形象以显现微妙细腻的心灵。郭熙从理论上总结了“三远”法这种中国画特殊的透视原则。在“三远”中，深远是“自山前窥山后”，翻过高山，越过草地，才能柳暗花明又一村，豁然开朗。从视角上来说，先有仰视，然后平视，这样一来，深远就被高远和平远分了秋色。反之，高远注重的是上下相望，步步登高，形象高峻、险绝；平远强调的是渐远渐淡、若隐若现的意趣。以平远构图，可以让画家的心灵带路，以时间统帅空间，上下几千年，纵横数万里，空间容量增大，带有时空纵深感，含有深远意味。所以，古代山水画中，很少言深远者。

---

〔1〕 王微：《叙画》，沈子丞：《历代论画名著汇编》，北京：文物出版社，1982年，第16页。

历代山水画家创作的大量不朽的艺术作品，成为郭熙“三远”语义场成立的前提。五代、北宋的山水画构图大都作细致严谨的安排，状物高于达意，是一种平正安稳、四满方正的格式。大多数构图都是远映的空间处置，所以才能有开阔浩渺的完整性布局的山水画出现。那时的山水大家，主客观的情感观照都是基于画家自身的现实体验，多种技法都是从生活中观察得来的。北方画风的奠基人，五代的荆浩，他的《匡庐图》以全景方式体现出他喜写云中山顶，画面含有百尺危峰，屹立于青冥间的雄伟气概，借水墨表现了大气的空间感。五代的关仝受关陕一带秦岭，华山的真实山水感染，中得心源，形成关家山水的独特风格。他的《山溪待渡图》，笔力劲利，画出山川的雄奇，表现出大石耸立，屹立万仞的峭拔之势，达到笔愈简而气愈壮，景愈少而意愈长的妙境。他们两人一起，为摆脱晚唐陋习开辟了一条写实的山水画新途径。

山水画稳步发展到了宋代的范宽，以《溪山行旅图》为代表，全幅画取高远章法，在构思安排上突出了巨大的峭峰主体。作者调用了高低、大小、起伏、开合等艺术手段，构成强烈的对比效果，使峭壁具有雄伟崇高之感，在观众面前呈现一种威严的气势，充分表现了范宽峰峦浑厚，势状雄强的风格特点。

宋代李成也有咫尺之间，夺千里之趣。他的《读碑窠石图》（与王晓合作），用笔清瘦清淡，给人以清刚、淡雅的美感。他和范宽成“文”“武”之比。

关仝、李成、范宽皆北方山水画派。南方山水画派的代表则是五代的董源和北宋的巨然。

董源《龙宿郊民图》以深远布局，开景浩渺，圆弧形的山峦此起彼伏，体现着一种和谐美的韵律。江面舟行其间，藏露掩映,曲折地引申向远方。而近树数重,后有村落陪衬、点缀,富有生活情趣。画面在我们面前展示了一派平淡天真、朴茂静穆的江南景色。

巨然继承董源神韵,所作《万壑松风图》以庄重朴实的空间结构写茂林叠嶂,云壑掩映,借全景山水方式,周详充分地体现自己的审美追求,展示了南方苍郁深邃的意境。《秋山问道图》最能代表他的风貌。

这几幅名作,突出显示全景山水的特点。这些开境大的山水作品,常以大小、疏密、浓淡变化手法,使同类形象在画面上反复多次出现,使具有共同特点的形象,在不同层次中推移,使人在视觉感受上获得递进的变换,造成空间结构上的照应。如整幅树丛的构图和造型的处理,前曲后直,大部分皆以直干取势,这是董、巨山水画的独特手法,有助于布局的单纯化,不芜不蔓,洁净而又优雅。

纵观五代、北宋画坛,在郭熙的"三远"语义场中,深远多为画家不取。就拿董源来说,他的《龙宿郊民图》虽为深远布局,但从《溪岸图》、《溪山行旅图》到《潇湘图》,可见董源山水画变化过程。即渐渐趋于平远山景,不作奇峭之笔。平远布局,深得人心,是因为平远用墨较淡,以简疏的用笔,营造广大的空间,连续不断的景物,给人一种亲切、祥和、悠游之感。那无边无际的虚白,让我们的想象展开翅膀,含日月星辰,大地山川,在微茫之间,探求生命的本源。"惚兮恍兮,其中有象;恍兮惚兮,其中有物。"[1]整个画面气韵生动。而高远的布局,不论是巨然的《秋山问道图》,还是范宽的《溪山行旅图》,无论山势多么峻峭雄

〔1〕 孙雍长:《注释老子》,广州:花城出版社,1998 年,第 41 页。

伟,墨气多么淋漓酣畅,可是那扑面而来的压力,让人窒息。人在有崇高感的自然山川面前,被山的气势、威力所震慑。会当凌绝顶,一览众山小是一种豪放之气,可山脚下如蚁的人面对高山又怎能不自惭形秽?尘世中挣扎着的文人、画家被凡俗之事拖得精疲力竭,他们不愿意再去于岩石中凿出一条出路,挣扎出心中光明。于是,画家们多弃这种给人压力,让人自卑的高远布局,采取一种心远地自偏的态度,以悠然见南山的平淡冲融,去享受简朴、尚真、自由的人生。山水画家身隐山林,他们的心早已是悠游天地间了,所以画也多以平远布局。就是绘画史上,范宽的山水面貌独具特色,但在宋代的影响远不及李成。究其原因,乃因范宽的画中山水,远看也觉得如面前真山之近。李成画中山水,近看也如对面千里之远。这反映当时画家的时尚,欣赏者的趣味。

(二)韩拙"三远"语义场对平远境界的推重

郭熙"三远"语义场中以平远最深入人心.继他之后韩拙的新"三远"语义场则是对平远的补充。

> 有近岸广水,旷阔遥山者,谓之阔远。有烟雾暝漠,野水隔而仿佛不见者,谓之迷远。景物至绝而微茫缥缈者,谓之幽远。[1]

郭熙"三远"语义场包括"高远""深远""平远"三种具体语义,韩拙"三远"语义场包括"阔远""迷远""幽远"三种具体语义,共称"六远"。可是在中国绘画史中,韩拙的"三远"语义场

〔1〕 韩拙:《山水纯全集》,沈子丞:《历代论画名著汇编》,北京:文物出版社,1982年,第135页。

没有受到应有的重视。韩拙着眼于画面远的意境的营造，强调空间横的扩展，层次的变化，纵的延伸，突破单纯的技法范围，比郭氏更深刻了。不是从俯，仰，平视的角度去观察山川景物，而是以雄居山川之外的心灵去把握空间的变化，对空间的层次感觉细腻入微，将文人骚客的心，因物而现。这里不存在视角俯仰，强调的是平远的布局，画面意境阔、迷、幽的营造。

如果说早期的山水是以形写形，以色貌色，到了荆浩远取其势，近取其质；董源一片江南；李思训的金碧渐消失在平淡的水墨里；吴道子的笔和项容的墨被熔铸于一炉。情景交融，形神兼备的全景山水，春笋般涌现，以形写形跃上一步，成了以形写神。文人画家不仅重技法，更注重的是画面远的境界营造。苏轼、米芾对文人画的鼓吹，从老庄到玄学，到魏晋风气的流行，虽然为文人画建立了牢固的思想基础，可是只有经过唐代对事功和享乐彻底追求的回潮，才能使这种思想从政治的超脱上升到对社会的超脱。如果说著名的归去来是作为人的觉醒的主调，唱出了文人士大夫要求挣脱必然之网的不羁的心声，那么，魏晋名士的归去来是以高蹈远引的出世来求得清操自守，企望着竹林之胜，桃源之境，酒德之乡，而宋代文人却始终沉浮宦海，在衙邸公牍之中出淤泥而不染。前者，人的内心世界与外部世界保持着正面的直接关系，后者则把平衡心理的力量从超尘出世的外部人生和个体内心世界，通过内省时空去弥合主客观的裂痕，因而能够不择环境，不计条件地获得超脱。苏轼出现在北宋的人生反思氛围中，为文人画鸣响了进击的号角。他们在李成的体貌、董源的神气、范宽的骨法之外，树起另一面新的旗帜——意气。绘画从借物寄情变成了缘物写心，追求心灵的超脱。苏轼画的树石，如其胸中盘郁，文同的墨竹盖达士之所寓，米芾借翰墨为戏而率意为之，都是心灵的外化。虽然当时还不可能将墨戏画抬出来取代院体画，但在文人画范围之内，被大量推崇的主要是王维之类的文人正规画，集中表达的是人格化理趣的内涵，以平淡天真的韵致取代飞动宏畅或嵯峨的气局，画面追求逸格的心理空间，追求远离尘嚣的清静，幽趣。韩拙对画面境界的阔、迷、幽的强调，正赶上了文人画的思潮，迎合了文人画家的心理。

至南宋，审美意识有了新的发展。山水画的构图明显反映在以小见大的小景山水上。大体是去其繁华，采其大要，截取式的特点镜头布局方法。大景求全，形象繁复；小景集中，意象简括。这种空间意识的不同，表现了对自然美的欣赏和认识上有了新的变化，意味着从整体视觉感受，演变为着意描写对某些自然景物的突出感受。马远、夏圭在构图上所创造的马一角、夏半边风格，是文学特点手法在绘画上的运用，是受文人要求艺术上简练概括影响的结果。他们的构图更接近于焦点透视的凝神观照。由充实的意象美到空灵的含蓄美，由强调地域特征到着意于抒情气氛，从画面空间感上说，则更向前推进，易于表达空间层次的变化，暗合了韩拙“三远”的意境。

马远的《雪景图》画面上山岭，小松，烟雾，水天一色。人在其中，目所绸缪，身所盘桓，是典型的一幅迷远山水，文人士大夫的林泉之心尽现。

夏圭的《山水四段图》，各段景致如题，又统一为整体一景。画面景物追求以少胜多，隐现参半，境界清旷，剪裁新巧，有含藏不尽之意见于画外，构成一种迷远的境界。艺术上产生空灵化的格局，赋予画面更多的感情色彩。这种留有欣赏余地的处理手法，调动观众的想象，从中品味出意外之意，象外之象，增强了意境的深度，极好地表达了远的空间变化。

如果说单从马、夏构图的简洁，取景的以少胜多，营造的空间变化的方法不足以说明迷远，那么米芾化书法入画意，逸笔草草，不求形似，从另一方面说明了迷远的魅力。

米芾喜欢若隐若现的山水形象，如峰峦出没、林梢出没、洲诸掩映，十分欣赏云雾迷茫的表现。完全借助书法线条，靠着书法线条的支撑，再加上他精于墨色变化，浓淡干湿的墨，造成迷茫沉郁的树林，浑厚朴茂的山体，似动非动飘忽无定的烟云。其子米友仁，更是得其真传。《潇湘白云图》满纸白云，吞吐万状，白云中露出隐隐的山峰，以及疏林、房屋、溪桥等，让云作为中介，以云的飘忽不定，表现迷远境界。

阔远注重景物的横向联系，着意营造阔大的空间，在平面的构图中，仍有空间前后层次的映衬。如江参的《千里江山图》，群峰起伏、丘陵连绵，远水丛丛，远树蒙蒙，阡陌纵横，农舍相属，咫尺千里，江行其中，以郭熙的平远取势，得韩拙阔远神气。

幽远注重的是景物所表现的空间的纵深感。画家要表现的是更深邃、更曲折、更静寂的境界。以烟云作为屏障，拉开了画面境界和我们的距离，但在曲曲折折地寻寻觅觅中，观者，画家的心无往不变，从有限的画面，领悟无限的内蕴。

中国画家喜欢含蓄、蕴藉，以一当十，寄白当黑的表现方式，似乎是把宇宙当做琴和瑟，把自己的使命视作要在这琴瑟上弹拨出清越、圆润、永恒的逸响。只有怀着出神入化的想象，才能达到此境界，但这种境界，又不是西洋透视法的构图，画面无限延伸，最终消失在地平线上，人只能浮士德样的做徒劳而又极痛苦的追求。中国画的立场是在时间中徘徊移动，游目周览，浓丽的色彩隐没于轻烟淡雾，一片明暗的节奏流动着全幅宇宙的氤氲气韵。中国人的心灵蓬松潇洒，表现在构图中则如王安石诗曰："一水护田将绿绕，两山排闼送青来。"前一句写盘桓、流连、绸缪之情，后一句写由远至近，回返自心的空间感。这种思想，决定迷远是最符合画家们的欣赏口味和心灵，画史上多以迷远意境取胜。

（三）黄公望"三远"语义场对绘画浑涵无迹韵味的强调

如果说韩拙的"三远"语义场偏于迷远的表现，那么黄公望在其自身实践的基础上，发掘的"三远"语义场则融"三远"具体语义于一幅画内。他谈自己的创作经验，概括为：

> 以下相连不断谓平远，从近隔间相对谓阔远，从山外远景谓高远。[1]

郭熙的平远、高远，偏重于视角的平与高，从构图上来说，平与高的视角并不一定能构成远的境界。到韩拙"三远"语义场的出现，画家们在一幅画中也仅仅是偏重于一远的表现。黄公望"三远"语义场蕴含的精神，在元代，被画家们发挥得淋漓尽致。在一幅画中，可见空间层次的变化，融合平远、高远、阔远于一身。不仅突出宗炳的远映，沈括的以大观小法，更重要的是强调画面的神韵。画家们着意经营的不是布局，不是意境的借物寄情，缘物写心，而是逸逸笔草草，不求形似，抒发的是自己的心灵，艺术手法不能作为羁绊画家们的条件了。看元画简直是在

---

〔1〕 黄公望：《写山水诀》，郑午昌、黄保成：《中国画学全史》，上海：上海书画出版社，1985年，第311页。

享受书骨、乐韵、诗魂三位一体的神奇。

元画追求的这种浑涵无迹的韵味，是中国画家们特有的心理结构的产物。对生机勃勃而又均衡协调的自然来说，中国画是一种隐喻。画家们以道为源，以禅宗为流的思想，让他们凭各自的感触去解释这个世界。道家的清静淡泊，寂寞无为的情趣和理想，自然天放的人性和顿悟，使活脱脱的一个现实世界，充满着禅趣和玄思。使本来就追求萧索超然，空寂寥落意境的文人士大夫，在中国画中追求远，把人的目光和心灵引向无边无际的宇宙，体现了中国人体合宇宙精神的心灵境界。于是，中国古代绘画形成了以通天人之际为最高主旨，以人、自然、神灵三者相融合为表征。元画被推为山水画的极致，不能不和这种思想有关。元画意简笔繁，追求画外之韵。要想达到这种境界，必须在技法表现上有新的突破，以赵孟頫为代表，打开了书和画之间的闸门。他在《秀石疏林图卷》上自题诗句："石如飞白木如籀，写竹还需八法通. 若也有人能会此，方知书画本来同。"这是对南宋院体纤细浓艳作风的否定，让诗堂而皇之地在画的海洋上踏浪戏波。倪瓒聊以自娱和吴镇认为画事为士大夫词翰之余的呼声，召唤着画家要求解放的心灵，个性的宣泄，逐步突破借物寄情和源物写心的体裁限制，渗透到笔墨的形式本身中，使之同时成为一种内容。从形和神的关系这个角度来说，神这个概念具有了比以前更加宽泛的外延，它包括客观的对象之神，主观感受之神，以及笔墨技艺之神。并且神与形的允合可以是随机的。从此，画家从绘画的对象中把自己解放出来，他们足以借山水的躯壳来表现笔墨，借笔墨的趣味来抒发自己胸中的垒块。换言之，画家已经能创造一个寄托主体审美情感的人工物象。这人工物象可以和自然物象吻合，也可以不吻合，以形写神又成了过去，展现在人们面前的，是一个以神写意的光明世界。画家创作的意义主要不在于客观地完成作品，而在于创作的进程中，不在创作欲的满足，而在于它的实施。元四家的作品，萧散，孤寂，苍茫，凝重，书法用笔，犹如书法家自身的延伸。画面的韵味实际上是他们各自生活侧影的一种曲折的反映，是他们对人生，自然观感的不自觉的流露。变幻莫测的笔墨技法正是他们复杂微妙的思想情感为内涵的，形式和内容在这里获得高度完美的统一。他们以画为寄，使自身远离尘世，故而最能体味作画过程中的乐趣。假如说宋画侧重表现自然，崇尚理法，较多地留有制作的痕迹，不免带有匠气，那么元四家的画由于侧重表现心灵，把线的变化推向极致，充满了书卷气，画风、画法皆与前人有质的区别。黄、王、倪、吴淡逸的笔法墨韵，正是代表着赵孟頫以来画风发展的共同特色。赵孟頫的《山村图》是一幅幽雅的，典型的江南平远山水。画法溯源董巨而出自机抒，全以干笔皴擦，笔线萧散苍秀，疏松中见谨严，纤细中见简率，正体现了他作画贵有古意的绘画美学思想。画风脱略形迹，重在笔墨，明显摆脱了宋人的理学，从重理念、重境界、重物趣，而转向重抒情、重心象、重意趣，对元四家的画风，特别是黄公望"三远"语义场的形成，有很大的影响。

黄公望现存山水真迹大都为晚年变法自成一家的作品，《富春山居图》是他"三远"语义场内涵的形象体现。此图卷在纸本上干笔勾皴，具有元画的典型特色。空间意识的突破不在于取表象层次的直觉的黑白明暗效果，而是利用笔墨线条的稠密和疏朗来塑造形象，组成块面。远山简远不以渲染，化宋人湿笔为干笔，气韵在笔而不在墨，笔干而墨润，更见疏秀松灵的笔趣。前、中段用笔谨严而细致，至后段渐转为疏松而不经意。这是作画情绪节奏的变化形成的，令观者在欣赏过程中，随画法的变化，似乎也受到感染，注意力有紧有松，像乐章的起伏变化。从此图理解他的“三远”语义，便知与郭熙“三远”语义的不同。

黄宾虹讲：元人笔简意繁，故曰写意。黄公望水墨写意山水在审美形象上呈现出抽象和具象结合的特点，使传统山水水墨写意的技巧发展趋向完美，同时促进了寄乐于画的文人画的发展。他的画在一定程度上表现出一种澹泊、简远、平淡、超脱的生活态度和精神境界，在笔墨形成美的探索上有突出造诣。元四家风格各异，但他们共同的审美倾向是自然情意的表达，大都讲书法意味。王蒙创造了一种繁线密点纵逸多姿的技法，概括体现了南方山水郁然深秀的意境。表现幽寂山谷，寄托着隐居其中悠然自乐的处世心态。他的《葛稚川移居图》，表现了移居的路途和环境，因地成形，移步换形的空间安排，来龙去脉曲尽变化，构成可行、可望、可游、可居的境界，极富想象力。虽极力表现高、深，其中仍让人感到幽、阔的意味。

元画淡泊萧散，于笔墨上求神趣，倪瓒又可谓是元画的极致。他多写太湖一带景色，以脱略形迹不拘形似的方式，借景物来抒写心绪，表现出一种映于心象的理想化的境界。画面流动着简、淡、清、雅、拙、逸的神韵，意重于形，不仅在功力，更重于修养，幽静的意境，使人有不期而至，清风故人之感。晚岁的《幽涧寒松图》，幅面不大但相当精彩。平远取景，一开一合，含阔远、高远，见其单纯静穆，天真幽淡为宗，极好地体现了静观自得、远的心灵和韵味。吴镇画以兴、趣构成意向，即注重笔墨的遗兴，追求孤高旷简的境界。《渔父图》上部稠密，下部疏朗，俱以湿笔为之，画面空间摆布小舟为视觉支点，亦即作者遐想之所在，情思神游之处，寄托着隐逸超脱，疏放出不羁的生活向往。

纵观元代山水画，以简逸之韵，胜前代工丽之作。艺术向往不在物趣而在意趣，创作思想，审美情趣与追求静态隐逸的心理趋势有着共同的倾向。打破偏重于理性建立起来的时空意识，提高笔墨技巧自我审美价值，表现一定的生活思想和情感。黄公望“三远”语义场，与其说是布局之法，不如说是画面远的韵味和境界的表述。

(四)结语

三个“三远”语义场的汇聚，标明了宋元山水画发展和成熟的过程。画家的心灵是无形的，但一笔着纸，即使是一点，也会触发画家关于形象的联想。例如五代山水，首先出现披麻一类的皴法，说明古代画家对自然景物的表现是通过意会和神似的途径实现的。大自然中的山坡、峰峦大都是弧状形态，用短而略带弧形的线条密集组合，正反映了古人描述山体的一种朴素而原始的意境。随着绘画实践的丰富，绘画理论也有了进一步的发展。郭熙的“三远”语义场注重技法，强调透视，既是总结绘画的创作体验，又是绘画创作的需要。“三远”法结合点线范围内用笔的披麻皴类画法，形成了北宋相当严密、完美、和谐的以全景式构图为主的画风。

随着文人画的兴起，韩拙“三远”语义场强调意境的营造，墨笔块面出现，造就了减笔画法沉着痛快，墨沈淋漓的画风。米氏云山，侧笔横点，使山川烟云变成传达自己内心意绪的媒介。

南宋以后，山水画似已难以发展，赵孟頫提出以书法入画的理论，强调了线条独立存在的美学价值，继米芾之后为山水画进一步向文人画方向的发展开拓了新的广阔天地。在此基础上，黄公望“三远”语义场所追求的韵味才能得以体现。他与王、倪虽然师法董、巨，却更有创新，突破笔的前端作画的局限，把点、线、面结合一体，体现意简笔繁，浑厚无迹的空灵，具有虫书鸟迹，无意为佳的风韵。少的是人为的痕迹，多的是自然的精华之气。在画面的布局上，一改苏轼宋人的奇峭，把画面处理成尽可能简单虚实的关系，用最简洁概括的笔法描绘山林和云水，形成十分醒目而委婉的墨白章法，以此达到天真平淡的境界，不拘一格的寄托自己胸臆。在这种画外之韵的追求中，画家自己似乎也变成了自然的一部分，与万物同享日月星辰，风雨雷电。

三个“三远”语义场内涵的明晰过程，表明山水画只要还在山林之士手中发展，远的境界会发展的更为极致。这正如宗白华先生在《美学散步》中说，中国绘画里所表现的最深的心灵是：深沉静默地与这无限的自然，无限的太空浑然融化，体合为一。

我们以三个“三远”语义场生成为线索，论述了宋元山水的发展，得知中国山水画是心灵与自然的结合。远是种布局法的显现，借助于虚实，动静，明暗的流动节奏表达出来；同时，远又是一种韵味的追求，画家们远超画境，俯瞰自然，将人格，个性消融在画的意境里，蕴藏在笔墨点线的龙飞凤舞中，在一片生机中与天地相通相感。远，涵盖了中国千年流传的山水画的精神，愿我们这些尘世的俗子，能澡雪精神，去领悟这羚羊挂角，无迹可求的超旷空灵。

四　固定格式“失之……”与“有失……”比较

“失之……”与“有失……”是现代汉语中较为常见的两种固定的表达格式。它们语表虽有相似之处，但语里不同，用法有别,使用时需特别注意。

(一)“失之……”

这种格式,其中的固定成分“失”指“过失”、“失误”,为名词性;“之”没有实在意义。其中的可变成分,即“失之”之后的语词是对固定成分所做的补充说明。例如“失之偏颇”,“偏颇”是说“失”之所在。因为“失之”之后的词语是对“失之”进行补充说明,所以“失之……”有时又作“失之于……”,如“失之偏颇”也可以说成“失之于偏颇”。

“失之……”格式所凝固的语义可以概括为:“失误(过失)在于……”,如“失之大意”意思就是“过失(失误)之处在于大意”。

“失之……”格式的修辞价值可以概括为:用于评断。这种格式一般用于对前述事件、行为等作评论,判断,而且是对前述事件、行为等作情感色彩较为强烈的否定性的评论,判断。如:

这种看法失之草率。

该句就是对前面所叙述的某种看法的评断,带有总结的意味。由于使用了贬义情感词“草率”,因而整个评断贬义情感色彩强烈。

就情感色彩来说,能进入“失之”格式的词语都是带有贬斥意味的词语,如:

草率、鲁莽、片面、偏颇、拘谨、拘泥、晦涩、疏忽、大意、粗心、麻痹……

“失之东隅,收之桑榆”“失之交臂”等熟语不用于对前述事件、行为等的评断,“失之”之后的词语并不带有贬义。

就词类来说,能进入此格式的一般是表示消极意义的双音节形容词,如上举词语。就短语来说,能进入此格式的一般是以表示消极意义的形容词或动词为表意核心的偏正短语。如,“此种说法系作者失之于对此类想象严重性的忽视。”

“失之……”格式的语体风格色彩可以概括为:典雅庄重的文言风格色彩。

(二)“有失……”

这种格式,其中的固定成分“有”不表示实在意义,作用在于和后面的“失”凑成双音节;固定成分“失”指“失掉”“失去”,为动词性,它对后面成分表示否定。这种格式其中的可变成分,即“有失”之后的词语表示被否定的对象(事物或者属性)。

“有失……”格式的语义可以概括为“失掉(失去)……”或“不(没有)……”,换言之,其语义为表示较为委婉的否定。如“有失周密”,就是对“周密”的较委婉的否定,意思为:“不周密”或“不太周密”。“有失身份”是对“身份”的较委婉的否定,意思就是“失去身份”“不合身份”。

“有失……”格式的修辞价值也在于用于评断。一般也是用于对前述事件、行为等作否定性的评论、判断。

“有失”的否定对象(事物或者属性)一般说来总是好的,是人之所欲,而非人之所恶。因此,“有失”之后的词语,也就是能进入“有失……”格式的词,一般都是褒义的、积极的。

就词类来说能进入此格式的主要是褒义的或曰带有积极意义的双音节形容词,如:

周密、准确、精确、大方、全面、热情、公允、规范……

此外是少部分带有积极意义的双音节名词或动词，如：

风度、信用、信誉、风范、身份、斟酌、考虑、推敲……

就短语来说能进入此格式的一般是以带有积极意义的名词或动词为中心的偏正短语。如：

有失做人的准则、有失政治家的风度、有失远迎

"有失……"格式的语体风格色彩可以概括为：典雅庄重的文言风格色彩。

（三）"失之……"与"有失……"

通过上面的分析可见："失之……"与"有失……"都是具有文言风格色彩的固定格式，都用于对前述事件、行为的评论、判断。但是它们有着极大的区别：第一，它们所凝固的语义不同。"失之……"表示"失误（过失）之处在于……"，是对事物、行为作直接的否定，而"有失……"表示"失去……"或"不（没有）……"，表示较为委婉的否定。第二，它们对进入格式的词语的情感色彩要求不同。能进入"失之……"格式的词语属贬义的、消极的词语，而能进入"有失……"格式的词语属褒义的、积极的词语。进入这两种格式的词语情感色彩恰好对立。

由于能进入这两种格式的词语多数是形容词，而形容词经常可以构成反义序列，因而"失之……"与"有失……"格式的使用有一种有趣的现象，即一对情感色彩相反的反义形容词，如果分别能进入"失之……"与"有失……"格式的话，那么会形成"失之……"与"有失……"格式基本语义值相等的现象。如：

失之片面——有失全面

失之冷淡——有失热情

失之轻率——有失郑重

失之傲慢——有失谦恭

“失之……”与“有失……”语表都有一个“失”字，都是对前述事件、行为等的否定，因而使用中如果不注意两种格式的区别，很容易形成语病。如：

作者的这番话是失之周密，是不妥当的。

“周密”是个积极的形容词，是褒义的，不合“失之……”格式对词语情感色彩的要求，而且“失之周密”即“失误之处在于周密”，这与事理不通。显然说话人是将“有失……”与“失之……”这两种格式弄混淆了。该句“失之周密”应改为“有失周密”。

“有失……”格式用为“失之……”格式属于误用，“失之……”格式用为“有失……”格式也属于误用。如：

但是，笔者认为，法学界同仁的这种认识，未免有失偏颇……（《宁夏大学学报》，1995.1）

“有失……”格式要求褒义词语，而“偏颇”是个贬义词语，这样就产生了语病。显然，作者是将“失之……”格式与“有失……”格式混淆了。该句“有失偏颇”应改为“失之偏颇”。

五　一个夸张经典的生成机制追问

甲骨文时代以来，夸张就是汉语中的老牌修辞现象。正如刘勰《文心雕龙·夸饰》所说“故自天地以降，豫入声貌，文辞所被，夸饰恒存”。从古到今，人们渐进地认识夸张，在探索中丰富着夸张。本文借助多元理论资源，多维度、多层面地探究夸张。所取经典用例“飞流直下三千尺”，蕴含许多学术记忆，抑或唤醒更多学术热情，激发寻找解释夸张生成的可能路径。

理论资源一：词语的语法、语义多功能性理论

陆俭明在郭锐的“词语的语法动态性”基础上提出“词语的语法、语义多功能性”观点。[1]

郭锐提出的“词语的语法动态性”，[2]核心观点可以概括为下表：

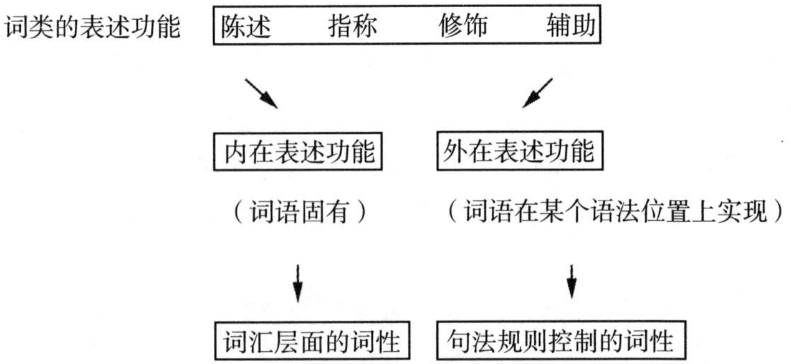

词汇层面的词性与句法规则控制的词性一般情况下一致，个别情况下不一致，呈现语法动态性特征。“语法动态性”跟国外所说的 emergent grammar“共时语法化”容易混淆，陆俭明建议修改为：“词语的语法多功能性”（the dynamics of the syntax of words and phrases）。

---

〔1〕 陆俭明：《词语句法、语义的多功能性：对“构式语法”理论的解释》，《外国语》2004 年第 2 期。

〔2〕 郭锐：《现代汉语词类研究》，北京：商务印馆，2002 年，第 84～91 页。

“词语的语义多功能性”指的是：词语在相同的词类序列中，或者跟同一个词语组合，可呈现不同的语义功能，担当不同的语义角色。

陆俭明把“词语的语法多功能性”和“词语的语义多功能性”结合起来，统称为“词语的语法、语义多功能性”(the dynamics of the syntax and the semantics of words and phrases)。主要表现在三方面：某一个词类里的词语，在语法功能上发生变化；动词或形容词前后所实际出现的论元数(或说“配价数”)发生变化；语义角色性质发生变化。

陆俭明的研究寻找到解释同一个动词可以形成不同句式现象的原因，即：语言具有词语的语法、语义多功能性特质。这也启发我们理解构式有自己独立语义，夸张构式义的不可推导性等问题。

具体到“飞流直下三千尺”，按照传统语法观点属于主语和宾语的语义不搭配。数量结构“三千尺”如果不在陈述飞流长度结构里充当宾语，是一个普通的表示长度的单位，没有夸张意味。因为主语是“飞流”，“三千尺”描述对象超出长度的正常量范畴，使夸张成为可能。数量结构“三千尺”所具有的常量和夸张量的语义多功能性，因夸张构式：本体 + 夸体 + 夸张点的参与被激活，本体：飞流，夸体：三千尺，在语言形式中显现；夸张点：长度，在语言形式中隐现；形式隐现的夸张点在读者接受中复原，在意义把握中提取。这种没有介体参与，直接表现为量的扩大的夸张，是夸张构式范畴中的典型成员。在现实世界中，飞流不可能达到“三千尺”的长度，借助本体 + 夸体 + 夸张点的夸张构式可以判定此时的“三千尺”是数量结构聚合系统中的夸张量。

理论资源二：亚义位、自设义位、空义位理论

为解释语用环境中的义位转移现象，谭学纯参照义位概念，提出三个相关概念：亚义位、自设义位、空义位。依据是否具有自然语言的词条身份、是否具有词典记录的固定义项、是否可以依据词典释义概括出相应义位等条件，把三个概念分别定义为：

亚义位：具有自然语言的词条身份和词自身的内涵义，在静态词义系统之外可以概括固定义项的、最小的、能独立运用的语义单位。

自设义位：具有自然语言的词条身份，但不具有词自身的内涵义，而是在静态词义系统之外，能够提取临时语义的、最小的意义单位。属于使用者的自定义。

空义位：不具有自然语言的词条身份和词自身的内涵义，在静态词义系统之外，能够提取临时语义的、最小的意义单位。空义位的语义是表达者自由填空的，就此而言，空义位也是自设的。[1]

我们借助这项研究成果观察夸张构式，发现夸体语义在夸张点的作用下，带有亚义位和自设义位双重特征，从而与本体搭配，完成夸张构式义的生成。

数量结构“三千尺”具有固定语义，泛指长度，已经进入公共交流空间，其组成成分三千、尺也被词典记录，成为静态词义系统的一员。但在夸张构式“飞流直下三千尺”中，因长度被凸显的内因推动，数量结构“三千尺”可以被替换为“五千尺”“九千尺”“三万尺”“三千丈”等超常量，此时“三千尺”意义虽然仍

〔1〕 谭学纯：《语用环境中的义位转移及其修辞解释》，《语言教学与研究》2011年第2期。

具有静态的表长度的意义，但更具有非精确表长度语义的动态性，因此“三千尺”语义具有亚义位特征。

“三千尺”被替换的逻辑程序是：

剔除客观世界中可能出现的瀑布长度——筛选诗人想象中瀑布长度——确定超常量聚合系统。

“三千尺”语义具有亚义位特征，从旧有的自然语义转移到新生的自然语义，对应词典记录和尚未记录的公共经验。补充一例具有自设义位语义特征的夸张构式：

你瞎说点啥！没喝酒，你就醉了！（北大语料库）

此时的醉，分析义素为：[+人 +饮酒 +过量 +神志不清]。可见，醉的前提是喝酒，过量，导致神志不清。没喝酒，不会出现醉的后果。现在既然没喝酒就醉了，醉必备义素[+喝酒]被删除，自设义位成立。超前夸张构式把后发生的醉先说，凸显人物说话的不着调，瞎说特质。

醉的自然语义在词典释义中封闭，在超前夸张构式中非自然语义处于开放性的修辞化建构状态，通常带有强制接受者接受的意味。

“醉”语义具有自设义位特征，从旧有的自然语义转移到非自然语义（非字面义/字面义），由客观化的语义转向主观化的语义，释义精度降低，语义共享范围缩小。

“三千尺”语义的亚义位特征，需要借助同质性质的概念认知；“醉”语义的自设义位特征更多借助异质性质的修辞认知。[1]

---

〔1〕 谭学纯、肖莉：《比喻义释义模式及其认知理据——兼谈词义教学和词典编纂中的比喻义处理》，《语言教学与研究》2008 年第 1 期。

理论资源三：同化、顺应理论

刘大为认为在语法构式上增加修辞动因就会形成修辞构式。语法构式具有抽象的“意象图式般的结构”，凭借同化和顺应两种方式与外界发生关系。比照语法构式的这两种方式，修辞构式的形成也有同化和顺应两种方式。

修辞同化：构式在与构成成分整合过程中将整体的构式义加给这些成分，使它们发生适应自己的变化。

修辞顺应：构式在表达满足修辞动因造成的意义时，自身发生由中心意义派生出非中心意义的变化来适应它。

同化强调个体构式在整合中的自上而下对论元角色的要求，顺应突出在多个同义构式中构式由中心义向非中心义的引申关系，观察点不在同一层次。

在修辞同化过程中，整合可以理解为构式自上而下对论元角色的要求，与充任构成成分的动词自下而上对参与者角色要求的统一。“词语的选择是一个自下而上的过程。它除了受到构式自上而下的制约，必须满足它对论元角色的要求外，还需要在观察细节的基础上，使选择的每一个词语都能以丰富、恰当的语义信息来反映这一场景。可是词库中词语的意义一旦形成就具有高度的稳定性，不会因为场景表达的临时需要而随时发生变化，所以它代表了表达过程中保守的、模式化了的力量。当它与构式发生冲突的时候，语言使用者通常的选择总是对词语所代表的保守力量妥协……获得的是表达的轻松和理解的顺畅，付出的代价却是丧失了经验的真实性和新鲜度。”[1]

我们认为在修辞同化过程中，只有构式自上而下的语义结

〔1〕 刘大为：《从语法构式到修辞构式（下）》，《当代修辞学》2010年第4期。

构压制起主要作用。构式对词语自上而下的制约表现为满足它对论元角色的要求和使选择的每一个词语都能以丰富、恰当的语义信息来反映这一场景两方面。词库中词语意义的稳定性，不会因为场景表达的临时需要而随时发生变化，不能表现出自下而上的词语选择过程。要想化解此冲突，需要借助语言层面上的结构压制，把构式义强制性赋加给词汇，迫使其变化。在认知的层面，言者借助规定性场景，已经获得词汇暂时、个性化语义；对听者来说，语义冲突迫使他建设新场景，这样一来，语义冲突就转化为语义协调。

语言层面上的结构压制，认知层面场景的借助和假设，都支持了我们的观点：构式自上而下的语义结构压制在起主要作用，词语的选择是一个自下而上的过程则形同虚设。这与陆俭明从词语句法、语义的多功能性对"构式语法"自下而上的内涵不同，表现出解释多样性的可能。

至于顺应突出在多个同义构式中构式由中心义向非中心义的引申关系，我们赞同刘大为的观点：修辞动因无法在构式与构成成分整合的过程中得到满足时，便会推动构式发生变化以顺应自己的需要。但是一种语言的构式总量是有限的，构式的构成也总是趋于稳定的，都不会因为不断萌生的修辞动因而发生急剧的变化，这样顺应的主要对策只能是从原先单一的原型构式义（中心义）引申出越来越多的非原型义（非中心义），构式也在这一过程中演变成多义结构。

以"飞流直下三千尺"分析为起点，借助夸张构式"本体 + 夸体 + 夸张点"构式义的同化作用，"三千尺"突破精确数字身份，与"飞流"搭配，超越客观世界不可能限制，完成心理世界存在的瀑布超常量的夸张表述。如果出现"飞流直下三千尺长"

“飞流直下三千丈”等变化的格式，可以看成是顺应，即由中心意义派生出非中心意义的变化。比照修辞同化与修辞顺应的理解，夸张同化与夸张顺应可以概括为：

夸张同化：夸张构式在与构成成分整合过程中将整体的构式义加给这些成分，使它们发生适应自己的变化。

夸张顺应：夸张构式在表达满足修辞动因造成的意义时，自身发生由中心意义派生出非中心意义的变化来适应它。

理论资源四：关联理论和临场概念

运用格莱斯会话理论观察夸张，表达者借助显现的语言形式表达隐含命题，夸张违背质准则的目的在于推出隐含意义，夸张义被分析为寓义。此处我们借用关联理论视角，对夸张构式尝试新的理解，夸张义被分析为显义。

“完整字面义的获得需要借助语境信息完成一个或多个下述操作：1）指称指派（reference assignment）：为代词和时间副词确定具体的指称对象；2）其他充盈（saturation）过程：补出省略的句子成分和句法上不需要但在语义理解上必要的成分；3）丰义（enrichment）：意义的进一步精细化，如补充隐含的逻辑关系、深化某些词语的意义等；4）解歧（disambiguation）：选定歧义语句在具体语境的单一意义。在关联理论中，这些操作的结果被称为显义（explicature），而相应的操作过程有时也称作显谓（explicating）。显义是在组合语义的基础上借助具体语境而充实得到的，所以有一定的语用内容，是后逻辑式或是后组合语义的意义层次。显然，只有显义才是真正的字面义，也只有显义才能确定语句的真值（truth value）及其衍推关系（entailment meaning)。”[1]

借鉴关联理论对意义的理解重新认识夸张构式意义的生成。关联理论的意义有三种所指,我们分别用意义1、意义2、意义3表示。

意义1=字面义

意义2=显义(由具体语境充实得到,包含语用内容,是后逻辑式或是后组合语义的意义)

意义3=高层显义(即命题态度:人持有和表达某个命题的具体方式,如相信、打算、愿望、需求、担心等)

三种意义之间的关系:意义1和意义2是基础意义。意义3是增加命题态度的高层意义。夸张构式意义应该属于意义3。

据蒋严介绍,关联理论另一研究成果是采用理解启发式(relevance-theoretic comprehension heuristic)语用推理新模式。他引用梁宁建的定义解释说:“启发式是指个体根据自己已有的知识经验,在问题空间内粗略搜索用来解决问题的策略。它要求以与问题相关领域特定的知识为前提。启发式并不能完全保证问题解决的成功,但是运用这种方法来解决问题比较省时、省力,而且效率较高。”[2]

此话强调有限度搜寻关联的信息,与问题相关领域特定的知识要求限定了语境范围,不需要寻找、加工所有信息,费时、费力,而是在瞬间寻找有关联的信息,发挥优化的推理功能,这种对信息范围的限定,对加工深浅度的选择,在一定程度上解释了

---

〔1〕 丹·斯珀波、迪埃珏·威尔逊:《关联:交际与认知》,蒋严译,北京:中国社会科学出版社,2008年,第6~7页。

〔2〕 蒋严、袁影:《临场概念与隐喻分析》,《当代修辞学》2010年第3期。

交际得以瞬间完成的内部推理过程。理解启发式推理的优化选择性与博弈思想有相似之处,参与者在语境和规则限制下,选择策略,实现优化结果,实施每个参与者的利益最大化。这种有限制的自由,如带着镣铐的舞蹈,强力吸引追寻者的关注。

关联理论借助临场概念和相关认知心理学成果,对隐喻进行的新分析,对探索夸张构式义生成动因有很大启发。

临场概念(ad hoc concept)是指"应特定场合之需而形成的临时性概念,此前并没有与之相当的固定而界定清晰的概念。临场概念既可以得到新的编码,以新词新语的形式出现,也可以对既有概念作调整,表达较原概念更窄或更宽的意义。"[1]这说明临场概念因语境不同临时产生使用的特点。在这种一次性交流过程中,通过收窄和放宽手段,对概念内涵进行个人化的修订,从而改变概念的外延。此种语用推理方法在词汇语用学里得到很好的体现,推理的前提是句子的字面意义,推理的结论是句子的充实意义即显义。

基于词语意义调整基础上的临场概念在推理过程中凸显了要表现的事物性质,与交际关联原则并肩携手规划推理方向和深度。比照隐喻义的解释关注夸张义,夸张义更强调程度的区别。借助临场概念,夸张构式义的生成可分析为:

夸张句的意义因夸张点存在被直接分析为本体和夸体,夸体所指谓的范畴并不是初始概念 C 的范畴,而是根据初始概念而构建的临场概念 C 所指谓的范畴。之所以会构建 C,是因为夸张句的字面义不够完备,是欠明的(underdetermined),需要根据语境信息而充实填补,经过显谓(explicating)而得到显义即完

〔1〕 蒋严、袁影:《临场概念与隐喻分析》,《当代修辞学》2010 年第 3 期。

备的字面义。C 的某些特征得到触发，而另一些特征受到压抑封闭，直接致使因素来自夸张点的凸显。

在“飞流直下三千尺”夸张句中，本体：飞流，夸体：三千尺。此时的数量结构：三千尺，即初始概念 C，可以表现为一个聚合系统。

首先：“三”常指虚数，表示“多”的意义，可以被替换为“五、九”等指虚数，表示“多”义的词。“三千尺”可以替换为“五千尺”“九千尺”等。

其次：千可以被十、百、千、万、等替换。“三千尺”可以替换为“三十尺、三百尺、三万尺”等。

最后：尺可以被寸、丈等替换。“三千尺”可以替换为“三千寸、三千丈”等。

因为长度成为凸显特征，在此聚合系统中，超常量才会成为被选择的对象，因此，三十尺，三百尺，三千寸等在客观世界中可能出现的瀑布长度都被剔除，不可能出现的三千尺等才成为诗人想象中瀑布长度，三千尺被替换的过程，正是建构临场概念 C * 的过程，收窄了精确数字含义，放宽模糊长度的表达，在庐山瀑布雄伟壮观语境的触发下，瀑布被夸张为超长，竟然被怀疑为银河从九天落下。当然，下句“疑是银河落九天”是比喻，也是夸张。关于夸张与比喻的复杂关系，不是本文涉及的问题，拟另文论述。

埋论资源五：压制理论

构式对词项的压制遵循一致原则：构式挑选并凸显词项与构式相兼容和谐的意义，而抑制其他与构式相冲突的意义，从而使词项与构式在意义上保持一致。[1]

构式义是句义和词汇义整合—压制的结果，不能由构式成分推知，也不能叠加词典义得到。

“在语义压制过程中，构式中没有被扭曲的成分是压制者，称为压制因子(coercing operator)，被扭曲的成分是被压制者。压制力的来源或基础是构式本身相对固化的语言形式和语义内容。”[2]

Michaelis 把构式的语义压制功能称做凌驾原则(the Override Principle)，即如果词汇在语义上与句法环境不协调，那么词汇意义必然服从句法结构的意义。

构式形式和意义固化特性决定语义压制成为可能。具体到夸张构式“本体 + 夸体 + 夸张点”，因为夸张点的凸显功能，夸张构式所具有的语义压制功能迫使夸体语义改变为满足构式的要求。在“飞流直下三千尺”例中，“三千尺”由精确表达变为可替换的超常量的聚合系统。如果把一个构式看作一个整体，其各“组成成分”分别也应看成是一个小整体。当夸体凭借“组成成分”进入到夸张构式时，可以凭借未拆分小整体起作用，这符合生成整体论的大整体、小整体辩证统一关系。

认知科学研究联结主义工作范式中复杂动力系统理论根据“复杂性”思想，认为人类的认知过程是人类的复杂适应系统的一个子系统，而这个子系统本身就是一个复杂的动力系统，其重要思想是生成整体论。

---

〔1〕 董成如、杨才元:《构式对词项压制的探索》,《外语学刊》2009 年第 5 期。

〔2〕 刘宇红、谢亚军:《从构式语法看汉语成语的仿用》,《解放军外国语学院学报》2007 年 6 期。

"生成整体论的世界图景只有整体没有部分,只有过程没有静止";"只有大整体与小整体、大世界与小世界的区别","不存在静止不变的、孤立的事物,不存在既成的、先定的部分"〔1〕。

"把构式语法的研究置于生成整体论的理论环境又可能使研究获得进一步的拓展和深化。"〔2〕

借助认知构式语法的压制理论解释夸张构式的生成,研究表现出认知语言学与认知科学的发展有着深刻联系的特征。

结论与余论

锁定研究对象"飞流直下三千尺",借助五种语言学理论资源从不同角度阐释夸张构式意义生成理据。在数量结构聚合系统中存在常量、超常量、夸张量三个等级。在现实世界中,常量是经常出现的;有可能出现超常量事物,但数量少,不典型;不可能出现夸张量。如果不借助夸张构式,很难判定数量结构聚合系统常量、超常量、夸张量的等级。换句话说,很难只根据数量结构"三千尺"就判定是夸张量。要想判定"三千尺"是夸张量,必须把数量结构与描述的主体特性结合起来分析,才能确凿判断一个数量结构是属于常量、超常量还是夸张量。

对比五古《望庐山瀑布》"挂流三百丈,喷壑数十里",用"三百丈"表述瀑布长度,足见数量结构"三千尺"的可替换性。由此可知"飞流直下三千尺"的夸张理据不是由数量结构决定。再看另一例句:"白发三千丈,缘愁似个长?"

从句式结构观察,"白发三千丈"是名词谓语句。古代诗歌

---

〔1〕 李曙华:《当代科学的规范转换——从还原论到生成整体论》,《哲学研究》2006年11期。

〔2〕 徐盛桓:《相邻关系视角下的双及物句再研究》,《外语教学与研究》2007年第4期。

中名词谓语句属于常见句式，在现代汉语里比较少见，主要用于口语中的肯定句，常用来说明天气、时间、节日、节气、姓名、年龄、籍贯、职称、方位、处所、容貌、性状意义等。名词谓语句是汉语结构有特色的句式，研究时不应该忽略。在“寸、尺、丈”的度量衡类聚系统中，寸表短，尺表中，丈表长。后句突显“愁长”，故前句选丈，从而与长对应。三千为三的倍数，在汉语夸张中较高频率地使用。动词不是夸张构式的必要条件。这与 Goldberg 围绕动词为中心的构式研究有很大区别。

夸张构式意义生成动因的解释途径大致有两种倾向：自下而上语义对结构的适应和自上而下结构对语义的调整。还有学者只言片语的智慧之光也照亮了我们思考路径。如：境迁语和修辞转类的提法。

在汉语、英语对比考察中，为了说明名词动用和动词名用的不对称现象，沈家煊引入“境迁语”（contextual expressions）概念，即内涵和外延随着语境改变，变化、迁移的词语。[1]

“修辞的转类是一种境迁语，它的意义解读要依据语境来完成，而无法像辞典释义那样给出一个确定的词汇意义。”“修辞的转类具有两个特点：第一是句法特征的不充分性，第二是较弱的可类推性。”[2]

夸张构式的构式义与组成部分意义融合一体的整体性，被人们充分认识的话，就不会出现对杜甫《古柏行》“霜皮溜雨四十围，黛色参天二千尺”的误解。借助五种不同理论理论资源

---

〔1〕 沈家煊：《从“演员是一个动词”说起——名词动用和动词名用的不对称》，《当代修辞学》2010 年第 1 期。

〔2〕 方梅：《修辞的转类与语法的转类》，《当代修辞学》2011 年第 1 期。

对夸张经典例句“飞流直下三千尺”的分析，是融合多学科研究成果为我所用的学术尝试。

参考书目

论文：

蔡翔、费振钟、王尧:《文革与叙事》,《当代作家评论》2002年第4期。

陈良运:《"美"起源于"味觉"辩证》,《文艺研究》2002年第4期。

董成如、杨才元:《构式对词项压制的探索》,《外语学刊》2009年第5期。

方梅:《修辞的转类与语法的转类》,《当代修辞学》2011年第1期。

胡范铸:《从"修辞技巧"到"言语行为"》,《修辞学习》2003年第1期。

黄浩:《角色紧张:一个说得太多和太累的"我"》,《作家》1990年第3期。

蒋严、袁影:《临场概念与隐喻分析》,《当代修辞学》2010年第3期。

李曙华:《当代科学的规范转换——从还原论到生成整体论》,《哲学研究》2006年11期。

李宇明:《中国的话语权问题》,《河北大学学报》2006年第6期。

刘大为:《从语法构式到修辞构式(下)》,《当代修辞学》2010 年第 4 期。

刘宇红、谢亚军:《从构式语法看汉语成语的仿用》,《解放军外国语学院学报》2007 年 6 期。

鲁国尧:《语言学和接受学》,《汉语学报》2011 年第 4 期。

陆俭明:《词语句法、语义的多功能性:对“构式语法”理论的解释》,《外国语》2004 年第 2 期。

罗维:《〈武训传〉的讨论教育了我》,《工人日报》1951 年 5 月 24 日。

南帆:《文学话语的维度》,《文艺评论》1994 年第 6 期。

潘庆云:《探索辞规体系,掌握修辞世界》,《营口师专学报》1988 年第 2 期。

钱中文:《对话的文学理论——误差、激活、融化与创新》,《中国比较文学通讯》1993 年第 2 期。

尚必武:《建构 · 拓展 · 重审——2009 年度西方叙事学研究回眸》,《江西社会科学》2010 年第 10 期。

邵建:《知识分子写作——徐坤小说的读解之维》,《作家》1996 年第 2 期。

申丹:《关于叙事学研究的几个问题》,《中国外语》2009 年第 5 期。

沈家煊:《从“演员是一个动词”说起——名词动用和动词名用的不对称》,《当代修辞学》2010 年第 1 期。

谭学纯、肖莉:《比喻义释义模式及其认知理据——兼谈词义教学和词典编纂中的比喻义处理》,《语言教学与研究》2008 年第 1 期。

谭学纯:《全球化背景下的中国语言教育对策和话语权》,

《语言文字应用》2006 年第 4 期。

谭学纯:《身份符号:修辞元素及其文本建构功能——李准〈李双双小传〉叙述结构和修辞策略》,《文艺研究》2008 年第 5 期。

谭学纯:《修辞观:话语权和学术操作》,《福建师范大学学报》2009 年第 2 期。

谭学纯:《修辞幻象及一组跨学科相关术语辨》,《安徽师范大学学报》2005 年第 4 期。

谭学纯:《修辞学研究突围:从倾斜的学科平台到共享学术空间》,《福建师范大学学报》2003 年第 6 期。

谭学纯:《学术期刊:学术话语的集散地》,《光明日报》2005 年 2 月 24 日。

谭学纯:《语用环境中的义位转移及其修辞解释》,《语言教学与研究》2011 年第 2 期。

童怀周:《自有人民写春秋》,《文学评论》1978 年第 6 期。

王家平:《红卫兵"小报"及其诗歌的基本形态》,《文艺争鸣》2001 年第 5 期。

王一川:《近五十年文学语言札记》,《文学评论》1999 年第 4 期。

吴士文:《应该继承和完善"两大分野"的修辞学说》,《华东师大学报》1993 年第 6 期。

谢冕:《人民的心碑——论〈天安门诗抄〉》,《北京大学学报》1979 年第 1 期。

徐坤:《从此越来越明亮》,《北京文学》1995 年第 11 期。

徐坤:《斯人》,《中国作家》1993 年第 4 期。

徐盛桓:《相邻关系视角下的双及物句再研究》,《外语教学与研究》2007 年第 4 期。

于省吾:《释羌、笱、敬、美》,《吉林大学社会科学学报》1963 年第 1 期。

周扬:《社会主义现实主义——中国文学前进的道路》,《人民日报》1953 年 1 月 11 日。

朱玲:《双重阐释:汉字“美”和中国人的美意识》,《福建师范大学学报》2003 年第 2 期。

宗廷虎:《汉语修辞学 21 世纪应成“显学”——读伍铁平〈语言学是一门领先的科学〉札记》,《修辞学习》1995 年第 3 期。

专著:

A. B. 彼得罗夫斯基:《集体的社会心理学》,卢盛忠、龚浩然、张世臣译,北京:人民教育出版社,1986 年。

J. 丹纳赫,T. 斯奇拉托,J. 韦伯:《理解福柯》,刘瑾译:天津:百花文艺出版社,2002 年。

R · 巴尔特:《叙事作品分析导论》,张裕禾译,《美学文艺学方法论》(下),北京:文化艺术出版社,1985 年。

巴赫金:《巴赫金全集》(第二卷),钱中文译,石家庄:河北教育出版社,1998 年。

蔡智恒:《第一次亲密接触》,北京:知识出版社,1999 年。

藏克和:《汉语文字与审美心理》,上海:学林出版社,1990 年。

曹聚仁:《我与我的世界》,北京:人民文学出版社,1983 年。

陈汝东:《社会心理修辞学导论》,北京:北京大学出版社,1999 年。

陈玄荣等主编:《类语大辞典》,厦门:鹭江出版社,2002 年。

丹·斯珀波、迪埃珏·威尔逊著:《关联:交际与认知》,蒋严译,北京:中国社会科学出版社,2008 年。

丁玲:《丁玲论创作》,上海:上海文艺出版社,1985 年。

格非:《树与石》,南京:江苏文艺出版社,1996 年。

格雷马斯:《结构语义学:方法研究》,吴泓缈译,北京:生活·读书·新知三联书店,1999 年。

公刘:《仙人掌》,成都:四川人民出版社,1980 年。

公木:《我爱》,北京:时代文艺出版社,1990 年。

广东、广西、湖南、河南辞源修订组、商务印书馆编辑部编:《辞源》,北京:商务印书馆,1982 年。

郭锐:《现代汉语词类研究》,北京:商务印馆,2002 年。

郭小川:《郭小川诗选》,北京:人民文学出版社,1985 年。

郭小川:《谈诗》,上海:上海文艺出版社,1978 年。

郝海彦:《中国知青诗抄》,北京:中国文学出版社,1998 年。

洪子诚:《问题与方法——中国当代文学史研究讲稿》,北京:三联书店,2002 年。

胡习之:《辞规的理论与实践》,北京:中国文史出版社,2002 年。

湖北大学古籍研究所编:《汉语成语大词典》,北京:中华书局,2002 年。

吉尔·德勒兹:《福柯　褶子》,于奇智、杨洁译,湖南:湖南文艺出版社, 2001 年。

蓝冰:《相约九九》,北京:知识出版社,2000 年。

蓝棣之:《何其芳诗全编》,杭州:浙江文艺出版社,1995 年。

李新宇:《中国当代诗歌艺术演变史》,杭州:浙江大学出版社,2000年。

李瑛:《李瑛抒情诗选》,北京:人民文学出版社,1983年。

李泽厚等主编:《中国美学史·第一卷》,北京:中国社会科学出版社,1984年。

廖亦武:《沉沦的圣殿》,乌鲁木齐:新疆青少年出版社,1999年。

列维·布留尔:《原始思维》,丁由译,北京:商务印书馆,1986年。

刘大为:《比喻、近喻与自喻——辞格的认知性研究》,上海:上海教育出版社2001年。

刘恪:《先锋小说技巧讲堂》,天津:百花文艺出版社,2007年。

流沙河:《锯齿啮痕录》,北京:三联书店,1988年。

柳鸣九主编:《新小说派研究》,北京:中国社会科学出版社,1986年。

南帆:《文学的纬度》,上海:上海三联书店,1998年。

牛汉:《牛汉诗选》,北京:人民文学出版社,1998年。

欧内斯特·鲍曼:《想象与修辞幻象:社会现实的修辞批评》,王顺珠译,《当代西方修辞学:批评模式与方法》,北京:中国社会科学出版社,1998年。

钱钟书:《管锥编·第一册》,北京:中华书局1979年。

沈括:《梦溪笔谈》,长沙:岳麓书社,1998年。

沈子丞:《历代论画名著汇编》,北京:文物出版社,1982年。

苏童:《米》,南京:江苏文艺出版社,1996年。

苏童:《苏童文集·少年血》,南京:江苏文艺出版社,1993年。

孙兰、周建江:《"文革"文学综论》,呼和浩特:远方出版社,2001 年。

孙雍长:《注释老子》,广州:花城出版社,1998 年。

索绪尔:《普通语言学教程》,高名凯译,北京:商务印书馆 2001 年。

谭学纯、唐跃、朱玲:《接受修辞学》(修订版),合肥:安徽大学出版社,2000 年。

谭学纯、朱玲:《广义修辞学》,合肥:安徽教育出版社,2001 年。

唐敏:《屋檐水滴》,上海:上海书店出版社,1998 年。

唐湜:《唐湜诗卷》,北京:人民文学出版社,2003 年。

天津人民出版社编辑:《小靳庄诗歌选》(第二集),天津:天津人民出版社,1976 年。

童怀周:《天安门诗抄》,北京:人民文学出版社,1978 年。

王国维:《人间词话》,滕成惠校注,济南:齐鲁书社,1981 年。

王怀让、龚益明:《文化大革命颂》,北京:人民文学出版社,1976 年。

吴士文:《修辞格论析》,上海:上海教育出版社,1986 年。

谢冕:《中国现代诗人论》,重庆:重庆出版社,1986 年。

邢小群:《丁玲与文学研究所》,济南:山东画报出版社,2003 年。

徐坤:《徐坤中短篇小说集·先锋》,太原:北岳文艺出版社,1995 年。

徐坤:《遭遇爱情》,武汉:长江文艺出版社,1997 年。

杨匡汉:《中国新诗学》,北京:人民出版社,2005 年。

叶舒宪:《中国神话哲学》,北京:中国社会科学出版社,1997 年。

袁晖:《二十世纪的汉语修辞学》,太原:书海出版社,2000 年。

云南省农垦总局编:《边陲花正红》,昆明:云南人民出版社,1976 年。

曾卓:《曾卓文集》(第一卷),武汉:长江文艺出版社,1994 年。

詹姆斯·米勒:《福柯的生死爱欲》,高毅译,上海:上海世纪出版社,2005 年。

张永枚:《西沙之战》,北京:人民文学出版社,1974 年。

张中晓:《无梦楼随笔》,上海:上海远东出版社,1996 年。

张宗正:《理论修辞学——宏观视野下的大修辞》,北京:中国社会科学出版社,2004 年。

郑午昌、黄保成:《中国画学全史》,上海:上海书画出版社,1985 年。

中国社会科学院语言研究所词典编辑室:《现代汉语词典》(第 5 版),北京:商务印书馆,2005 年。

朱瑞纹编著:《成语探源辞典》,北京:首都师范大学出版社,1996 年。

朱自清:《朱自清全集》(第三卷),南京:江苏教育出版社,1996 年。

后　记

文艺美学研究的“修辞学转向”，哲学研究的“修辞学转向”，文化批评的修辞学介入，先后向修辞学界抛了3次“学术彩球”，修辞学界的学者，面对国内非修辞学界的墙外开花和西方新修辞学的活跃，面对中国修辞学被边缘化的现实，没有无动于衷。

1992年，《接受修辞学》（谭学纯、唐跃、朱玲，上海教育出版社）强调完整意义上的修辞学研究应该覆盖表达和接受两极。

1995年，宗廷虎先生亮出观点：汉语修辞学21世纪应成“显学”。

2001年，《广义修辞学》（谭学纯、朱玲，安徽教育出版社）将修辞研究纳入“修辞技巧—修辞诗学—修辞哲学”的层级架构，促进修辞学研究从语言学向文艺美学和文化哲学层面延伸。

2003年，“首届中国修辞学多学科高级学术论坛”，谭学纯《修辞学研究突围：从倾斜的学科平台到共享学术空间》发出修辞学研究突围的宣言：修辞学研究需要走出“就语言谈语言”的技巧论，向更为开阔的公共学术空间突围。在此思想滋润下诞生的“修辞学大视野”栏目（2003年《福建师范大学学报》开辟，2011年入选教育部全国高校学报名栏，栏目特邀主持人：谭学纯、林大津），是修辞学研究突围理念的实践平台。

2007 年,“首届望道修辞学论坛”的学者们前瞻性的思考集中在修辞学研究方法的更新上,力图改变修辞学研究流于效果、鉴赏层面的研究路径。

在这些修辞学史上有意味的时刻,我正踏上持续求学的人生旅程。恩师谭学纯、朱玲开启了我对智慧的向往之心,训练了我学术阅读与叙述的能力,星星红字,燎原满篇的改造与被改造的过程,是师徒为了不曾熄灭的诗意,化己为烛的见证。

作为修辞学的交叉学科性质和跨学科视野观点的信奉者,作为修辞学研究立足学科本位,同时超越学科本位的实践者,本书是我对修辞学问题思考的呈现。其中,文学修辞研究一直是我学术兴趣所在。“文学语言研究,是语言与文学两学科的连接点、生长点,文学语言研究呈现为什么样的学术面貌?修辞研究如何介入文学语言研究的前沿领域?”这些疑问,吸引着我过去与未来的求索。如何在修辞学研究的变革中发出自己的声音?修辞学研究还有那些可以开发的学术空间?作为自觉的行动者之一,我欣慰在修辞学研究转向的学术历程中,有自己的参与。

感谢阜阳师范学院省级重点学科“汉语言文字学”建设经费的资助。书稿本身就是召唤结构,更为开阔的研究空间在等待。这份学习的答卷表明我经历过,努力过,并且会依然前行。践行修辞哲学倡导的智慧生存理念,观落日熔金,听天风云涛……

2012 年 2 月 13 日

图书在版编目(CIP)数据

修辞论稿/高群著.—合肥:黄山书社,2012.4
ISBN 978-7-5461-2746-0

Ⅰ.①修… Ⅱ.①高… Ⅲ.①修辞学—研究 Ⅳ.①H05

中国版本图书馆 CIP 数据核字(2012)第 042810 号

修辞论稿 高群 著

出 版 人:任耕耘 策划编辑:汤吟菲 责任编辑:江 汇
责任印制:李 磊 装帧设计:尹 晨

出版发行:时代出版传媒股份有限公司(http://www.press-mart.com)
黄山书社:(http://www.hsbook.cn/index.asp)
(合肥市政务文化新区翡翠路 1118 号出版传媒广场 7 层 邮编:230071)
经 销:新华书店 营销部电话:0551-3533762 3533768
印 制:安徽新华印刷股份有限公司 电话:0551-5652866

开本:880×1230 1/32 印张:9.5 字数:220 千字
版次:2012 年 4 月第 1 版 2012 年 4 月第 1 次印刷
书号:ISBN 978-7-5461-2746-0 定价:26.00 元